本书系国家社会科学基金高校思想政治理论课研究专项
"运用红色电影资源提升大学生党史学习教育实效性研究"
（项目编号：22VSZ136）阶段性成果；

国家级一流本科课程"思想政治理论课社会实践"
（项目编号：教高函〔2020〕8 号）阶段性成果；

国家级虚拟教研室建设试点项目"思想政治理论课社会实践虚拟教研室"
（项目编号：教高厅函〔2022〕13 号）阶段性成果。

幸福微影

高校思政课改革创新研究

柴素芳　姜旭　著

社会科学文献出版社

SOCIAL SCIENCES ACADEMIC PRESS (CHINA)

作者简介

柴素芳 女，河北涿州人，河北大学"坤舆学者"，马克思主义学院原副院长，教授，博士生导师。研究方向为思想政治教育，精心打造了"幸福微影"育人品牌。

现兼任中国科学社会主义学会理事、河北省高校马克思主义理论教学指导委员会副主任委员兼秘书长、河北省高校思想政治理论课教学指导委员会委员等。2012年获评国家社科基金项目认真负责的鉴定专家，入选教育部首批"全国高校思政课教师2013年度影响力人物"。

主持国家社科基金高校思想政治理论课研究专项及国家级一流本科课程"思想政治理论课社会实践"、国家级虚拟教研室建设试点项目"思想政治理论课社会实践虚拟教研室"；入选教育部首批"全国高校优秀中青年思政课骨干教师择优资助计划"，主持教育部首批"全国高校思想政治理论课名师工作室"、教育部首批《思想道德修养与法律基础（精彩教案）》、教育部首批全国高校思想政治工作精品项目《以微电影为载体提升思政课实践教学亲和力研究》、教育部第二批教学方法改革择优推广计划《高校思政课微电影教学方法运用研究》。

在《思想理论教育导刊》《思想教育研究》《光明日报》等发表

学术论文 50 多篇。出版《大学生幸福观教育论》等专著、教材 5 部。荣获国家级、省级教学成果奖 4 项，获评河北省教学名师、河北省师德标兵、宝钢教育优秀教师奖等荣誉称号。

2013 年，带领团队开创"思政课微电影实践教学法"并持续 11 年推广该方法，培养 4 万多名大学生累计拍摄微电影 7000 多部，先进事迹被新华社、中央电视台《新闻联播》、《光明日报》、《中国教育报》等报道 40 余次。应邀到教育部举办的全国会议及 150 多所高校推介经验。2017 年以来，教育部连续举办了八届"我心中的思政课"全国高校大学生微电影展示活动，该方法得以在全国高校广泛运用。2022 年，教育部等十部门颁发的《全面推进"大思政课"建设的工作方案》提出"鼓励师生围绕思政课教学内容创作微电影"。

姜　旭　男，河北承德人，河北大学马克思主义学院博士研究生，研究方向为马克思主义思想道德教育理论、马克思幸福思想与塞罕坝精神。担任承德市塞罕坝精神研究基地"特聘研究员"、河北大学思政课微电影教学改革研究中心学生工作部部长、河北大学"博学笃行"研究生宣讲团首任团长。主持河北省博士研究生创新能力培养资助项目《马克思"现实的人"视域下的幸福思想研究》等省级、厅级课题 10 项，作为第一主研人参与国家社科基金高校思想政治理论课研究专项、河北省社科基金项目、北京高校思想政治理论课高精尖创新中心委托项目（重大课题）等 15 项；在《思想理论教育导刊》（CSSCI）、《思想教育研究》（CSSCI）、《思想战线》（CSSCI）等期刊发表学术论文 18 篇。曾荣获"国家奖学金" 3 次，荣获新时代"冀青之星标兵"、河北省争当"优秀共青团员"个人、河北省优秀毕业生等荣誉 20 余项，先进事迹被中央电视台、《中国青年报》、河北卫视等媒体报道 12 次。

序

　　《幸福微影：高校思政课改革创新研究》一书，是河北大学"坤舆学者"、马克思主义学院柴素芳教授，率领团队十余年来围绕幸福理论研究、幸福观教育实践探索和思政课微电影实践教学（以下简称"微电影教学"）改革等形成的重要理论成果。柴教授锐意创新、持之以恒的敬业精神，尤其是其开创的高校思政课微电影教学模式，令我感佩。

　　习近平总书记指出，"改革创新是时代精神，青少年是最活跃的群体，思政课建设要向改革创新要活力"①。近年来，思政课教学坚持在改进中加强、在创新中提高，情境戏剧式、网络教学式、研究互动式、电影实践式、经典品读式、新闻联播式等思政课教学改革模式取得了显著成效。其中，河北大学思政课微电影教学比较成功，正在逐渐为大家所熟悉、所认知、所理解，呈现出较好的社会舆论势头和较好的发展情势。我认为这种教学改革是一个非常有价值的实践探索。

　　河北大学微电影教学改革始于 2013 年暑期。这项改革由时任马克思主义学院副院长的柴素芳教授开启。改革之初，包括我在内的一些思政课教师始终有一个疑惑："难道河北大学思政课教师占用宝贵的理论课时间让学生拍摄微电影？""难道他们以微电影教学代替了教师课堂授课？"

---

　　①　习近平：《思政课是落实立德树人根本任务的关键课程》，人民出版社，2020，第 17 页。

带着思考、带着疑问、带着新奇，2018 年 8 月，我来到了河北大学马克思主义学院。在调查研究、谦逊学习后发现，这项改革是该校思政课教师在独立开设的 2 学分实践课教学中进行的。这种教学模式并非用拍摄微电影代替课堂理论教学，而是实践教学的一种创新形式，是课堂理论教学的重要延伸。2022 年 5 月，我应邀参加了由河北大学等主办、柴素芳全国高校思政课名师工作室等承办的"学习贯彻习近平总书记关于'大思政课'重要指示批示精神暨高校思政课微电影教学研讨会"，并以"高校思政课微电影实践教学的若干思考"为题作了会议发言。

一 微电影教学是高校思政课教学改革的一种大胆探索

传统的思政课教学侧重理论灌输，缺乏实践认知；强调教师的主导性，而忽视了学生的主体性。2019 年，习近平总书记在学校思想政治理论课教师座谈会中提出思政课"八个相统一"，即坚持政治性和学理性相统一、价值性和知识性相统一、建设性和批判性相统一、理论性和实践性相统一、统一性和多样性相统一、主导性和主体性相统一、灌输性和启发性相统一、显性教育和隐性教育相统一。这为高校思政课改革提供了重要方法论。河北大学思政课微电影教学作为新媒体环境视域下思政课的新载体和新形态，既不是简单的政治宣讲，也不是传统的理论灌输，而是思政课的一种生动的实践表达，实现了高校思政课的思想课、政治课、道理课的有机统一。多年来，河北大学思政课教师累计组织 4 万多名大学生拍摄了 7000 多部微电影，学生们成为真正的受益者。

（一）微电影教学助力思政课课堂教学与实践教学有机结合

传统的思政课对于学生作为主体的感性需求和实践需要重视不足，没有在具体的社会环境中建立具体的应对方法。马克思认为，"从前的一切唯物主义（包括费尔巴哈的唯物主义）的主要缺点是：对对象、现实、感性，只是从客体的或者直观的形式去理解，而不是把它们当作感性的人的活动，当作实践去理解，不是从主体方面去理解"①。相比于传统的思政课教学模式，微电影教学既结合具体时代特点，又满足了不同学生需求，寻求解决问题的实践路径。1937年，毛泽东同志在给抗日军政大学讲课时引用了《实践论》，这篇文章中提到，"理性的东西所以靠得住，正是由于它来源于感性，否则理性的东西就成了无源之水、无本之木，而只是主观自生的靠不住的东西了"②。在河北大学思政课微电影教学中，学生在题目选择、素材使用、台词打造、对白设计等环节，通过感性认识达到理性认识，通过感性认识锻炼理性思维，通过感性认识增强理论自觉，通过感性认识提高理论自信，进而产生情感触碰。微电影教学并没有代替思政课传统的课堂教学模式，而是课堂理论教学的一部分延伸，实现了"课内""课外"两大课堂的有机联动，为思政课的实效性提供了有效保障，增强了思政课的说服力和感染力。

（二）微电影教学助力思政课学生主体和教师主导有机结合

以往高校思政课上，教师是教学内容的设计者、教学过程的主导者、教学质量的评价者，学生的主体性往往被忽略。习近平总书记强调的"坚持主导性和主体性相统一"明确了思政课教学中教师和学生的角色定位及其辩证关系，这一要求契合教书育人规律，体现了培养德智体美劳全面发展的社会主义建设者和接班人的社会主义教育目的，是合目的性与合规律性的统一，为思政课改革提供了实践遵循。思政课改革应从以教师为中心转向以学生为中心，重构教与学的关系，激发学生学习思政课的自主性和能动性。河北大学微电影教学充分诠释了教师主导性与学生主体性的统一。在主题设定环节，学生根据个人兴趣选择主题方向，自主决定微电影的制作形式、角色扮演。在组织拍摄环节，学生以独立的视角和身份对社会热点问题和生产生活现象进行创造性提炼与再

① 《马克思恩格斯选集》第1卷，人民出版社，2012，第133页。
② 《毛泽东选集》第1卷，人民出版社，2006，第290页。

造、艺术化思考与审视。在后期剪辑环节，学生依据课本的教学内容对拍摄的影片进行完善，用电影的魅力展现理论的价值，将理论知识内化于心、外化于行。学生在整个微电影实践环节中接受教师的指导，最后的成果由教师从理论高度进行点评。微电影教学转变了传统的课堂角色，教师由以往课堂的指挥者、灌输者转变为引导者、协助者，学生由以往的学习客体转变为学习主体，有效实现了主体性与主导性的统一。这对于提升学生理论学习兴趣、增强思政课教学成效意义重大。学生作为主体参与到了思政课实践教学的过程中，成了真正意义上的受益者。

（三）微电影教学助力思政课"思政＋美育"育人模式有机结合

习近平总书记在全国高校思想政治工作会议上的讲话中指出，"思想政治工作从根本上说是做人的工作，必须围绕学生、关照学生、服务学生，不断提高学生思想水平、政治觉悟、道德品质、文化素养，让学生成为德才兼备、全面发展的人才"。[①] 思政课教学是通过话语叙事不断建构学生精神世界的过程，其实质是对学生进行思想引领和价值导向，通过讲道理、讲哲理、讲学理来支撑思想、支撑政治，来提高受教育者的思想政治觉悟，帮助他们树立正确的马克思主义的世界观、人生观和价值观。美育的目的是培养出更多认识美、欣赏美、创造美的学生，帮助学生塑造心灵和完善人格。可见，思想政治教育和美育的目的本身就具有良好的契合性，都旨在实现人的自由而全面的发展。微电影教学是新时代高校以美育人、以文化人、立德树人的生动缩影，诠释了高校依托美育创新开展思政教育的全新理念。微电影用艺术的语言、美学的语言、生活的语言阐释深邃的理论，是理论教学的一种转化形态和有机延续。其内容面向生活、关注现实，不但与教材相融，更与生活接轨，根据时代条件的变化创作符合现实题材的、反映历史规律的作品。在这一实践

---

① 《习近平在全国高校思想政治工作会议上强调：把思想政治工作贯穿教育教学全过程开创我国高等教育事业发展新局面》，《光明日报》，2016年12月9日。

过程中，学生充分认识思政课的逻辑之美、体验情境的生活之美、提升思维的思辨之美、学会创新的实践之美。微电影创作不仅提高了师生的审美水平和创造能力，更彰显着新时代青年的价值导向和视野格局。只有把美育融入思想政治教育中，思政课才能真正发挥感染人、影响人、塑造人的功能，才能达到培养德智体美劳全面发展的社会主义建设者和接班人的目的。

二 微电影教学是引导学生走进当代中国马克思主义的一条绿色通道

河北大学微电影教学是顺应数字化、网络化、智能化发展大势的具体表现，这一模式彻底突破了以往平面媒介传播的局限性，把马克思主义理论文本通过流动媒体，由传统的静止形态转换成立体的动态形态，让经典理论从厚重的文本中走出来、活起来，多维度、立体化地展现在受众面前，让不同学科背景、不同学历层次的青年学生从不同的认知层面感受马克思主义理论的魅力所在，构筑了引领青年学生坚定马克思主义信仰、传播马克思主义真理力量、推动马克思主义大众化的一条绿色通道。

（一）微电影教学有利于青年学生坚定马克思主义信仰

在互联网和信息化技术高速发展的现实强烈冲击下，当代青年在精神世界和信仰领域的表达呈现了极大不确定性，部分青年学生受到泛娱乐主义、功利主义和价值相对主义等思潮的影响，出现信仰选择功利化、理想信念世俗化等信仰危机。自党的十八大以来，习近平总书记曾多次强调要坚定马克思主义信仰和共产主义理想，做马克思主义的坚定信仰者和忠实实践者。微电影教学是传播和树立马克思主义信仰的一种有效方法。相比于传统的灌输式教学，微电影教学更贴近个体生命历程，深入个体日常生活世界，在解决实践问题的过程中祛除疑惑、接近情感、强化价值进而确立信仰，是一个潜移默化、润物无声的过程。其目的是通过情景再现和亲身演绎，使马克思主义"入眼""入耳""入心"，引导学生在学、思、践、悟中坚定理想信念。信仰是一种精神的力量。信仰的力量来源于对马克思主义理论的深刻理解，只有让学生真正理解理论、深刻感悟理论、亲自践行理论，才能激发学生对于马克思主义信仰的价值认同和情感共鸣。通过思政课教师课堂上对理论进行阐释，以及延伸出来的微电影教学模式实现理论的升华，为青年学生确立马克思主义信仰、社会主义和共产主义信念奠定了坚实的理论基础。

（二）微电影教学有利于在青年学生中推动马克思主义大众化

将抽象的理论文本转变为生动形象、群众喜闻乐见的影像和声像作品，是新时代推动马克思主义大众化的有效途径。邓小平曾经说过："学马列要精，要管用的。长篇的东西是少数搞专业的人读的，群众怎么读？要求都读大本子，那是形式主义的，办不到。"[1]微电影教学以青年学生的需求为导向，针对这一受众群体特征将马克思主义理论以通俗易懂、引人入胜的影片形式展现出来，使其符合受众的认知特点，提高青年学生对马克思主义理论的理解度与认同感。正如马克思曾指出的，"艺术对象创造出懂得艺术和能够欣赏美的大众，任何其他产品也都是这样。因此，生产不仅为主体生产对象，而且也为对象生产主体"[2]。在微电影教学中，学生的角色定位不仅是理论传播的接收者，也是理论传播的推动者。微电影教学打破了"以传播者为中心"的思维局限，不再单纯地向学生灌输马克思主义理论，真正实现了"以受众为中心"，在传播的过程中进行深度互动，引导学生主动思考，使马克思主义理论传播效果最大化。微电影具备网络"双向互动""多点互动"的特点，完全不同于传统媒体通过电视、报纸、书刊等方式进行的单向信息传播。借助微电影这一网络

---

[1] 《邓小平文选》第 3 卷，人民出版社，1993，第 382 页。
[2] 《马克思恩格斯选集》第 2 卷，人民出版社，1972，第 95 页。

新媒体的优势，构建全面、立体、丰富、灵活的马克思主义网络宣传阵地，能够有效拓展马克思主义大众化的覆盖面，提高马克思主义理论传播质量和效率。

（三）微电影教学有利于传播马克思主义真理力量

列宁认为，"所有艺术中最重要的是电影"①。在思想政治教育的视野中，电影从一种娱乐化工具上升为一种全新的教育载体，承担着传播马克思主义的使命。微电影要讲好中华民族的故事、中国共产党的故事、中华人民共和国的故事、中国特色社会主义的故事、改革开放的故事，特别是要讲好新时代的故事，既要有温度又要有深度，用鲜活的人物形象和事件案例使学生相信马克思主义之所以行，是因为理论本身内在具有真理的力量。在微电影教学过程中，辩证分析思政课的"变"与"不变"。一方面，让创新成为动力，在教学方法上主动求变，运用微电影教学载体，在深刻的情感体验中和强烈的视觉冲击中感受马克思主义理论的魅力，有助于提高青年学生对马克思主义真理的接受程度，在一定程度上避免了青年学生不明其理、避而远之的现象。另一方面，让守正成为自觉，认识到思政课立德树人的根本任务没有变、对学生进行系统的马克思主义理论教育的作用没有变，以"浅入深出"的方法讲好马克思主义理论的创新理论成果，从专业的视角解答学生关心的理论和实际问题，解释社会现象、引导受众认知、凝聚社会共识、传播真理力量。

三 微电影教学是"讲活"高校思政课的一种有效方式

习近平总书记在中国人民大学考察时强调，"思政课的本质是讲道理，要注重方式方法，把道理讲深、讲透、讲活"。②习近平总书记的重

---

① 《列宁全集》第 42 卷，人民出版社，1987，第 594 页。
② 《习近平在中国人民大学考察时强调：坚持党的领导传承红色基因扎根中国大地走出一条建设中国特色世界一流大学新路》，《光明日报》，2022 年 4 月 26 日。

要论述深刻揭示了思政课的本质，为新时代思政课建设指明了前进方向、提出了明确要求。"讲道理"体现了思政课以理服人的内在要求，把道理"讲活"是高校思政课教学中的最高境界。把思政课讲活，就要在讲准、讲深、讲透的基础上进行超越，就要着力于教学方法的创新，以学生喜爱的方式融会贯通。怎样将理论和生活实践对接？怎样在校园里探索和实现？河北大学微电影教学模式，以一种感性直观的方式来讲理论，在讲准、讲深、讲透的基础上，采用青年学生最喜欢、最接受的方式，把思政课讲得有深度、有力度、有温度，把当代中国马克思主义讲活，引导青年学生真学、真懂、真信、真用，实现知、情、意、行的统一，以理服人、以理感人、以理启人。

（一）微电影教学通过把道理讲准而以理服人

微电影教学作为思政课重要的实践环节，目的是讲活马克思主义理论，以透彻的学理分析回应学生，以彻底的思想理论说服学生，以强大的真理力量引导学生，从而改造人的主观世界。人的主观世界改造是一个内因起决定作用、外因通过内因起作用的思想改造过程，既有赖于个人主观能动性的发挥，又离不开外部的积极影响。思政课是改造受教育者主观世界的积极外因，只有在受教育者产生思想共鸣和情感认同时才能实现育人功能。马克思曾说过："理论只要彻底，就能说服人。所谓彻底，就是抓住事物的根本。"[1] 作为落实立德树人根本任务的关键课程，"理"始终是贯穿思政课的一条主线，其蕴含的道理包括马克思主义的学理、治国理政的政理和中国故事的事理。从思政课教学的角度来看，这就需要受教育者在情感上认同"马克思主义为什么行""中国共产党为什么能""中国特色社会主义为什么好"。把道理讲准，既注重讲述内容的逻辑性、真理性，又强调方法手段的生动性、灵活性。微电影教学所

---

① 《马克思恩格斯选集》第 1 卷，人民出版社，2012，第 10 页。

讲述的理论、观点、结论要经得起学生"为什么"的追问，教育引导学生"知其然、知其所以然、知其所以必然"，这样才能把马克思主义理论讲准，使基本原理变成生动道理，使根本方法变成管用办法。微电影教学是高度契合人的主观世界改造一般规律的科学方法，能够极大地增强思政课的亲和力、感染力、说服力，从而达到对受教育者进行思想引导、价值引领的目的。

（二）微电影教学通过把道理讲深而以理感人

把道理讲深，就要着力于学理的深究，体现理论的深度和厚度。学生爱不爱听，方式方法是关键。微电影以艺术化的表现手法突出理想信念、人生价值等题材，增强思政课的思想性和理论性；以"讲事实摆道理"的方式讲述经济建设、社会变迁、风俗文化、热点事件等内容，增强思政课的亲和力和吸引力，力求实现政治性与学理性的统一。通过微电影教学把思政课道理讲深，一方面要准确把握马克思主义理论的基本观点和马克思主义中国化的历史进程，在遵循马克思主义的经典文本和马克思主义中国化的最新理论成果基础上，找准理论与实践相结合的切入点，运用微电影载体，实现思政课从理论话语向教学术语、再向艺术表达的转化。另一方面要突出结合事实讲道理，结合实际用微电影教学讲清讲活中国共产党团结带领人民进行伟大斗争、建设伟大工程、推进伟大事业、实现伟大梦想，推动党和国家事业取得全方位、开创性历史成就，发生深层次、根本性历史变革，成功谱写中国特色社会主义新篇章，激发青年学生建功新时代的志向志气，引导青年学生坚定不移地听党话跟党走。以理服人、以理动人、以理感人，避免空洞说教，达到影像表现形式与课程内容逻辑的高度统一。通过讲清理论的科学性和学理性，以事实分析讲道理、以学术思维讲政治、以真理力量讲理论，用生动的细节、质朴的语言、真挚的情感赢得学生，引导学生学、思、用贯通，知、信、行统一。

（三）微电影教学通过把道理讲透而以理启人

思政课要着力于说理的透彻，回应学生关切、解答学生困惑，让学生真懂、真信。微电影教学一方面要做到观点准确、逻辑清晰、表达得体，遵循学生成长规律。讲清课程专题的基本原理和主要知识点，概括其核心要义，梳理其理论逻辑、发展脉络。另一方面要理论联系实际，重视实践分析和案例研究，遵循思想政治工作规律。新时代中国特色社会主义的生动实践、中国共产党团结带领人民群众取得的伟大成就，都是微电影实践最鲜活、最直观、最生动的教学素材。坚持把课堂教学与现实紧密结合、与时代同频共振，用"小故事"表达"大道理"，帮助学生更好地理解重大理论问题；用"身边人"讲述"身边事"，深入浅出讲透感人故事，从故事中悟道理、明事理。积极回应学生思想困惑，抓住问题关键，探究内在根源，以鲜活的实践案例启发学生，以彻底的思想理论说服学生，让学生真懂、真信，从而真正达到沟通心灵、启智润心、激扬斗志的效果。用微电影教学去引导学生、涵养学生、启迪学生，高校思政课才能用理论内容去启发学生、用理论魅力去感染学生、用理论力量去武装学生，进而把高校思政课深刻的理论、丰富的历史、严谨的逻辑等内容转化为学生听得懂、记得住、悟得深的中国化理论。

四　微电影教学是高校青年学生自我教育的一个有效途径

只有能够激发学生去进行自我教育的教育，才是真正的教育。自我教育是普遍存在于人类社会生活中的一种社会现象，是现代思想政治教育的一个重要范畴。河北大学思政课微电影教学引领学生走出固有的传统课堂，走进广阔的现实社会，通过推进思想政治教育"微创作"，加快思想政治教育"微传播"，学会思想政治教育"微欣赏"，加强思想政治教育"微引领"，促进思想政治教育"微整合"，全方位实现"微文化"育人。在这一过程中，教育目标、教育内容和教育手段都是学生根据自身发展需求设定的，学生就是教育者；由于这些设定的最终指向仍是学生，学生又是受教育者，因而微电影教学将教育主体与教育客体合二为一，达到了自我教育的目的。

（一）微电影教学为自我教育提供了实践场域

互联网的飞速发展和时代语境的变迁，使新媒体应运而生，成为人们参与社会互动的重要信息交流平台和思想碰撞之地，人们的学习和生活迈入了一个全新的时代，即话语体系呈现多元发展的"微时代"。"微时代"的主要表征是新媒体不断更新、微内容不断生产、微传播不断加快、微应用不断出现。青年学生在微信、微博、短视频等新媒体平台上的活跃度不断提升，从思想政治教育的角度出发，"微时代"的到来为高校思想政治教育模式的创新提供了新的方向和契机，新媒体成为青年学生开展自我教育的重要载体。习近平总书记强调，"要运用新媒体新技术使工作活起来，推动思想政治工作传统优势同信息技术高度融合，增强时代感和吸引力"。[①] 高校思想政治教育的教育主体、教育客体、教育介体、教育环境都产生了较大的变化，作为新媒体标志性产物的微电影，符合新时代的环境变化和青年学生的心理诉求，成为青年学生信息获取和自我表达的重要手段之一。高校思想政治教育应该创新教学载体，善用新媒体宣传话语，开展微电影教学，实现思想政治教育的与时俱进。微电影形式简单，以图文、音视频等元素刺激人的感官，其感染力、吸引力和影响力，契合了"微时代"学生群体即时消费的诉求，同时制作方便，有利于教学资源的整合，因此将其运用到思政课实践教学中，有利于加快高校思想政治教育体系的转变，创建起思想政治教育平台，丰富思想政治课实践教学的形式，以达到青年学生自我教育的目的。

---

① 习近平:《习近平谈治国理政》（第二卷），外文出版社，2017，第378页。

（二）微电影教学为自我教育注入了文化自信

互联网技术，尤其是移动互联网技术的飞速发展，逐渐形成了一种通过网络平台来传播，以微博、微信、微电影、微视频等为载体的"微文化"，对人类社会生活方式、交往方式、传播方式、育人方式等诸多方面产生极大影响，显露出以文化人的强大影响力。然而，历史虚无主义、文化虚无主义等错误思潮借助网络平台这一传播和扩散的主要阵地，逐渐向思想政治领域蔓延，侵蚀着青年学生的历史观，使其对于历史的认知碎片化、简单化，主要表现为否定中国革命的历史必然性和正确性、借助网络重新"解读"和"建构"历史、淡化中国传统文化中的积极因素和人们的文化认同。微电影作为"微文化"的主要载体之一，在夯实马克思主义在网络意识形态领域中的主导地位发挥了不可替代的作用。党的十九大报告明确了文化自信是根植于中国特色社会主义伟大实践的中国特色社会主义文化自信，这一论断鲜明地指出了加强社会主义意识形态建设和坚定文化自信的根本一致性。微电影教学以党史、新中国史、改革开放史、社会主义发展史为主题，引导青年学生尊重历史发展的客观规律，自觉反对数典忘祖、妄自菲薄的历史虚无主义和文化虚无主义，进而坚定中国特色社会主义道路自信、理论自信、制度自信、文化自信。

（三）微电影教学为自我教育提供了现实路径

"微创作"是指通过各种新媒体平台创作和传播文化作品的过程，与传统文化创作相比，具有耗时短、成本低、传播快、受众广等特点。"微创作"使文化创作不再是少数专业人士的特权，而是一种人人共享的文化生态，使受教育者自我表达、自我教育的需求得到充分满足。微电影作为"微创作"的表现形态之一，为青年学生提供了自主创作的可能性。微电影教学以学生的实际诉求为出发点，充分考虑学生对于多元文化接受的需求、个性化成长与发展的需求等，通过亲自对教学内容进行"微创作"，学生在思政课教学中的主体地位被进一步确立。习近平总书记提出思政课要坚持主体性和主导性的统一，如果不能使学生参与到思政课的创作过程中，学生就无法理解主体性和主导性的统一，思政课就很有可能成为教师的主阵地，没有学生的呼应。微电影教学使学生能够将马克思主义在现实生活中进行模拟应用，在有限的表现空间内，呈现出对现实生活独特而鲜活的感知。毛泽东同志在《实践论》中说道："感觉到了的东西，我们不能立刻理解它，只有理解了的东西才更深刻地感觉它。"①河北大学思政课微电影教学，恰恰能够体现学生们在思政课教学中主体性的发挥，是学生选择适合自己心理知识结构、实现自我教育的有效方式。

柴素芳教授带领团队开创的微电影教学模式，是运用现代信息技术手段表达和推进思政课教学改革，创造了高校思政课实践教学新形态，是思政课理论教学的重要补充，是思政课回归现实生活，真正达到"增其识""动其情""解其惑""正其行"的有效探索，实现了教师主导与学生主体的良性互动、理论阐释与实践探索的互融互通、教育内容与教育形式的双向建构，呈现出投资小、见效快、可复制、易推广的实践育人特色，为此，新华社、中央电视台《新闻联播》、《光明日报》及《中国教育报》等媒体予以报道40多次。河北大学思政课微电影教学改革，起步早，坚持久，效果好，为2017年以来教育部连续举办八届"我心中的思政课"全国高校大学生微电影展示活动奠定了实践基础。2022年7月，教育部等十部门颁发了《全面推进"大思政课"建设的工作方案》，明确提出"鼓励师生围绕思政课教学内容创作微电影"。我相信，有教育部的大力支持，有全体思政课教师的共同努力，有大学生的真心喜爱和热情参与，思政课微电影教学一定会发挥更大更好的育人作用！我希望，河北大学思政课微电影教学百尺竿头、更进一步，使马克思主义思想理论

① 《毛泽东选集》第1卷，人民出版社，2006，第286页。

更有效地进驻当代大学生的精神园地，为培养社会主义合格建设者和可靠接班人做出更大贡献。《幸福微影：高校思政课改革创新研究》的出版，必将为高校思政课实践教学改革提供有益借鉴！

田鹏颖

2024 年 7 月 30 日

自　序

　　2015年1月5日,《中国教育报》记者李薇薇女士以《一场微电影与思政课的幸福相遇》为题,对我们团队进行了报道。我特别喜欢这个报道的题目,因为她不仅用三个关键词"思政课""幸福""微电影"概括了我的职业特质,而且形象地将其比喻为"一场相遇",别有意蕴,妙不可言。的确,这是我带领团队让"幸福"与"微电影"擦出火花的相遇,是把有意义的思政课实践教学变得有趣味的相遇,是一场弥足珍贵且激励我们奋勇前行的相遇!

　　这场"幸福相遇"缘起于我研究幸福理论并且组建团队拍摄首部微电影《幸福阳光》。2007年,44周岁的我开始攻读博士学位,从此踏上研究幸福理论之路。我不仅将幸福观教育融入本、硕、博学生的课程,而且面向党政机关领导干部、大中小学教师等不同群体开展幸福观教育讲座300多场。2013年暑假期间,我根据自己开展幸福观教育的真实经历,组织团队拍摄了首部微电影《幸福阳光》,点燃了河北大学思政课微电影实践教学改革的"星星之火"。

　　2014年春季学期,我在《思想道德修养与法律基础》课教学中,尝试着组织学生课下拍摄了16部微电影。暑假期间,学院将拍摄微电影作为"思想政治理论课社会实践"课程的实践成果之一。11年来,河北大学马克思主义学院思政课教师在教学中指导4万多名大学生拍摄微电影

7000多部。

这场"幸福相遇"，有赖于河北大学思政课教师和学生敢于直面挑战、勇于创新的精神。在微电影教学改革之初，我们属于"三无"团队——无技术、无资金、无设备。首先，学校里绝大多数思政课教师和大学生不懂如何拍摄微电影，怎么办？边学边做！所以，我们微电影实践教学改革的初心，不是为了艺术和票房，而是以微电影为文化载体、实践载体和传媒载体，让插上艺术翅膀的思政课更有亲和力、感染力。其次，我校每年有6000多名大学生参与思政课实践教学，其中，选择拍摄微电影的学生有5000多名，学校难以为拍摄微电影的学生提供经费支持，也无法给同学们提供拍摄器材。所以，这7000多部微电影，绝大多数是学生用手机拍摄，再用免费的软件剪辑而成的！在此过程中同学们"发明"了两种拍摄方法"人体三脚架""自行车摇臂"，分别用来拍摄稳定的画面和移动的画面。

这场"幸福相遇"，得益于河北大学马克思主义学院领导和教师乐于默默奉献的行动。首先，面对部分校内教师的"不理解"，学院领导班子鼎力支持，使我们能够秉持改革初心，边探索边总结经验和教训，用改革的实际效果来验证改革之路的正确性。其次，面对部分校外老师的"不了解"，甚至将我们的行为误解为"河北大学的思政课老师不上理论课了，只拍微电影"，对此，我们加大宣传力度，具体说明："我校微电影教学是依托'思想政治理论课社会实践'（占2学分，34学时）的独立课程，每年暑假期间面向所有大二学生开课，没有占用理论教学的课时"。我们思政课的改革成果不仅被新华社、中央电视台、《光明日报》等媒体报道，而且举办了4次全国高校思政课微电影教学研讨会，还通过参加全国会议、应邀到高校宣讲，在"幸福微影"微信公众号、抖音账号上宣传等方式对外介绍我们的做法。这项改革得到了思政教育同仁的广泛认可。最后，面对改革中的各种挑战，老师们的鼎力支持是我们得以坚持11年的关键。一方面，走在改革前列的安建萍、焦彦芹、齐改哲等老教师发挥了积极的带动作用，她们将自学的技术、经验无私地分享给中青年教师，她们指导学生创作的微电影在"繁星奖"河北大学思政课微电影大赛中多次获得特等奖、一等奖，为中青年教师参与教学改革做出了榜样。另一方面，"河北大学思政课微电影教学改革研究中心"的陈海英、王华玲、李慧娟、沙占华、张洁、沈艳华、李昊辰、郭晓葵等老师，不仅在实践教学中指导学生创作微电影，而且在理论上研究思政课微电影教学法，尤其是在指导本、硕、博学生开展"幸福微影社"社团工作以及微信公众号、抖音账号的运营中，他们默默付出，不计回报，倾心奉献。

这场"幸福相遇"，得力于自己用力、用心、用情的坚持。我既感恩11年来学校、学院及老师们对于这项教学改革的鼎力支持，又对自己的锲而不舍感到欣慰。2013年8月，我组织学生到唐山滦南县洼里村"爱心小院"，调研"感动中国"人物高淑珍的幸福观，并根据她15年收养39个残疾孩子、在家办"炕头学校"的事迹，拍摄了首部微电影《幸福阳光》。那天早上7点，我从家出发去高铁站，由于路遇特殊情况，我没有赶上保定东到唐山的高铁，只能改签其他车次。当我到达北京西站，再坐50分钟地铁来到北京南站，拎着重重的行李箱和竹竿（赠送给高淑珍的锦旗上使用）一路奔跑上楼下楼来到检票口时，乘务员却说火车开走5分钟了。回想多日来筹备调研和拍摄工作的艰辛与买车票的不易，我急得坐在地上哭了。擦干眼泪后，我又从北京南站赶往北京站，坐慢车奔赴唐山。晚上8点多，当我从唐山站又坐汽车赶到滦南县时，接站的肖志远同学看到我疲惫不堪的样子，心疼得哭了。在微电影教学改革起步阶段，由于我每天都工作十几个小时，中午从来不休息，身心透支过多，2015年我的十个手指出现僵硬疼痛状况。最痛苦的是，早上醒来后，睡前放松弯曲的手指不能伸开了，我只能忍痛流泪慢慢地掰开。后来，我"发明"了新的睡觉方法：晚上睡觉前把手伸直放在薄木板上，再让爱人用线把手指绑在木板上，再戴上手套。这样，早晨醒来时，手指是直的，就不用走掰开手指的流程了。这种状况持续了两年多。其间，我在保定做过两次小针刀手术，去北京多个医院诊治，效果甚微。2016 年暑假期间，我慕名来到衡水故城县"郑口木子艾缘馆"，李淑敏老师采用艾灸、针灸等方式给我治疗、调理一年多，终见明显疗效。

这场"幸福相遇"，归功于我们赶上了中国特色社会主义新时代。首先，党和国家高度重视思政课，把思政课作为立德树人的关键课程进行建设，为广大思政课教师教学改革创新、投身立德树人伟业提供了好政策、搭建了高平台。2015 年，教育部组织开展高校思政课教学方法改革项目"择优推广计划"，全国共有 20 项获批，其中就有我们申报的《高校思政课微电影教学方法运用研究》，这让老师们看到了改革方向、增强了改革动力；2017 年，教育部举办"我心中的思政课"首届全国高校大学生微电影展示活动，截至 2023 年，这项活动已连续举办七届，激发了老师们改革的信心；2022 年，教育部、中宣部等十部门颁布《全面推进"大思政课"建设的工作方案》，强调"鼓励师生围绕思政课教学内容创作微电影、动漫、音乐、短视频等"，老师们深刻感受到了微电影教学改革的价值与美好前景。其次，国强民富网络发达。作为"数字青年"的大学生人人有手机，人人可做导演和演员，因此，拍摄思政课微电影的投资小；学生拍摄的优秀微电影可以通过"学习强国"平台、哔哩哔哩网站、校园网、学院网以及微信公众号、抖音账号等广泛传播，深受年轻人喜爱，因此，思政课微电影教学法可复制、易推广。

这场"幸福相遇"，升华于思政课微电影教学立德树人实效的彰显。党的十八大以来，习近平总书记围绕奋斗与幸福提出了"幸福都是奋斗出来的""奋斗本身就是一种幸福""新时代是奋斗者的时代"等许多重要论断，形成了与马克思主义幸福观既一脉相承又独具魅力的奋斗幸福观，是马克思主义幸福观中国化、时代化的最新成果。河北大学思政课与微电影"幸福相遇"的过程，就是教师带领同学们学习和践行习近平总书记奋斗幸福观的过程；就是为教师和学生构建"有深度有温度"的幸福课堂，在"滴灌式"微电影实践教学中"浇花浇根、育人育心"的过程；就是教师指导学生通过创作微电影去创造幸福、体验幸福和传递幸福的过程。微电影具有文化载体、传媒载体和实践载体的功能，微电影的主题就是浓缩的思政课教学内容。通过创作微电影，学生不仅成为学习的主人，还能从艺术审美的视角感受思政课的价值与魅力，因此，这种教学方法深受大学生喜爱且使之受益终身。

西·切威廉斯指出："人生是一次航行。航行中必然遇到从各个方面袭来的劲风，然而每一阵风都会加快你的航速。只要你稳住航舵，即使是暴风雨，也不会使你偏离航向。"河北大学思政课微电影实践教学改革的历程就是我们团队 11 年来仍坚持不懈的一次航行。

我不是农民却愿做"农民"，与教师们共同耕耘在思政家园，为学生播撒信仰的种子，并悉心浇水、施肥、祛除病害，使学生们获得健康成长。

我不是厨师却愿做"厨师"，面对需要丰富营养的学生，与教师们一起精心准备食材，努力提升厨艺水平，为学生们张罗一桌营养丰富、美味可口的精神大餐！

我不是火柴却愿做"火柴"，正如我的姓氏"柴"字。在 39 年教书育人的实践中，我一直秉持的信念就是"点燃"。做一个"自燃"者，有多少热，发多少光。做一个"燃他"者，散发星星之光，燃出璀璨人生。

我不是诗人，无法用漂亮的诗句讴歌我的事业；我不是哲人，无法用深邃思想阐释我的价值。但我是一名思政课教师，我要竭尽所能投入我挚爱的事业，把最真切的情感奉献给学生。追求是我的方向，耕耘是我的步伐，无悔是我的选择。

柴素芳

2024 年 4 月

目　录

■ 幸福微影概说

🎬 **幸福的若干问题研究**

高校思政课微电影教学研究

幸福微影概说

"幸福微影"，是我[①]带领团队17年来研究幸福理论、传递幸福理念，11年来创新开展微电影教学改革，并将二者有机融合而形成的思政课育人品牌。"幸福微影"内容源于幸福论研究、幸福观教育实践与微电影教学的有机融合，"幸福微影"名称初见于《中国教育报》的报道，"幸福微影"品牌形成于我们在微电影教学过程中打造的四个工作平台——"幸福微影社"、"幸福微影"微信公众号、"幸福微影"抖音账号以及北京高校思想政治理论课高精尖创新中心（中国人民大学）在"北京高校思想政治理论课资讯平台"专为我们创立的"幸福微影"微视频栏目。这个品牌，是理论与实践的结合，是集体智慧与汗水的结晶，是思政课教师实现立德树人目标的有效载体。

---

①　本书"幸福微影概说""后记"中的"我"，均指第一作者柴素芳。

第一章

缘起：高校思政课与微电影的幸福相遇

2007 年，43 周岁的我开始攻读思想政治教育专业博士学位，从此踏上研究幸福理论之路。我不仅将幸福观教育融入本、硕、博学生的课程，而且面向党政机关领导干部，大、中、小学教师等不同群体开展幸福观教育讲座 300 多场，河北电视台以《柴素芳：播撒幸福阳光的使者》为题对我进行了报道，我还被评为"河北省理论宣讲先进个人"。2013 年暑假期间，我根据自己开展幸福观教育的真实经历，组织团队编剧、导演了首部微电影《幸福阳光》，点燃了河北大学思政课微电影实践教学的"星星之火"，从此走上了打造"幸福微影"育人品牌的新征程！

理论之维研究幸福问题

读博期间，不少朋友总会关切地问我："你早已是教授、研究生导师，为啥还要辛辛苦苦读博呢？"在很多人看来，我已经是一个幸福的人了。事实上，我也认为自己是个幸福的人：有和谐幸福的家庭与志同道合的朋友，有自己钟爱的事业与喜爱自己的学生，有高雅的生活情趣、真诚善良的品性和达观自信的人生态度……让我幸福的理由和条件很多。然而，幸福难道仅仅是对"拥有"的满足和陶醉吗？在我看来，幸福的内涵很丰富且需要人们不断充盈。读书、奋斗、过有意义的生活，就是丰富幸福内涵、提升幸福层次的过程。于是，我选择了一条于我年龄而言颇具挑战性的深造之路——攻读博士学位，并开启了我研究"大学生幸福观教育"的学术之旅。

一 研究大学生幸福观教育问题

幸福，是一个古老而常谈常新的言人人殊话题，它就像一道多解方程，永远没有唯一的答案，这主要是由人们的遗传基因、所处环境、成长经历、个人性格乃至人生观、价值观等诸多差异造成的。我将大学生幸福观教育纳入研究视野，不是为了寻求一个普适的幸福概念，也不能对大学生幸福观教育做出权威的结论，而是力求追寻人们获得幸福的脚步，梳理学界对幸福及幸福观教育问题的思路，做出自己对幸福及幸福观教育的某种判断，甘愿搭建一座帮助大学生通往幸福之路的桥梁。这份付出换来的不仅是大学生的幸福，也有本人的幸福。这是一种神圣的职责，也是一种颇有价值感的幸福体验。在多年的思想政治教育与学术研究过程中，在与大学生的密切接触中，我既被大学生强大的生命活力、远大的人生志向和强烈的幸福渴望感染着、感动着，也对大学生诉说的各种压力、困惑、烦恼而思考着："思想政治教育作为一项人为、为人的实践活动，直接指向人的精神世界，不断改造和建构人的主观世界。思想政治教育通过自由自觉的活动不断提升个人捕捉、把握和感受幸福的能力，对于人之幸福的实现可有所为、必有所为。幸福不仅是思想政治教育的题中之义，更是其价值追求，理应不断关怀人将个体价值、尊严与幸福相联系，让每一个个体成为具有幸福品质、拥有幸福能力的人。"①

因此，作为一名思想政治理论课教师，我以马克思主义幸福观为指导，汲取中西传统幸福观理论精华，结合大学生幸福观及幸福观教育现

---

① 柴素芳、李颖：《思想政治教育关涉幸福的三个维度》，《思想教育研究》2019 年第 7 期。

状，有针对性地开展大学生幸福观教育，提升大学生认知幸福、创造幸福、感受幸福和传递幸福的能力，优化其实现幸福的途径与手段，使其将物质幸福与精神幸福、个人幸福与社会幸福、创造幸福与享受幸福有机统一。这既是大学生思想政治教育的重要内容，又是促进大学生解决实际问题，引导大学生树立正确的世界观、人生观、价值观的迫切需要。倘若自己的研究能够为这项颇有价值的工作尽点绵薄之力，再多的付出都是值得的。因为，这份付出不仅有利于大学生追求和获得幸福，而且也是我自己的一种颇有价值感的幸福。

2011 年 6 月，近"知天命"的我，获得了法学博士学位。虽然我的白发增多了，皱纹加深了，腰椎间盘也膨出了，但是我的幸福感却增强了，幸福指数也大大提高了。因为，学习和撰写博士学位论文的过程就是我充分体验和努力探寻生命意义的过程，就是深切感悟教育者的责任与价值的过程，就是将物质幸福与精神幸福、个人幸福与社会幸福、创造幸福与享受幸福有机统一的过程——我为自己的人生选择而雀跃不止，我为自己收获的幸福而感恩。

我在完善博士学位论文《大学生幸福观教育研究》的基础上，于2013年 8 月，在人民出版社出版了专著《大学生幸福观教育论》。郑承军（北京第二外国语学院党委常委、副校长，教育部新世纪优秀人才）、吴雪萍（浙江大学教授、博士生导师、中国教育学会比较教育分会常务理事）、宫敬才（河北大学教授、博士生导师）、安建萍（河北大学教授）等专家学者在《光明日报》《中国教育报》《思想教育研究》等报刊上对拙作给予了高度评价。

郑承军教授认为："在众多的幸福论著中，河北大学杰出女教授柴素芳博士的《大学生幸福观教育论》别具一格，尤为突出。她对于幸福含义的界定突破了有些研究者要么只强调客观条件的满足而忽略主观体验，要么只看重主观体验而忽略客观条件（尤其是忽略需要的迫切性与合理性、手段的正当性）等局限性，她认为，幸福就是人的迫切而合理的需要通过正当途径得以实现或部分实现时的心理体验。幸福源于客观（比如人的迫切需要得以实现，实现幸福的途径、手段具有道德意义等）而见之于主观（表现为人们的心理体验），是主观性与客观性的辩证统一。这一概念界定最大的特点是，幸福的含义与幸福观教育的目标具有高度的契合性，因而成为开展幸福观教育的原点。"①

河北大学安建萍教授把该书概括为四个特点，即"大跨度、宽领域的研究定位""重实效、高站位的责任意识""缜密性、可读性的有机统一""求创新、乐奉献的职业操守"，她认为"全书紧密围绕获得幸福的根本保障、内在条件、价值依据，建构大学生幸福观的认知条件、动力系统、理性力量、根本要求等重要议题，创造性地提出了物质幸福与精神幸福、过程幸福与结果幸福、个人幸福与社会幸福、创造幸福与享受幸福相统一的'和谐幸福观'理论体系"。"不仅为高校实施幸福观教育提供了组织管理保障，而且为高校大学生深入学习马克思主义的幸福观，用马克思主义幸福观指导自己的学习、工作和人生，提供了一定的方法论指导"。②浙江大学吴雪萍教授、河北大学宫敬才教授等国内知名专家亦发表书评给予我很多勉励。总之，我将攻读博士学位视为春天里的一次播种，至于收成，秋天已经给了我答案。我很庆幸这次播种，因为我在奋斗中看到了更精彩的幸福大世界。

二 研究幸福若干理论问题

罗素说："对于大多数人来说，对事业的信仰是幸福的源泉之一。"③研究"大学生幸福观教育"让我尝到了"甜头"，由此激发了我对于"幸福"问题的更多理论思考，并围绕马克思主义幸福观、道德与幸福、劳动与幸福、思想政治教育与幸福、经济收入与幸福等问题展开了研究，并在《光明日报》《中国高等教育》《思想理论教育导刊》《思想教育研究》

---

① 郑承军：《幸福的领悟》，《光明日报》，2014 年 5 月 5 日。
② 安建萍：《大学生幸福观教育的一朵奇葩——评柴素芳教授〈大学生幸福观教育论〉一书》，《思想理论教育导刊》2014 年第 2 期。
③ 〔英〕罗素：《罗素论幸福人生》，世界知识出版社，2007，第 55 页。

等报刊发表论文 18 篇，其中 CSSCI 来源期刊文章 10 篇，北大核心期刊文章 3 篇，被人大复印报刊资料转载 2 篇。研究的主要观点有以下几点。

幸福是人的迫切而合理的需要通过正当途径得以实现或部分实现时的心理体验。人的迫切而合理的需要是引发幸福的动因，遵守道德和法律是获得幸福的必要条件，感受幸福的能力是获得幸福的心理条件。

道德只有在促进人类幸福之时才具有存在的意义，离开了幸福，道德就是抽象的概念、符号；幸福只有得到道德的引导才有可能实现，离开了道德的制约，幸福不仅是片面的，而且是难以全面实现的。

经济收入与幸福是非线性关系，这是由幸福的层次性、主观性和终极性特征造成的。从心理学视角看，"幸福——收入之谜"与欲望的无限性、层次性有关。人们喜欢向上比较的心理特性和情感适应特征也是导致"幸福——收入之谜"产生的心理诱因。

马克思主义幸福观坚持实践的、辩证的、历史的唯物主义观点，以"人民幸福"为"初心"，使幸福的内容、获得幸福的方法和途径更为科学。马克思主义幸福观不仅是中国共产党为人民谋幸福的理论依据，也是人民正确认知幸福、努力创造幸福、积极体验幸福、用责任和担当传递幸福的行动指南。

大学生幸福观教育是思想政治教育的重要任务和内容。习近平奋斗幸福观是对马克思主义幸福观的赓续和创新发展，将奋斗幸福观融入高校思想政治教育，是新时代落实立德树人根本任务的内在要求与现实呼唤，有利于增强高校思政课的亲和力和感染力，具有针对性和实效性，也有利于引导新时代大学生弘扬奋斗精神创造幸福人生。

总之，幸福是哲学、心理学、经济学、教育学等诸多学科共同关注的问题之一。通过研究幸福理论，我愈发认可休谟的观点："一切科学对于人性总是或多或少地有些联系，任何科学不论似乎与人性离得多远，它们总是通过这样或那样的途径回到人性。"[①] 追求幸福是人之本性需要，

---

① 〔英〕休谟:《人性论（上）》，商务印书馆，1980，第 6 页。

但获得幸福，不仅需要科学的幸福理论作为指导，而且需要教育者肩负起重要使命。作为高校思政课教师，理应为学生的幸福生活有所作为。

教育之维传递幸福理念

"幸福"既是一个极具个性又不乏共性，既有感性色彩又彰显理性光辉的理论命题，而且是既有丰富的客观性又有高度主观性的实践活动。从客观角度来看，人民要实现幸福目标是需要一定的客观条件的。"为人民谋幸福"是马克思主义的初心，也是中国共产党的初心。中国共产党百余年来的奋斗历程，就是为人民的幸福生活不断创造客观条件的过程。从主观角度来看，幸福是人们对于美好生活的心理体验，与个体的人生观、价值观、道德观和幸福观等密切联系。一个欲壑难填的人不会幸福，一个道德败坏的人也不会幸福，一个心胸狭窄、悲观厌世的人更不会幸福。因此，个体的幸福离不开科学幸福观的指导。我从攻读博士学位开始，一边研究，一边实践，不仅将幸福观教育融入本科生的课程，而且面向硕、博研究生和社会各界开展幸福观教育，以传道为己任。

一 面向本科生的幸福观教育

我所教的本科生思政课教材 2005 年的名称为《思想道德修养与法律基础》（以下简称为《基础》），2021 年更名为《思想道德与法治》（以下简称为《德法》），该课是"一门融思想性、政治性、科学性、理论性、实践性于一体的思想政治理论课，主要是针对大学生成长过程中面临的思想道德与法治问题，开展马克思主义的人生观、价值观、道德观、法制观教育，帮助大学生提升思想道德素质和法律素养，成为自觉担当民族复兴大任的时代新人"。[①] 该课程涵盖思想、道德和法治三个层面的教育，我也是围绕这三个层面开展幸福观教育的。

---

① 本书编写组编《思想道德与法治》，高等教育出版社，2021，第 10 页。

　　首先，有什么样的人生观、价值观，就会有什么样的幸福观，不同的人生观、价值观，会产生不同的幸福观，因此，人生观、价值观教育与幸福观教育密不可分。学者江畅说："一个人要真正获得幸福，需要反思和审视自己的人生，思考'我应该过什么样的生活''我应该成为什么样的人'的问题（苏格拉底之问）。这种对人生的伦理反思是获得幸福的入口。在这种反思的基础上，还要不断加强自己的品德和人格修养，努力提升人生境界，从而使自己的人生和幸福层次更高、格调更美、丰度和深度不断扩展，达到真善美的完满一体。"① 的确，人生观、价值观体现着大学生的人生目的、人生态度及人生价值，体现着大学生最根本、最长远、最深层次的思想状况，与大学生的成长、成才及人生幸福紧密相关。2013 年版《基础》教材对"幸福"内容有所涉及，比如"人生实践是一个创造的过程，要适应历史发展的趋势，以开拓进取的态度迎接人生的各种挑战，不断领悟美好人生的真谛，体验生活的快乐和幸福"。② 但并未把幸福观教育作为重点内容。2018 年版《基础》教材则将"树立正确的幸福观"作为独立标题加以分析，突出强调了习近平总书记的奋斗幸福观："幸福都是奋斗出来的。'奋斗本身就是一种幸福。只有奋斗的人生才称得上幸福的人生。'"③ 这充分说明了对大学生开展奋斗幸福观教育的重要意义。接着《基础》教材分别解析了"幸福的含义""幸福的实现条件""幸福的特性"。因此，这部分内容成为对大学生开展幸福观教育的重点。2021 年版和 2023 年版《德法》教材更加突出了习近平总书记奋斗幸福观的教育内容，比如"一代人有一代人的责任和担当，青春的底色永远离不开'奋斗'两字。正如习近平所说，'现在青春是用来奋斗的，将来青春是用来回忆的'④，我们现在享受的幸福生活是一代又一代前辈接力奋斗创造的。人世间的一切幸福，都需要靠辛勤的劳动来创造，追求幸福的过

① 江畅：《我们需要什么样的幸福观》，《光明日报》，2017 年 1 月 23 日。
② 本书编写组编《思想道德修养与法律基础》，高等教育出版社，2013，第 69 页。
③ 习近平：《在 2018 年春节团拜会上的讲话》，《人民日报》，2018 年 2 月 15 日。
④ 习近平：《习近平谈治国理政》（第一卷），外文出版社，2018，第 54 页。

程就是不满足于现状，不断追求和创造更美好生活的过程。我们要享受眼前的幸福，更要不断奋斗，创造未来的幸福，在奋斗中创造幸福人生。今天仍然是奋斗者的时代，书写新的辉煌业绩离不开新时代的奋斗者"。[1] 在课后思考题中，该教材还设计了"新时代是奋斗者的时代，只有奋斗的人生才称得上幸福的人生。新时代大学生如何成就出彩人生？"这个问题。

在多年的课堂教学中，我充分体会到，从"幸福"维度对大学生进行人生观、价值观教育，既是教学目标的要求，也是增强课程亲和力的需要。2011级化学专业的卢同学写道："以前时常听其他同学诉说着《基础》课的无聊与无意义。但是，当步入柴老师的课堂，我却被柴老师独特的教学方式深深地吸引着。我非但没有感到丝毫的乏味，反而在欢声笑语中对幸福以及人生有了更深的体会。可以说，柴老师在教学中开展幸福观教育，不仅让原本死板的书本知识活跃起来，同时让我们能真真切切地对幸福有了更多的思考、更深的体会。幸福掌握在自己手中，柴老师给我上的课虽然短暂，但让我对幸福的思考是无限的，通过这学期学习，我将更加明确地迈上追求幸福的道路！"2017级生物技术专业的王同学写道："将幸福观教育融入《基础》课，是对《基础》课的一种升华。这种新的改革使《基础》课不再苦闷无聊，反而使课程更加有价值。通过了解幸福观教育，我们可以更好地生活，同时在思想道德方面我们都有提升。把幸福观教育融入《基础》课，让我们感觉教学内容与我们的生活更加贴近，《基础》课的理论不再晦涩难懂，而是更加容易。"

其次，关于道德与幸福的关系，中西方哲学家大致有两种观点，即"德福一致"与"德福相悖"。在现实生活中，虽然也存在"德福相悖"的现象，但"德福一致"具有普遍性。在教学过程中，一方面，我会向学生分析道德与幸福的关系：幸福作为人的本质利益，是指幸福乃人之最高利益，具有最高地位，其他利益只能服务于它、服从于它。因此，

---

[1] 本书编写组编《思想道德与法治》，高等教育出版社，2023，第40页。

幸福是人的终极利益。既然幸福是人的终极利益，那么道德的重要价值就是要维护人的利益，也必然维护人的终极利益——幸福，所以，道德不是限制人们获得幸福的缰绳，而是帮助人们通向幸福的桥梁！现实生活也启示我们：有道德的人不一定都能幸福，但不遵守道德的人很难获得幸福，因此，道德是通往幸福的重要阶梯，是人们获得幸福的护佑者。另一方面，我还结合三大关于道德领域的教学内容，分析道德与家庭幸福、职业幸福和社会幸福的关系。这样的授课也同样得到了同学们的高度认可。2011级高分子专业的刘同学写道："记得第一次上课时，因为同学们（也包括我）都知道这是一门半选修课（通俗讲就是不太重要甚至可以说一点都不重要的课），所以我多带了两本书，一本化学，一本高数。打算在上课时做做数学题，看看无机化学。在柴老师的第一节课快下课时，我发现我失算了，因为我的数学、化学书从一开始打开后根本没看，后来我索性把书装进了书包，将自己完全投入课堂之中。以后每个周三中午出宿舍时我还会带上化学、数学书，不过我不是想在课上看了，而是在上课前看。柴老师的整个课程把'幸福'贯穿始终，使我受益匪浅——知道了什么是幸福，我现在就很幸福。"韩浩是2017级本科生，2020年5月，他成功捐献骨髓！记者采访时，他说："受到柴素芳教授幸福观教育熏陶，我懂得了积极奉献就是创造幸福和体验幸福的过程，成功捐献骨髓的我，感受到从未有过的幸福感。"

最后，在法律部分的教学中，我的一个明确定位是"培养大学生的法律意识和法律思维，使其在知法、懂法、守法的基础上追求幸福生活"。我跟学生强调最多的是：法律看似很刚性、很理性，很限制人的行为，但实际上，法律不仅温情脉脉，而且给人们提供了在遵法守法前提下的真正自由。在现实生活中，遵守法律的人不一定必然幸福，因为幸福还与其他因素相关，但不遵守法律的人很难幸福！从个人角度来看，只有知法、守法、敬法，才能提高生命质量，拥有获得幸福生活的条件。从社会角度来看，只有社会全体成员共同遵法，才能构建和谐安宁的社会环境，倘若违法犯罪成为一种普遍现象，人们的安全感必然降低，恐惧感必然增强，幸福也就难以企及了。另外，只有在法律的限制和约束下，普通人的自由、平等和尊严等权利才能真正实现，这些权利的实现不是为了别的什么目的，而是为了人们获得幸福的生活，所以，幸福才是法律的一个终极性价值目标。法律对人的意义主要是通过国家强制力调节各种利益关系，来保障公民幸福生活的实现。著名法官宋鱼水说过这样一句话："法律更大的魅力在于将违法的人吸引到守法的世界中。审判给予当事人的是一种法律觉悟，通过当事人流传给社会的是一种法律文化，最后在社会中流行的是一种法律生活方式，给大家幸福和快乐。"①将法治教育与幸福观教育相结合，得到学生们的积极反馈。2011级材料化学专业的王同学写道："'法律看似冰冷无情，实则温情脉脉'，刚听到柴老师说这句话时，我们都笑了，柴老师的进一步分析让我们深切理解了法律与幸福极为密切的关系：只要我们在法律允许的范围之内行使自己的权利，尊重他人的自由，我们就会感到法律温柔的一面。安安分分地守法过日子，也是一种莫大的满足与幸福。大学生要学会用法律来'养生'，提高生命质量和生活质量，这样才会有幸福的人生。"

为了激励同学们参与课堂教学，我设计了"幸福卡"，结课时，我会将"幸福卡"颁发给表现突出的学生。2017级张同学写道："柴老师的课上，举行了诵读经典比赛。经过一番努力和练习，我很荣幸获得一等奖。最让人欣慰的是，我们收到了柴老师独一无二的奖品——她特制的'幸福卡'，卡片上写着'道德是通往幸福的阶梯，守法是获得幸福的保障；幸福在于找到生命的意义，幸福源于持之以恒的努力！'柴老师的课让我们收获颇多，希望我们将来能像幸福卡文字那样，'不仅要做自己人生的剧作者，也要做人生的导演和主演；在青春舞曲的伴奏下，演绎出无悔于新时代的幸福影片！'"

---

① 王逸吟：《法律要给大家幸福和快乐》，《光明日报》，2009年1月15日。

　　总之，将幸福观教育与人生观、价值观、道德观和法治观教育相融合的"思政课"，不再是生硬的政治说教和空洞的理论灌输，而是充满人性的情感互动的课程，这样的课程，因为关涉学生的最大利益——幸福，而变得生动鲜活起来！2011级环境工程专业的王同学写道："听柴老师的课，最深的体会是：不知不觉听课变成了一件幸福的事情。分析原因，有两点：其一，听柴老师的课，我成长了。我对幸福有了更加强烈的感知能力，我的思想更加完善；其二，柴老师的课太精彩，每一堂课都像一次演讲，我听得很满足、很快乐。柴老师的课融入幸福观教育，这是一种创新的教育方式，我已被深深打动了。虽然结课了，我思想上的学习之路却刚刚起步。我会想念上柴老师课的日子，想念我们敬爱的柴素芳老师。"

二　面向研究生的幸福观教育

　　与本科生相比，研究生（含硕士、博士）面临着学业、就业、竞争、婚恋等多重现实压力，这些压力成为制约其获得幸福的重要因素。作为高素质、高学历群体的代表，研究生是推进中国特色社会主义现代化建设的重要力量。因此，加强研究生幸福观教育的理论研究与实践工作意义非凡：一是有利于研究生个体全面、健康地发展，使之树立正确的幸福观，能够直面各种人生压力和挫折，从而更好地追求幸福、创造幸福、体验幸福和传递幸福；二是有利于丰富和完善高校思想政治教育的理论内容，为引导研究生树立正确的幸福观提供理论指导；三是有利于研究生为实现"国家富强、民族振兴、人民幸福"的中国梦做出更大的贡献。为此，本人以"改革"为先导，努力做研究生科研创新的引路人。

　　本人针对研究生的幸福观教育始于2012年。我不仅开设了"幸福理论专题研究"课程，而且指导研究生围绕"幸福"主题进行理论研究。

　　首先，为硕博研究生开设特色课程——"幸福理论专题研究"。该课程旨在构建以幸福理论研究为中心，以幸福观教育为抓手，以促进学生全面发展为目标的一门有深度、有温度、目光远、落地实的思想政治教育特色课程。本课程重点内容包括：中国儒家、道家和佛家幸福观，西方感性主义、理性主义幸福观，马克思主义幸福观，中国共产党幸福观。我力求使课程紧跟新时代，立足新形势，注重基础理论与时代前沿幸福问题的结合，围绕"立德树人"这一根本任务，采取理论讲授、课堂研讨、实践调研等多种形式，在系统梳理幸福观基础理论的基础上，将最前沿的理论热点与研究动态引入教学实践之中，引导研究生从中西方传统幸福观中获取有价值的资源，引导学生以儒家的"仁爱之心"为获得幸福的情感基础、以"义而后取"为获得幸福的价值取向、以"孔颜之乐"为幸福典范，使学生在承担责任和使命的过程中有激情、有信念地追求幸福。引导研究生树立马克思主义幸福观——因为其建立在辩证唯物主义和历史唯物主义基础之上，主张生命是幸福的载体，需要是幸福的动力，劳动实践是幸福的源泉，幸福是物质幸福与精神幸福、个人幸福与社会幸福、创造幸福与享受幸福的有机统一，是最科学的幸福观，故成为研究生获得人生幸福的科学理论指南。经过多年建设发展，该课程于2020年获批河北省研究生示范课程。

其次，指导硕博研究生聚焦"幸福"主题展开理论研究，形成特色鲜明的研究成果和育人成果。比如，我指导硕士研究生完成的毕业论文主要有《马克思幸福观及其当代价值研究》《美德维度的幸福观教育研究——以央视节目"向幸福出发"为例》《新时代大学生幸福观教育研究》《邢台市中学教师职业幸福感调查研究》《中国传统幸福观及其当代意义研究》《中学生幸福观教育实证研究》《河北省高校女大学生幸福观研究》《特岗教师幸福感研究——以石家庄市为例》《河北省基层公务员幸福观调查研究》《大学生奋斗幸福观教育研究》等。指导博士研究生完成的毕业论文主要有《马克思劳动幸福思想的哲学研究》《马克思幸福思想研究》等。

近5年来，我指导研究生取得了诸多研究成果：《马克思"现实的人"视域下的幸福思想探赜》《习近平奋斗幸福观的时代价值》等12篇论文发表在《思想教育研究》《思想战线》等学术期刊，其中 4 篇为高被引、高下载文献，7 篇论文在全国学术会议获奖 13 次，相关作者应邀参会发言 20 余次；主持河北省研究生创新能力培养资助项目《马克思"现实的人"视域下的幸福思想研究》等各级课题 19 项；调研报告获奖 10 多次。此外，我指导的研究生 5 次荣获"国家奖学金"，30 人 / 次荣获河北省三好学生、河北省优秀毕业生、河北省"冀青之星标兵"等荣誉称号；学生的先进事迹被中央电视台、《中国青年报》、《河北日报》、河北卫视等报道 12 次。这些沉甸甸的成果，既见证了研究生艰苦奋斗的过程，也使同学们体验了奋斗者的幸福。作为导师，我亦收获满满的价值感和幸福感！

三　面向社会的幸福观教育

作为一名思政课教师，我肩负着面向大众宣讲马克思主义理论的重任。理论宣讲重在也难在入脑入心。作为河北省"习近平总书记重要讲话精神讲师团"成员、河北大学马克思主义学院"马克思主义理论与中央精神宣讲团"成员，我在推进马克思主义理论中国化、时代化、大众化方面，抓住了幸福观教育这个"小切口""暖主题"，在"贯通"方面下功夫，面向河北省党政机关干部，大、中、小学教师，企业领导员工，农村党员和群众等开展幸福观教育讲座 300 多场，力求以"服务"为宗旨，努力做一名"播撒幸福阳光的使者"。

贯通古与今。我以"不忘初心，为人民谋幸福"等题目，讲授马克思主义幸福观、中国共产党人的幸福观、中华优秀传统文化中的幸福观与习近平奋斗幸福观的内在逻辑关系，阐明党带领人民从"站起来"到"富起来"再到"强起来"的过程，就是为中国人民谋幸福、为中华民族谋复兴的过程，引导大众铭记历史，珍惜现在，开拓未来。

贯通知与行。我以《十九大 / 二十大报告：人民幸福"心"维度》为题，不仅讲授习近平奋斗幸福观，而且阐释党的十八大以来，以习近平同志为核心的党中央身体力行、知行合一、不忘初心、永葆丹心、秉持恒心、坚定信心，带领人民投身实现中华民族伟大复兴中国梦的实践过程。

贯通理与情。我以"提升职业幸福力，增强职业幸福感"为题，以马克思主义幸福观为引领，不断提升人们"认知幸福""创造幸福""体验幸福""传递幸福"的能力，促使人们践行习近平总书记的奋斗幸福观。

总之，我热爱并陶醉于幸福观教育事业，亦成为一名在理论宣讲中创造幸福、体验幸福和传递幸福的人！中国社会科学网、河北电视台分别以《敲开幸福大门 播撒幸福阳光》《柴素芳：播撒幸福阳光的使者》为题对我进行了报道。2019年我被评为"河北省理论宣讲先进个人"。

华北电力大学2017级自动化专业的陈同学写道："柴素芳教授深入浅出地授课，将思想理论高度凝练，结合身边的例子系统全面地带领大家学习了中国共产党人的'幸福观'。通过听讲，我更加了解了党的十八大以来的历史性成就和历史性变革、中国特色社会主义进入新时代的丰富内涵和重大意义、我国社会主要矛盾的变化、新时代中国共产党的历史使命和新时代中国特色社会主义建设的重大部署。更加明确了作为当代大学生要树立正确的幸福观，不忘初心、永葆丹心、坚定恒心、彰显信心，做一名合格的社会主义建设者和接班人，为实现中华民族伟大复兴的中国梦、实现人民对美好生活的向往继续奋斗！"

实践之维拍摄幸福微影

我不仅在《德法》课上对大学生开展幸福观教育，而且在"第二课堂"中带领同学们开展幸福观调研，力求使两大课堂的幸福观教育有效融通，更好地实现幸福观教育的目标。比如，我利用暑假时间精心指导了300余名学生开展幸福观调研活动，并完成《石家庄市空巢老人幸福感及其影响因素调查》《新生代农村青年幸福观调查》《保定"油条哥"的幸福观调研》等数十篇调研报告。尤其是 2012 年和 2013 年，我带领本科生参加"体验省情，服务群众"暑期实践活动，先后赴沧州调研"青县好人"的幸福观、赴唐山调研"感动中国"人物高淑珍的幸福观，为我和团队创作首部微电影《幸福阳光》奠定了坚实基础。

一 赴沧州调研"青县好人"幸福观

青县虽然是河北省沧州市仅有 40 万人口、面积不足 1000 平方公里的县城，但 2002~2012 年涌现出 1300 多名道德模范，其中受到国家和省市表彰的就有 50 多人。新华社、中央电视台、《光明日报》、《河北日报》等对"青县好人"平凡而感人的事迹予以报道，"青县好人多"成为全国瞩目的"青县现象"。"道德青县，爱心之城"已经享誉燕赵大地。

作为思政课教师，我被"青县好人"的事迹感动着，也在思考一系列问题：为什么"青县好人"那么多？"青县好人"幸福吗？他们因何幸福？我该如何借鉴青县道德建设经验，引导大学生学习、弘扬"青县好人"精神，构建正确幸福观？为此，2012 年暑期，我主动报名参加了河北省教育厅、河北省委宣传部等七部门联合举办的"体验省情，服务群众"主题实践活动，组建了由三名教师、四名学生组成的"青县好人"幸福观调研小分队，力求通过调研青县道德建设经验，不仅宣传和推广"青县好人"幸福观，使"青县好人"现象成为河北现象、中国现象，也让更多的人加入"好人"队伍，让更多"好人"获得更多幸福，为构建幸福中国、善行河北、善美保定贡献一份力量！本次调研主要有以下四项活动。

一是在县委县政府、县城中心广场、村庄发放调查问卷，了解"青县好人"现象及成因、"青县好人"幸福观现状及教育价值等。

二是以"争做道德模范，创造幸福人生"为主题召开座谈会。河北大学党委副书记王余丁、校团委书记单耀军和马列教研部党支部书记张露红、青县县委及宣传部等有关领导参加会议，会上，六位道德模范介绍了先进事迹。与"平凡"的"青县好人"面对面交流，仿佛让我们找到了一些人远离幸福的原因：幸福不能用物质的尺子来衡量。心中有爱，肩上有责任，人生有价值，才是幸福的源泉！

三是参观了青县公民道德建设展馆。展馆面积500平方米，采用声、光、电技术，集音像、图文、实物资料于一体，是一座充分展示全县道德建设成果的综合性展馆，是一座全省唯一、全国一流的道德主题展馆，也是公民道德教育基地。通过这个"窗口"，我们真实感受到青县公民道德建设的蓬勃活力和公民道德建设对群众的强烈感召力。

四是到清州镇、马厂镇和金牛镇采访七个道德模范和一个模范群体：十几年照顾脑瘫弃儿的何俊兰、平民慈善家范殿璐、三十多年如一日照顾4位瘫痪亲人的赵春梅、多年照顾多位患病亲人的上门女婿杨汝祥、十六年从不间断为婆婆梳头的姚淑华、至孝儿媳魏俊芹、见义勇为的英雄张国生以及长期做好人做好事的"打虎庄群体"。虽然"青县好人"们对幸福有不同的感受，但他们有许多共同点：家人和睦就是幸福，健康就是幸福，付出就是幸福，被需要就是幸福……

实践是认识的源泉，群众是最好的老师。这次与"青县好人"的近距离接触，让我们深刻思考了荣与辱、苦与乐、幸福与不幸等人生问题，不仅丰富了我们的人生阅历，增强了奉献意识和责任意识，也在亲身实践中、在与社会的密切互动中坚定了中国特色社会主义理想信念。"青县好人"孝顺、友善、诚实与勤俭，他们用行动让我们体会到"道德"力量带来的幸福感。他们的豁达乐观教会我们不要总是抱怨生活中的不公和艰辛，要学会勇敢和担当。青县县委和县政府的智慧举措给我们提供了思想道德建设的宝贵经验，"让有德之人更有福"，这既是各级政府的职责，也是公民个人加强道德修养的价值所在。

我至今难以忘怀的是，在调研期间（2012年7月24~27日），60年来特大暴雨之后，旅馆被水包围，停电，没有食物。当雨水逐渐退去时，我拿着伞、拽着裙子、蹚着水、抱着重重的一大袋子食物跟跟跄跄地挪动着脚步，望着楼上师生们雀跃的神态，一股从未体验过的幸福感袭上我的心头：遭遇困难时，并肩作战就是幸福！

我们撰写的《道德，通往幸福的阶梯——"青县好人"幸福观调研报告》被评为 2012 年暑期河北省百万大学生和青年教师千乡万村"体验省情，服务群众"主题实践活动优秀调研报告。

二 赴唐山调研高淑珍的幸福观并拍摄首部微电影《幸福阳光》

赴沧州调研"青县好人"幸福观的暑期实践，让我切实感受到了实践育人的魅力与价值。因此，2013 年 6 月，我来到河北大学团委书记单耀军（现任河北大学副校长）的办公室，表达两个愿望：一是想继续带领学生开展"体验省情，服务群众"主题实践活动；二是不仅完成一个调研报告，还想创新实践成果的形式。单耀军书记提出"拍摄微电影"的建议。当时，我完全不懂什么是微电影。于是回家在网上查找相关资料，忽然眼前一亮、热血沸腾——微电影因为具有微时长、微制作和微投资的优势而深受年轻人的喜爱。那时，多数在校大学生已经有手机了，所以，学生用创作微电影的方式学习思政课，是一种值得尝试的教学模式！

于是，我开始查阅资料，选取了调研对象——高淑珍，15 年来，她收养了 39 个残疾孩子，在自家办起"炕头学校"，全家义务为孩子们服务，2012 年高淑珍被评为"感动中国人物"。于是我设计了实践活动方案——2013 年 8 月上旬，组织学生到唐山滦南县洼里村调研"感动中国人物"高淑珍的幸福观，完成一个调研报告，并根据自己开展幸福观教育的真实经历以及高淑珍的先进事迹，组织学生写剧本、拍摄一部微电影。

这次调研，我们撰写的《唐山"爱心小院"高淑珍群体幸福观调研报告》被评为 2013 年暑期河北省百万大学生和青年教师千乡万村"体验省情，服务群众"主题实践活动优秀调研报告，拍摄的微电影更是具有里程碑意义。

2013 年 9 月 11 日至 11 月底，在河北大学副校长王凤鸣（后来担任河北地质大学校长）、河北大学党委宣传部刘焱部长（现为沧州幼儿师范高等专科学校校长）的大力支持下，在新闻中心张永刚主任以及王智利、王二军、李瑶等老师的大力帮助下，我们的首部微电影《幸福阳光》诞生了！

青春是一场寻觅，在静谧天宇划出一道轨迹；梦想是一缕阳光，在迷茫角落照亮一缕绚丽；幸福是一道选择题，善行与大爱把人生标举。《幸福阳光》讲述了一个才华横溢的寒门学子，在迷茫中寻觅幸福真谛的过程。主人公窦豆的父母从农村来到保定一个小商品城做买卖，生意红火。那年，窦豆如愿以偿考上河北大学，但窦父认为上大学无用，成本高、就业难、挣钱少，家里虽有经济条件，但就是不肯供窦豆上大学。为实现梦想，窦豆假期打工挣钱凑足了上大学的费用。到校后，窦豆希望靠自己努力收获幸福，但是，他做家教受到歧视，与宿舍中生活富裕的舍友矛盾重重，自己喜欢的女孩做了一位"高富帅"的女朋友……种种打击让他抬不起头，幸福似乎离他越来越远，此时的他渴望得到照亮内心的阳光，于是，他向柴老师求助。柴老师与窦豆倾心交流，引导他辩证地认识挫折，使他懂得幸福不是获得，而是付出爱和责任，窦豆重拾生活的希望。暑假里，窦豆随柴老师的"传递幸福小分队"赴"感动中国人物"——唐山高淑珍的"爱心小院"开展调研，他被高淑珍的大爱与坚强深深震撼，明白了什么才是自己的幸福。回校后，柴老师召开调研成果汇报会，窦豆及队员们讲述了自己的幸福感悟。大学毕业后，窦豆和同学们带着青春的梦想踏上了去青海支教的旅途。看着孩子们天真可爱的面庞，他终于感悟到高妈妈的那种幸福。回想往事，仿佛昨日。经历了风雨之后的窦豆，终于看到了天边那抹幸福的阳光。

　　这部影片以"青春·梦想·幸福"为主题，以大学生遇到的热点难点问题为关注点，以"感动中国人物"高淑珍的善行义举为施教素材，以引导大学生树立践行社会主义核心价值观，将个人梦与中国梦、个人幸福与他人幸福有机统一为旨归，展示了"中国梦·学子情"风采。影片由5名思政课教师、10余名大学生共同创作、参演完成。其中，影片中的"柴老师"由我本人出演。该片2014年荣获保定市"移动杯"微电影大赛最佳编剧奖、一等奖，2017年荣获"我心中的思政课"全国高校大学生微电影展示活动三等奖。

　　这部影片被引入河北大学和其他高校的思政课堂后，其"原生态"的特质吸引着学生，其"正能量"的主题教育了学生，电影艺术的方式增强了思政课的吸引力、感染力、渗透力，有效促进大学生思想观念、思维方式和生活方式的现代化转变，既弘扬了社会主义核心价值观，又引导了青年学子实现梦想和人生价值。来自全国各地的学生给予高度评价：

　　　　"进入微时代，各种微电影层出不穷。然而，当看到《幸福阳光》时，我被深深震撼了，灵魂深处那种爱的能力、奉献的能力、寻找幸福的能力像被点燃、被唤醒了。非常希望采用这样的教学方法，激发同学们的学习兴趣，让同学们更真切、更有趣味地感受每一堂课所传递的正能量。"（河北大学　牛艳霞）

　　　　"微电影之所以可以作为思想政治教育的新载体，源于它和主流电影或其他的影视文化一样有着一定的价值观导向作用。它们不仅可以影响人们的思维方式，也影响着人们对于政治的感受，它通过在屏幕上塑造鲜明的艺术形象感染人、陶冶人、教育人，引导广大青年学生追求特殊价值目标，树立人生理想。"（延安大学　梁心悦）

　　　　"在奉献中获得幸福，应该是大部分人都践行的。影片主人公从迷茫走向光明，从没有感悟到幸福是什么到践行幸福，都因为有了

一个正确的引导，这使得他在以后的人生道路中有了一个明确的方向。"（遵义师范学院 黄龙）

"原来所谓幸福，便是人生不断向内探求实现自我价值，是挣扎后的豁然开朗，是将爱心化作太阳，温暖了他人的胸膛。不得不说，这次的'微电影课堂'是成功的。它用贴近生活的情境，引起了同学们的反思，使他们深刻领会了思政课的内容。朱子说：'格物致知'。对知识的学习最终落足于实践的指导。微电影教学就很好地做到了这一点。"（长春理工大学 李颜新）

三 在《基础》课验证微电影教学法

从艺术性来看，《幸福阳光》并不完美。但这部影片让"思政课"与"微电影"幸福相遇了，其内涵、价值和魅力已成为我职业幸福的重要来源，也展现出我们微电影教学改革的初心——不是为了艺术和票房，而是以微电影为载体，指导大学生将所学理论内化于心、外化于行，进而增强思政课的亲和力与实效性！

为验证微电影实践教学的可行性，我像医生一样再次在自己身上"试针"。2014年3~6月，我根据《基础》课教材内容设计了微电影主题，让同学们在课后创作影片，共拍摄了《来自星星的柴老师》《醒》《懵懂少年》等16部影片。在学期末，我组织了一场颁奖典礼，并给同学们颁发了证书。两位同学在颁奖典礼时的主持词，我至今珍藏着：

张月：幸福是我们每个人的终极人生目标，但如何追求幸福、获得幸福？这又是困扰我们大学生的现实问题。

忠艺：非常幸运的是，我们敬爱的柴老师将幸福观教育融入课堂，她用丰富的理论和鲜活的事实告诉我们：道德是通往幸福的阶梯，守法是获得幸福的保障。

张月：有人说，思政课是枯燥的，但柴老师敢于创新、善于创新，她采取了微电影教学方法，让同学们参与其中，感悟幸福，产生了寓教于乐的效果。

张月：她教给我们的不是空洞的理论，而是深刻的做人做事的道理。

忠艺：她追求的不是完成教学任务，而是引领我们全面健康幸福地成长。

张月：谢谢柴老师为我们奉献的真情与关爱！正是因为有了柴老师的真情关爱，我们在学习过程中才成长了、收获了。下面，就让我们一起分享在柴老师的指导下，同学们精诚合作完成的微电影作品吧。

忠艺：一边观看着属于我们自己的微电影，我的脑海浮现出许多上课时的精彩瞬间，那是值得我们回忆和珍惜的历史啊。此时此刻，我想，在座的各位同学也一定有心里话想表达。那就有请吴筱雪同学谈谈她的收获和体会吧。

忠艺：一学期的记忆也许有很多，但今天的颁奖活动无疑会成为一种永恒！

张月：让我们记住这幸福的时刻，记住柴老师与我们共同创造幸福、体验幸福和传递幸福的过程。让我们带着柴老师的期待与嘱托，带着梦想向幸福出发。

同学们在实践总结中，纷纷表达了收获和体会：

"通过这次微电影创作，我的感想有三点。第一，我感觉什么都是被逼出来的，如果当初没有柴老师的要求，我估计现在还不知道什么是绘声绘影，更不用说电影制作了。只要肯认真专注地学习一样东西，无论有多么不容易，都可以学好。第二，只有亲身感受、亲身经历，才可以学习到更多，才有发言权。我以前看电视总吐槽，但看到自己制作的视频才发现原来制作视频是多么不易，演员是多么难当。第三，当真正用心学习去做一件事情的时候，就不会觉得这有多么累、多么无味，反而会感觉这是一种乐趣，是一种享受。"

（2013 级电子商务 宋亚普）

"我收获的不仅是课本上的知识，而且是更多在课堂之外学到的东西。首先，我明白了团结才是力量，明白了要以团队为中心，做自己力所能及的事情，不做事外人。其次，做事一定要认真负责，把事情办好。我们也即将要成为学姐、学长了，这一年我们到底收获了什么，学到了什么，真正用心地去做过什么，如果你还没有让自己满意，那么就尽早开始做打算吧，像柴老师一样让自己时刻都有事情做，充实地过好每一天，让每一天做的每一件事情对我们而言都无愧于心，无论我们做了什么，得到什么结果，最重要的是我们一起经历过，我们在一起的这份弥足珍贵的经历是我们人生中最宝贵的财富。最后，我们每个人都应该衷心感谢我们的柴老师，是她教会了我们以后的路怎么走会少些坎坷、多些荣耀，事情怎么做会少些麻烦、做出精彩，未来的生活怎么写才更加成功。美好的日子总是短暂的，让我们记住这永恒的美好，走好今后的每一步。"

（2013 级信息管理 吴筱雪）

第二章

发展：高校思政课微电影
实践教学星火燎原

2006 年，河北大学为落实《中共中央国务院关于进一步加强和改进大学生思想政治教育的意见》（中发〔2004〕16 号）和《〈中共中央宣传部　教育部关于进一步加强和改进高等学校思想政治理论课的意见〉实施方案》（"05 方案"），从"马克思主义基本原理概论""中国近现代史纲要""毛泽东思想和中国特色社会主义理论体系概论""思想道德修养与法律基础"四门课程中各抽取 0.5 学分，独立开设了"思想政治理论课社会实践"这门独立的必修课程，每年暑期面向全校大二年级学生开课（共 2 学分，34 学时），实践方式为学生在教师指导下开展社会调研后，提交调研报告。

2009 年 3 月，我担任河北大学马克思主义学院副院长，分管教学、科研和马克思主义理论一级学科硕士点工作。如何创新推进"思想政治理论课社会实践"课程改革？首部微电影《幸福阳光》的成功拍摄和课堂运用、《基础》课上诞生的 16 部影片，无疑让我看到了同学们活学活用教材的创造力，实现学习目标的坚持力、凝聚力，进而坚定了我推进微电影教学改革的信心和决心！

高校思政课微电影实践教学模式的探索

为落实《中共中央宣传部　教育部关于进一步加强和改进高等学校

思想政治理论课的意见》（教社政〔2005〕5号）和《教育部等部门关于进一步加强高校实践育人工作的若干意见》（教思政〔2012〕1号）的精神，经学院领导班子研究，2014年开设的"思想政治理论课社会实践"课程的结课成果采用微电影、调研报告两种形式，任学生自由选择。

为保证微电影教学全面推进的质量，河北大学马克思主义学院于2014年6月聘请艺术学院金晓非、新闻中心王二军两位专家对全院教师进行培训。2014年6月30日至7月2日，学院教师对学生进行培训，内容包括微电影剧本写作与拍摄制作技巧等。学生在本班自由结组后，设计拍摄微电影的方案，写出基本剧情；暑假期间，学生在教师指导下完成作品。实践方案包括如下内容。

1. 主题：弘扬主旋律，传递正能量。体现"善行河北"特色，展示"中国梦·学子情"风采，贴近"思政课"教学内容，促进大学生健康成长。

2. 类别：微电影、专题片、纪录片、政论片、动漫动画等。

3. 内容：公益宣传、青春励志、校园故事、实时记录、人物专访、历史故事、名作改编等。

4. 片长：5~15分钟。

5. 作品需在片头文字中标明：河北大学"启航杯"思想政治理论课微电影大赛作品。画面清晰，声音清楚，标注字幕。

在参加这次实践教学的大二学生中，有一半同学选择拍摄微电影，拍摄了370部作品，反映了大学生学习和践行社会主义核心价值观的历程与收获，大学生在价值观塑造、创新能力和团队合作精神培养等方面也收获颇丰。经评审，39部微电影、18名教师获奖。

2014年11月21日，河北大学马克思主义学院召开了"思政课"实践育人成果（微电影）展示会议。河北大学党委常委、副校长王凤鸣到会并做重要讲话，宣传部、教务处、教育教学质量评估中心、团委、新闻中心等相关职能部门领导莅临会议，马克思主义学院领导班子、全体教职工、微电影获奖代表以及经济学院、管理学院等部分学生参加了会议。《中国教育报》记者到会采访，并以"一场微电影与思政课的幸福相遇"为题进行了报道。

此后，"幸福微影"成为我们用力、用心、用情打造的育人品牌。2014年至今，在每年的"思想政治理论课社会实践"课中，选择拍摄微电影的学生逐年递增，拍摄微电影的学生达九成以上。截至2024年，河北大学4万多名大学生拍摄的微电影累计达到7000多部。为此，微电影教学成为这门课的鲜明特色。

高校思政课微电影实践教学模式的发展

2014年，我们申报的《小切口，大立意——河北大学社会主义核心价值观教育"四新"模式》入选教育部"社会主义核心价值观教育典型案例"；我在《思想教育研究》编辑部、中国计量学院组织召开的"全国高校思想政治教育'实践育人'研讨会"、北京航空航天大学召开的全国高校"培育大学生社会主义核心价值观与高校思政课教学方法改革研讨会"上介绍了微电影教学法，产生了良好反响。2015年，我申报的《微电影创新思政课教学方法运用》入选教育部高校思政课教学方法改革项目"择优推广计划"。

2015年，《中国教育报》刊发《盘点2015高等教育十大关键词》。其中介绍了河北大学在"微电影教学改革中将弘扬社会主义核心价值观、引导大学生将个人梦与中国梦、个人幸福与社会幸福主题有机融合"的做法，进一步激发了我们微电影教学的信心和决心。

2013~2017年，河北大学马克思主义学院教师在"思想政治理论课社会实践"课中指导大学生拍摄微电影总数达到2400多部。2017年6月，教育部办公厅发布《关于开展高校大学生思想政治理论课学习成果展示系列主题活动的通知》，活动内容之一为"我心中的思政课"全国高校大学生微电影展示活动。该活动鼓励引导学生用微电影的方式，展现心中理想的思政课，呈现思政课学习过程中的精彩故事。2022年，教育部、中宣部等十部门印发《全面推进"大思政课"建设的工作方案》，强调"鼓励师生围绕思政课教学内容创作微电影、动漫、音乐、短视频等"。截至2023年，教育部主办的"我心中的思政课"全国高校大学生微电影展示活动已举办七届，31个省级行政区的835所高校报送的微电影2178部。至此，高校思政课微电影教学已经在全国形成燎原之势！

为了大力推广微电影教学模式，河北大学组织召开了四次全国会议。首先，2016年5月7日，由高校思想政治理论课程研究中心、《思想理论教育导刊》编辑部与河北大学共同主办了"全国高校思想政治理论课教学改革暨微电影教学研讨会"。其次，2017年5月20日~21日，由河北大学马克思主义学院、北京高校中国特色社会主义理论研究协同创新中心（中国政法大学）共同主办了"繁星奖"河北大学思政课微电影大赛暨"京津冀高校提升思政课亲和力论坛"，来自京津冀30多所高校的专家学者、师生代表参加了活动。再次，2018年12月23日上午，由河北省教育厅主办，河北大学马克思主义学院、北京高校中国特色社会主义理论研究协同创新中心（中国政法大学）、柴素芳全国高校思想政治理论课名师工作室共同承办了全国高校思想政治理论课教学改革暨微电影教学研讨会，来自全国40多所高校的专家学者、师生代表等100余人参加会议。最后，2022年5月15日，由河北大学、北京高校思想政治理论课高精尖创新中心（中国人民大学）、中国政法大学联合主办，柴素芳全国高校思想政治理论课名师工作室、河北大学新时代马克思主义研究中心承办了"学习贯彻习近平总书记关于'大思政课'重要指示批示精神暨全国高校思想政治理论课微电影教学研讨会"。会议采取线上方式举行，来自全国200余所高校的专家学者、师生代表9000余人云端参会。

11年来，河北大学微电影教学法的推广，得到新华社、中央电视台《新闻联播》《新闻直播间》《电影频道》，以及《光明日报》、《中国教育报》、中国教育电视台、《中国青年报》等媒体的大力支持（见附录1）。我还应邀到教育部组织的全国高校思政课骨干教师研修培训班，北京高校思想政治理论课高精尖创新中心（中国人民大学）举办的思政课青椒论坛，北京科技大学主办的全国高校思想政治理论课实践教学研讨会以及武汉大学、厦门大学、天津大学、湖南大学、西安交通大学等150多所高校推广微电影教学法（见附录2）。

高校思政课微电影实践教学模式的成效

河北大学微电影教学的初心，就是促使大学生在自编自导自演自制微电影的过程中，成为自主学习者，将所学的马克思主义理论内化于心、外化于行。11年的艰辛奋斗，突出成效表现为"六多"。

一　参与改革的教师多

"思想政治理论课社会实践"课程由全体思政课教师共同讲授，教研室人数最多、任务最繁重。首先，作为微电影教学的开创者，老师们没有经验可供借鉴，一切从零开始，若无奉献精神和持之以恒的意志力，难以将这项改革坚持11年。其间，教师们直面挑战，不断完善培训方案，建立了培训机制——邀请艺术专业的教师培训思政课教师后，再由思政课教师对学生进行系统培训，包括微电影主题、类型的选择，拍摄制作技巧、成果要求等。学生在本班自由结组后，在教师指导下设计创作方案，向教师提交结组名单及设计思路表，教师对学生的创作方案进行具体指导，并布置后期细节工作。其次，作为微电影教学的组织者，教师们耐心辅导，帮助学生。教师们不仅指导学生围绕理论教学内容设计微电影主题，而且帮助学生修改剧本，尤其是在学生拍摄影片过程中教师采取面对面、点对点、线上线下结合的方式对其辅导，确保电影主题与课程的相契，帮助学生提升作品质量，促进学生全面成长。为确保课程质量，我们还建立了评价机制——将过程评价与结果评价有机结合起来，注重过程育人：学生须提交 1 部微电影、若干精彩花絮、个人谈收获感悟的短视频、拍摄现场的工作照片以及个人总结。

二 学生受益多

11 年来，河北大学共有 4 万多名大学生参与了微电影教学，成为"微电影教学"改革的最大受益者。这是因为，教师们以微电影为载体引导学生在实践中学习和成长，使思政课教学接地气、有活力；学生们在拍摄微电影过程中悟透理论、磨砺品质、净化灵魂、陶冶情操、坚定理想信念。微电影教学将课内、课外、网络"三大课堂"有机联动，"思政""美育"育人模式有机结合，成为大学生"入耳、入脑、入心"的热门课程。

2022 年 5 月 15 日，河北大学主办了"学习贯彻习近平总书记关于'大思政课'重要指示批示精神暨全国高校思想政治理论课微电影教学研讨会"，东北大学马克思主义学院院长田鹏颖教授应邀作主旨报告。他从三个方面概括了思政课微电影教学的价值。首先，微电影教学是高校思想政治理论课教学改革的一种大胆探索。这种教学助力思想政治理论课课堂教学与实践教学有机结合、助力思想政治理论课学生主体和教师主导有机结合、助力思想政治理论课"思政""美育"育人模式有机结合。其次，微电影教学是引导学生走进当代马克思主义的一个绿色通道。这种教学方式有利于青年学生坚定马克思主义信仰、有利于在青年学生中推动马克思主义大众化、有利于传播马克思主义真理力量。最后，微电影教学是"讲活"思想政治理论课的一种有益方式。这种教学为自我教育提供了实践场域、注入了文化自信、提供了现实路径。[①]

我们团队在指导学生创作思政课微电影的过程中，也切实感受到微电影教学的魅力与价值。

1. 学生在创作微电影的过程中接受红色教育

《西淀灯火》导演、编剧刘仕茂："我是《西淀灯火》的编剧导演刘仕茂，是土生土长的白洋淀人。2017 年，我的家乡被纳入'千年大计，国家大事'的雄安新区中开展建设，我的老师柴素芳教授也是雄安新区白洋淀人。我们都希望创作一部反映新时代家乡变化、献礼国家发展的微电影。《小兵张嘎》是徐光耀的中篇小说，崔嵬导演在 1963 年将其拍成了电影，张嘎也成为家喻户晓的英雄人物，是白洋淀人民机智勇敢的革命精神的象征。在柴教授提议下，我开始围绕'嘎子回来了'这一视角编写剧本，力求通过'嘎子'的所见所闻反映白洋淀人民的美好生活及其对革命精神的传承。片中部分镜头选用了崔嵬导演的影片。在电影最后高潮部分，观众们会看到淀边的灯火盛宴，这是白洋淀人民对英雄的纪念与歌颂。灯火，象征着白洋淀人民对革命精神的永久传承。影片最后以'嘎子'的梦醒作为结尾，体现'不是我梦见自己变成了张嘎前辈，而是白洋淀风光好，英雄多，人人都是嘎子哥'这一深刻主题，重点突出白洋淀人民对于革命精神的代代相传。通过创作这部影片，我受到了深刻的革命精神教育，作为白洋淀人，我为家乡有'张嘎'这样的英雄而自豪，也深感建设雄安新区、传承革命精神的责任重大！以创作微电影的方式学习思政课，我很喜欢，亦终身受益！"

2. 学生的学习积极性得到激发

《青春的诗》剧组创作者郝焕然："我觉得学校将'思政课'改成拍摄视频的形式是新颖又独特的，学生渴望开设这种真正锻炼综合素质的活动课程。不管电影拍摄技术是否有提升，这种相互配合、相互鼓励的过

[①]　田鹏颖：《高校思想政治理论课实践教学新探索——关于"微电影"教学模式的若干思考》，《河北大学学报》（哲学社会科学版）2022 年第 5 期。

程，就让我们学会了仰望星空与脚踏实地，学会了欣赏他人，学会了集体利益最大，学会了团结、原谅、互信，最重要的是，这种课程让我们相信了世上无难事，只怕有心人。相信在今后的学习工作中，我们每个人都能对新鲜的事物勇于尝试，与他人的合作更融洽，对未知的困难充满信心。再次感谢思政课让我们感受到不一样的大学。"

3. 提升了学生的综合素质

《笑对阴霾》剧组创作者孔洪涛："在微电影《笑对阴霾》的前期准备、剧本编写、拍摄以及后期制作的过程中，我深刻体会到了思想政治理论社会实践课真正带给我们的收获。在整个制作过程中，我感触最深的就是在以许思远同学为原型的角色设计中，剧本充分展现了主人公面对病魔，仍然坚强生活下去，笑对人生，勇对病魔的精神。弘扬了社会主义核心价值观以及坚强乐观的态度。还从中体会到了小组团结合作的精神与力量。

在此次微电影的拍摄中，我在团队中的主要任务是前期剧本的编写、拍摄阶段的拍摄以及场务与后期的辅助剪辑工作。在初步构思阶段，结合之前与许思远同学的接触感受，我力图刻画出一个与肿瘤斗争的乐天派的大学生形象。并用他的学习、工作、生活的素材体现人物性格。在前期准备后，我们完成了微电影拍摄的整体脉络、人物设定以及剧本的设计。在拍摄过程中，我负责拍摄以及场务工作，在这一阶段也有许多问题需要解决，如机位的摆设，人物动作的捕捉，如何拍好特写镜头，怎样解决虚焦、曝光过度等技术问题以及移动拍摄的应用等。在反复多次试验拍摄后，我在机位和镜头的处理上终于有了进步。后期处理也是一项需要耐心的技术工作，在影片的后期处理过程中，在武治同学的指导下，我与隋立超等人共同完成了微电影的剪辑、后期配音等工作。

我认为这是一部意味深长的微电影，人生不如意之事十有八九，但它们远没有生命重要。生命只有一次，在病魔出现，生命所剩无几时，生命的可贵更是凸显。即使走到最后，主人公也依然留下笑容，依然想着留给别人乐观的形象和快乐瞬间。从刚得知病情的失落，到重新振作走下去，这是一种生命的重燃与升华。'不要因为害怕失去而放弃拥有'没有人能只拥有不失去，每一个人都会有不如意的时候，笑一笑面对未来，面对人生，任何苦难都没什么大不了。如果不去争取，那么什么也得不到；如果你去争取了，收获的最起码还有希望，付出和回报会是等价的。人的一生有长有短，更重要的是你要怎么活着。在拍摄后的观看中，整部微电影教会了我们如何珍惜、感恩，如何使用微笑赶走这个世界的阴霾，笑对人生。

也许，我们的作品仍有许多不足之处，也许我们应该注意的地方仍有很多，我仍为自己与团队的收获感到开心，当片尾的歌曲唱起时，那份来自影片的感动与拍摄小组成果实现的感动油然而生，随歌曲萦绕心中。最后，我希望在日后的生活与工作中逐步提升自己的技术，增强自己在各方面的综合能力。同时希望本部微电影可以给大家的生活带来启发与感悟，让我们在生活中不管面对什么样的磨难，都能够笑对阴霾，乐观地生活。"

三　影片题材多

思政课的微电影与其他微电影的最大区别在于，我们组织学生创作的微电影主题均与思政课教材的内容密切相关。因此，在河北大学马克思主义学院"思想政治理论课社会实践"课实施方案中，我们将微电影的主题分为三个板块：专业板块，围绕"习近平新时代中国特色社会主义思想概论""马克思主义基本原理概论""毛泽东思想和中国特色社会主义理论体系概论""中国近现代史纲要""思想道德修养与法律基础""形势与政策"某一门课程的知识点设计主题；公共板块，结合国情设计主题，比如"京津冀协同发展""雄安新区建设"等主题；特色板块，根据每年国家大事、社会热点、学校特色确定影片主题。

比如，体现习近平新时代中国特色社会主义思想的微电影主要有《幸福阳光》《幸福阳光2》《孤岛蓝鲸》《骆驼湾，幸福湾》《打虎上山》《雪中温暖在，携手奔小康》《反腐永远在路上》《建设美丽乡村》等。关于"中国共产党人精神谱系"的微电影主要有：体现伟大建党精神的《清风迎建党》；体现长征精神的《倔强的小红军》；体现西柏坡精神的《新中国从西柏坡走来》；体现抗战精神的《西淀灯火》；体现太行精神的《太行新风貌》；体现雷锋精神的《拍"钉子"》；体现抗疫精神的《战"疫"四"度"》；体现载人航天精神的《中国梦 航天梦》；体现脱贫攻坚精神的《爱唱歌的牛》；体现企业家精神的《匠心》。体现地域文化特色作品主要有《学习新思想 追忆李大钊》《美丽雄安之白洋淀》《无畏的英雄——狼牙山五壮士》《一座总督衙署，半部清史写照》《百年河大》等。

《许愿》以思政课教师为主线，讲述了一位小男孩在幼时因受到思政课教师在生活上的深切关怀，长大后成为一名思政课教师，并继续立德树人的温暖故事。该片在2020年荣获第四届"我心中的思政课"全国高校大学生微电影展示活动优秀奖，在河北大学"我心中的思政课"2020年度"共抗疫情·爱国力行""精准扶贫·全面小康"主题微电影大赛中荣获一等奖。硕士研究生姜旭说："通过参与影片创作，我更加深切地体会到思政课教师身上的使命担当与重要地位，要培养学生正确的世界观、人生观与价值观，对学生的成长成才给予关怀与正确指引，促使广大学生立德成人、立志成才，为社会主义现代化建设贡献青春与力量。"

《铃铛响了》讲述了一个青年人因急需用钱而盗窃，在被期盼爸爸回家的失明小女孩唤醒良知后，遵法守法的故事。该片荣获"繁星奖"河北大学思政课微电影大赛一等奖。2014级学生刘森是这部影片的导演，回忆起2015年自己拍摄微电影的历程，他感慨道："通过柴老师讲授的《基础》课，我接触了很多深刻的马克思主义理论，而通过思政课微电影实践教学改革，我有机会将学到的思想认知、价值观念，通过创作的微电影展现出来。柴老师以一种领先于时代的教育方式激发着我的影视创造活力，指引我迈向更高的艺术追求，更塑造着我的人生价值观念。青年学生和全民自媒体时代的美好相逢，必定会有更多更好的作品蓬勃涌现。在这样一个企业展示与个人发展都需要新媒体的时代，思政微电影实践改革的创新也一定能够赋予当代青年大学生更多意义和能量！"

　　为了验证优秀微电影反哺课堂教学的效果，我给学生进行小测时，播放了《铃铛响了》，请同学们随堂写观后感。2016 级生物信息专业的孟同学在试卷上写道："铃铛，它在故事中不仅象征着真善美，也是让建国（片中主人公姓名）回到正途的保证。铃铛一响，不仅象征着小天使内心的单纯与渴望，也象征着她对光明的希望。小天使的这种希望，正好与建国对挚爱女友生存的希望产生了碰撞与交集，在这种矛盾与希冀中，建国最终选择了不伤害这个小天使单纯的内心，从而使他的良知被拯救。道义唤醒了他的良知，维护了他内心中对法律的敬畏与尊重。如果说良知是人心中的一扇窗户，那么在窗户后面的就是无数缕幸福的阳光。在光影变动之中，我们才能感知人世间的温暖，才能享受爱与被爱的滋味。而组成良知窗的一栅是道德，一栏便是法律，一栅一栏一面窗，共同保障社会的安宁有序。道德和法律的基石保护着良知，只有这样方能让人享受那透过窗户洒下的幸福阳光。"学生能够在短暂的时间内写下如此有情有理有深度的文字，甚至他们的分析有可能要超越创作者的初衷，这是因为该同学对微电影剧情、对人世间真情、对法律赋予人的温情有了深切把握，也充分说明了运用微电影开展思政课教学，能够让同学们在艺术审美的过程中润物细无声地接受教育，这样的教育如同雨露浸润心田。所以，同班的李同学也在观影后写出感人至深的评语："诚然，人性中除良知外也有黑暗面的存在。多数人都有过邪恶的念头，而极少有人放纵邪恶去开花结果，这就是良知的力量。知善知恶才知美为何物，我们需要正视人性中的恶才能定向地引导自我吸收'阳光雨露'。在暴风雨中坚守良知才能更好地扬善避恶。值得欣慰的是，良知还是普遍留存在人们心中的，所以主人公很快又将手表还回去。就算世界'以痛吻我'，也绝不能'以痛去伤害无辜的人'。就算心有黑暗，也要在心中留住那个美丽的铃铛。铃铛响了，就该明白人为何为人，应当怎样做人。所以我要说，行为的底线是法律，生命的底线是良知。它包含了思想与行为，正因为有思想，人才区别于其他动物；正因为有良知，人才是一个完整的人。"

《爱唱歌的牛》以打赢脱贫攻坚战中的经典案例为原型，讲述了一名青年在党的扶贫政策的帮扶下，坚守理想，克服困难，拒绝诱惑，最终实现个人价值和社会价值的感人故事。该片荣获 2020 年首届中国（南充）科普微电影大赛院校单元"十佳影片奖"、河北大学"我心中的思政课"2020 年度"共抗疫情·爱国力行""精准扶贫·全面小康"主题微电影大赛一等奖。本片导演王旭腾感悟道："2020 年，是全面建成小康社会的决胜之年。在脱贫攻坚战中，涌现出无数鲜活生动的个体，他们将个人命运融入时代浪潮，投身于伟大的历史变革之中，值得我们敬仰学习。作为时代青年，我们应该感恩党的好政策，感谢所有为实现脱贫目标而无私奉献的人们。脱贫攻坚总目标的达成与个人的价值实现相结合，社会理想与个人梦想的融合，是这部作品的立意所在。"

《孤岛蓝鲸》的主题是我国社会发展中的热点问题——环境保护，影片采用动画方式，讲述了蓝鲸在海洋环境遭到破坏后的悲惨遭遇。影片旨在说明：生态文明建设需要大家共同努力，不仅要珍爱我们周围的环境，还要通过宣传，传播生态文明建设的相关知识，使更多的人保护我们共同的家园，让建设美丽中国成为每个人的自觉行动。该片在 2018 年荣获第二届"我心中的思政课"全国高校大学生微电影展示活动三等奖，2018 年"繁星奖"河北大学思政课微电影大赛一等奖。该片创作者王鑫同学谈创作感悟时写道："该片以一头蓝鲸在海中寻找朋友的路上遇见的种种海洋问题为故事主线，反映目前存在的海洋过度捕捞、海洋污染等问题。这次微电影制作开阔了我们的视野，使我们懂得当代大学生应该多去关注社会问题，并寻找一种十分适合大学生的媒介。在思政课社会实践中，我们享受到了制作微电影的乐趣，成员协作的努力得到了肯定，人生价值也得到了体现，这些都将使我们终身受益。"

《拍"钉子"》采取了"剧中剧"的表达方式，通过刻画个性鲜明的人物形象，讲述了大学生拍摄微电影《"钉子"精神》的艰辛历程，展示了当代大学生怀揣梦想、努力学习、奋力拼搏的青春风采，旨在反映作为思政课实践教学的主体，当代青年大学生发扬迎难而上、勇于创新的"钉子"精神，影片以歌曲《学习雷锋好榜样》作为片尾曲，象征着雷锋精神代代相传。该片在2019年荣获第三届"我心中的思政课"全国高校大学生微电影展示活动优秀奖。该片创作者高旭峰同学说："为了高质量完成这部微电影，柴老师不仅指导我们写剧本，还联系了'中国好人'、保定市爱心敬老协会会长张平参与拍摄，请他讲述发扬雷锋'钉子'精神、奉献爱心的故事。为了拍摄下着大雨寻找丢失的优盘的场景，大家淋着雨，多名同学还要打伞保护拍摄设备。为了形象地体现出过程的艰难，演员在雨中一次次摔倒。此外，拍摄过程中我们还遇到很多困难，但同学们都坚持拍摄，真的是践行了'钉子精神'。感谢老师给我们上了一堂生动难忘的思政课，也让我们受益终身。"

《百年奋斗路·河大印象之岁月》专为庆祝河北大学成立一百周年而作，讲述了同学们通过在校史馆的学习，了解了河北大学的百年奋斗史，学习到了独有的大学精神。影片以华南圭、张志新、顾随三位前辈为主线，展现了老一辈"河大人"坚持真理、坚持党性、坚持斗争、勇于实践，为教育事业鞠躬尽瘁，为祖国发展做贡献的励精图治精神，体现了河北大学实事求是的校训。该片获得第三届中国（南充）科普微电影大赛高校单元"十佳影片奖"。创作者马康杰同学说："在拍摄和制作微电影过程中，我们充分运用所学的思政课理论知识指导实践活动，并进一步深化了我们对所学内容的理解和把握。通过拍摄，我切身体会到——正是一代代'河大人'不怕挫折、艰苦奋斗、勇毅前行，才成就了河北大学今日的辉煌，也希望后来的'河大人'能够将'河大精神'发扬光大，谱写出新时代河北大学发展的绚丽华章。"

四 微电影数量和运用多

11年来，河北大学的学生们拍摄微电影7000多部。在教育部举办的"我心中的思政课"全国高校大学生微电影展示活动中，《西淀灯火》《异想纵山海》等获得二等奖和最佳创意奖；《幸福阳光》等3部影片获得三等奖，《拍"钉子"》等3部影片获得优秀奖。微电影的时长基本在5~10分钟，非常适合在理论课堂作为案例运用。因此，我们不仅将近百部优秀微电影反哺到理论教学中，还将200多部优秀影片上传到河北大学校园网、中宣部党建网、河北共产党员网、中国青年报客户端等网络平台。另外，北京、天津、上海、河北、广西、青海等省（区、市）的数十所高校、中小学都在运用我们团队创作的优秀微电影。

河北大学的同学们观看《幸福阳光》《幸福阳光2》后，在学习通留言："我为主人公窦豆（窦星辰扮演）的努力而感动，也为他出身贫寒不被理解，爱情受挫而愤慨，更佩服他最后去青海支教，追寻真正幸福的勇气与决心。《幸福阳光2》中，他放弃优渥环境，依然坚持初心的选择，更打动人心。家有黄金用斗量，不如自己本领强。两部微电影让我深刻理解了幸福的内涵。""影片中的窦豆是幸福的，他在迷茫期间得到了柴老师的指导，明确了自己的理想，能够为他的理想付出努力，坚持奋斗。虽然他在追求理想的过程中失去了很多，也错过了一些人，但是他得到的更多——精神更加丰满，人生更加幸福。幸福的含义，从来不只是过好的生活，身边都环绕着他人的赞许。当你身处困境时，别忘记你身边还有老师，就像柴老师的悉心教导与倾听，让处在困厄时期的学生重新找回希望与信心，这又何尝不是一种幸福？幸福的真谛在于对生活、对生命与价值的热爱，与贫穷无关，与冷眼无关，它的价值在于对社会、对国家做出自己的贡献，实现自己的人生价值，这才称为幸福。"

五 搭建的工作平台多

依托国家级"思想政治理论课社会实践虚拟教研室"开展工作。教研室于 2022 年获批。核心组成员 15 人，主要有来自中国人民大学、武汉大学等 9 所高校的"长江学者"特聘教授 2 人、"中央马克思主义理论研究和建设工程"专家 1 人、全国优秀教师 1 人、"全国高校优秀中青年思政课教师择优资助计划"入选者 3 人、"全国高校思政课教师年度影响力人物"2 人。教研室以创新教研形态、加强教学研究、共建优质资源、开展教师培训为任务，立足河北、面向全国，创建全国领先、理念超前、覆盖全面、功能完备的"智能+"时代的新型思政课实践教学虚拟教研室。经过两年建设，教研室成员扩大到 386 所高校的 1029 人，参与教研活动 11893 人次。河北大学 10 名学生为教研室建设做出重要贡献，也在成员管理、会议组织、宣传报道等方面得到全面锻炼和成长。

依托教育部"柴素芳全国高校思想政治理论课名师工作室"开展工作。2018 年获批名师工作室以来，我带领团队在教育部举办的高校思政课骨干教师研修班，浙江大学、武汉大学等主办的全国会议及厦门大学、广西大学等高校推广微电影教学经验 118 场次，举办 2 次"全国高校思政课微电影教学研讨会"，在教研室学术梯队建设、青年人才培养等方面发挥了重要作用。

依托学校搭建的平台开展工作。2017 年，"河北大学思政课微电影教学改革研究中心"成立，设立理论研究部、实践研究部、学生工作部、对外联络部等，教师们带领学生共同开展微电影教学改革研究工作。2019 年"融媒体与新时代高校思政课微电影教学创新平台"成立，千余名学生在此体验沉浸式虚拟仿真教学，团队青年教师、本硕博学生在服务平台过程中得到成长。

依托"幸福微影"品牌开展工作。2019 年北京高校思想政治理论课高精尖创新中心（中国人民大学）在"北京高校思想政治理论课教学资讯平台"专门为我们创建了"幸福微影"微视频栏目。我们已将学生原创的 200 多部获奖微电影、58 个精彩花絮、48 份学生总结上传到该栏目，为全国思政课教师提供了宝贵的教学资源，总浏览量 30 余万人次。2019 年 10 月河北大学"幸福微影社"成立，旨在协助河北大学思政课教师以微电影形式促进大学生学习思政理论、创造幸福人生。5 年多来，社团协助老师们通过"幸福微影"微信公众号、抖音账号推送成果 300 多次，总浏览量约 180 万人次；创新开展的"滴灌式"党史学习教育得到河北省教育厅领导、全国知名专家的高度肯定和现场指导 20 余次，实现了本硕博学生相结合、理论学习与创新实践相结合、服务师生与自我教育相结合。社团荣获河北省"活力社团"、河北大学"五星级社团"等荣誉。社团成员荣获"国家奖学金"、省级"三好学生""优秀毕业生"等各类荣誉 20 余项，在教育部主办的微电影大赛等各类赛事中获奖 50 多项，应邀在厦门大学、广西大学等 40 多所高校介绍社团经验，相关事迹被中央电视台、新华社、《中国青年报》、"学习强国"等媒体报道 12 次。创建"幸福微影"微信公众号。公众号于 2017 年 5 月由河北大学思政课微电影教学改革研究中心创办，后来由"幸福微影社"成员负责运营。公众号主要推广河北大学思政课微电影实践教学成果。包括重要通知、微影展播、成果分享、经验交流、相关平台等，目前关注量 3.2 万多人，总阅读量 30 万余次。其中"官方网站"已链接到"北京高校思想政治理论课教学资讯平台"的"幸福微影"栏目。创建"幸福微影"抖音账号。2021 年 6 月至今，推送思政课优秀微电影展播、思政课日常分享、教学成果展示以及会议交流分享等短视频共计 60 多个，总浏览量 100 多万人次，成为河北大学思政课微电影教学改革成果宣传的重要平台。

幸福微影

微影小切口，幸福大世界。
感谢大家关注～❤

六　教研科研标志性成果多

"幸福微影"师生团队承担了国家社科基金高校思想政治理论课研究专项《运用红色电影资源提升大学生党史学习教育实效性研究》（2022年）、教育部国家级虚拟教研室建设试点项目《思想政治理论课社会实践虚拟教研室》（2022年）、国家级一流本科课程《思想政治理论课社会实践》（2020年）等国家级项目3项；承担了教育部首批全国高校思想政治工作精品项目《以微电影为载体提升思政课实践教学亲和力研究》（2019年）、河北省高等教育教学改革研究与实践项目《以微电影为载体厚植新时代大学生文化自信问题研究》（2020年）等省部级项目5项；承担了"践行习近平新时代中国特色社会主义思想冀青工作调研大赛"《微电影为载体的青年大学生党史学习教育研究》（2022年）、河北省大学生"调研河北"社会调查活动《微电影为载体的小学生爱国主义教育研究——以保定市为例》（2019年）等厅局级项目10余项。

2020~2021年，"幸福微影"师生团队结合河北大学思政课微电影教学改革经验，共同编写并出版了"高校思想政治理论课微电影教学成果丛书"两本著作：《高校思想政治理论课微电影教学理论与实践研究》是对河北大学马克思主义学院实践教学理论与实践经验的总结，内容涉及微电影教学的理论论据、微电影教学改革历程、微电影教学的社会影响等多个方面，对于高校开展微电影教学具有一定的参考意义；《高校思想政治理论课微电影教学应用研究》是河北大学微电影教学成果在理论教学课堂的应用和发展，内容涉及微电影作品概述、微电影教学解析、微电影作品适用课程类型、微电影应用分析等多个方面，对于高校思政课教师运用优秀影片开展教学具有一定参考意义。

"幸福微影"师生团队在《思想理论教育导刊》、《思想教育研究》、《河北大学学报》（哲学社会科学版）等期刊发表论文《微电影：引导大学生践行"奋斗幸福观"的有效载体》《高校思想政治理论课微电影教学美育功能三论》《"概论课"运用微电影教学法的可行性、原则性与价值性》等论文 11 篇，其中 CSSCI 来源期刊 6 篇，被人大复印报刊资料转载 2 篇。

"幸福微影"师生团队共获得各种奖励 20 余项，其中，《微电影为载体的高校思政课实践教学模式探索研究》《加强"三维联动"，构建高校思想政治理论课"四新四化"育人模式》荣获河北省高等教育教学成果奖二等奖；《"大思政课"视域下河北大学思政课微电影实践教学十年探索——以白洋淀红色微电影创作为例》荣获 2023 年"挑战杯"河北省大学生课外学术科技作品竞赛（红色专项活动）三等奖；《以微电影为载体的青年大学生爱国主义教育研究》荣获"践行习近平新时代中国特色社会主义思想冀青工作调研大赛"三等奖；《微电影：大学生爱国主义教育的新载体》《高校思想政治理论课微电影教学的三重效果》等论文在"2020 年新时代思想政治教育创新发展学术研讨会"、郑州大学"中国化时代化马克思主义理论教育教学研讨会"中荣获奖励 10 余次。

第三章

典型：高校思政课微电影
实践教学育人实例

"幸福微影"品牌的形成，源于我们 17 年来对幸福问题的理论研究与实践探索，源于我们 11 年来在"摸爬滚打"中使微电影教学的"星星之火"形成燎原之势的艰辛奋斗。"幸福微影"的路程坚实而漫长，我们用奋斗的脚步去丈量；"幸福微影"的果汁甘甜而醇美，我们用创造的精神去酿制；"幸福微影"的品牌斑斓而亮丽，我们用真切的情怀去打造。这个品牌的形成，既有赖于广大思政课教师的无私奉献，也离不开数万学子的积极参与。在此，我选择了 1 名本科生、2 名硕士研究生、2 名博士研究生作为典型代表，想通过他们的故事来展示"幸福微影"助力其成长的价值。

做又红又专的电影青年

"感谢大家观看《西淀灯火》，我希望通过自己的艺术作品为家乡做些微薄的贡献，欢迎大家来雄安新区看看"。这是来自河北大学 2022 级影视艺术系的学生刘仕茂在武汉大学承办的第六届"我心中的思政课"全国高校大学生微电影展示活动颁奖典礼暨微电影教学研讨会上的一句话。作为一名本科生，他在大一期间拍摄了歌颂雄安新区白洋淀抗战英雄的微电影——《西淀灯火》，作品一经上传，便佳绩不断，频繁获奖，亮相卫视，常驻官网，屡登报刊，硕博挚友相与，灯光掌声相伴，而他本人的足迹也以线上线下相结合的形式，遍布了武汉大学、广西大学、天津科技大学、太原理工大学、南宁学院、外交学院等全国十余所高校，他正努力成为一名又红又专的电影青年。

那么，是什么让他一个本科艺术生，能够登上诸多大舞台，正努力成为一个又红又专的电影青年呢？

一　做又红又专的电影青年源于《映山红》

"夜半三更呦盼天明，寒冬腊月呦盼春风，若要盼得呦红军来，岭上开遍呦映山红……"当这首《映山红》的清唱从讲台缭绕进莘莘学子耳中之时，刘仕茂与柴老师的故事便开始了，也为他拉开了做一个又红又专的电影青年的序幕。

那是 2022 年 3 月的一个晚上，刘仕茂选修了一门 330 人同上的思政课，这门课由多个老师负责讲授。起初，他和大多数本科生一样，并未对选修课保持和必修课一样的重视态度。柴老师上课的这一天，刘仕茂因感冒身体不适，迟到了。

当他走近教室的时候，一个极具力量的女老师的讲课声便穿透而来。刘仕茂想，这个老师讲课真有感染力，要是我的选修课老师，我绝对不会上课看手机了。当他迈进教室大门，便看到了一个身着中国风红袄的女教师，那一抹红色在白墙蓝桌的大教室格外醒目，这位女教师有着蓬松的短发，和她授课的声音一样富有力量感，她戴着眼镜，但她眼里的慈祥，完全没有被眼镜框住，也没有被大教室的距离限制，感染到了每一个看着她眼睛听课的学生，也包括此时站在门外"偷看"的刘仕茂。她的讲台上摆放着两个保温杯，后来得知，当时的她也感冒着，一个杯子装的是热水，另一个杯子装的是中药。

刘仕茂在后排落座后。柴老师一边让同学们用手机查看《映山红》

的歌词，一边清唱这首歌，一边给同学们讲解革命精神。她的歌声带着同学们走进了那个革命年代，让充满学术性的理论课堂变得生动、亲切起来。

"真没见过上课这么有趣的思政课教师！"刘仕茂体会到了如沐春风的感觉。不是一个根正苗红的老师，怎能有如此强大的感染力？当时的刘仕茂，在这节课里感受了过去，激励了现在，憧憬了未来。

刘仕茂不由自主地拿起手机，将这一刻拍摄下来，让这一刻成为永恒。也正是因为这节课的后劲太大，刘仕茂将视频以"这样根正苗红的老师，很难不让人哭"为标题上传到了抖音，该视频达到了33万人次的惊人播放量，评论区也成为柴老师不同阶段的学生的交流会，不仅是和刘仕茂同上一节课的学生纷纷发表感言，更有二三十年前上过柴老师课的学生纷纷点赞，他们有的成了父亲、母亲，成了社会上各行各业的精英，也有很大的一部分人和柴老师一样，成了教师。

其实，在那节课上，不只有那一个瞬间令人动容。在第三节课，当讲到中国共产党"两个一百年"奋斗目标中的第二个一百年奋斗目标——到2035年基本实现中国社会主义现代化，到本世纪中叶，把我国建设成为富强民主文明和谐美丽的社会主义现代化强国时，柴老师感慨万分地说："你们赶上了国家的好时代，期待你们在这个好时代大展宏图。2050年，如果我还在的话，我愿意和你们重聚，就在这个教室，我们一起看这美好的时代，到时候在座的各位同学，一个都不能少。"

此话一出，刘仕茂和整个教室的同学们都沸腾了起来，大家纷纷祝福柴老师身体健康，也纷纷表示，2050年一定赴约。

下课后刘仕茂的内心依然澎湃着。很多和他一样的同学们不愿意离开教室，纷纷走向讲台。刘仕茂坐在容纳数百人的大教室里，很想近距离目睹这位教授的风采，他走向了柴老师。他当时心里很忐忑，因为他的艺术生身份曾经受到过轻视，他害怕这位学识渊博的教授对他带有偏见，可当他和柴老师进行交流之后，他完全打消了自己的顾虑。他发现，这位学识渊博的老教师对艺术有着非常浓厚的兴趣，她的温柔和尊重，令刘仕茂受宠若惊，而且更令刘仕茂激动的是，柴老师从 2013 年就在做思政课微电影实践教学改革，也就是用电影艺术的手法让同学们学习思政课，这与刘仕茂所学的专业完美契合。当柴老师了解到眼前这位学生来自影视艺术系时，眼里亦泛起了光。如果说刘仕茂眼里的光，是寻得良师，看到了未来的光；那柴老师眼里的光，便是遇到了可塑之材，看到了希望的光。

加之刘仕茂发布的关于柴老师授课的视频在网络上爆红，柴老师和刘仕茂师生二人有了更深层次的交流，柴老师也成了刘仕茂之后的人生导师，为刘仕茂成为又红又专的电影青年奠定了坚实的基础。

二 做又红又专的电影青年拓展于《西淀灯火》

在大一学期末的一个午后，柴老师给刘仕茂打来电话，问他是否愿意创作一部思政课微电影。当时的他激动万分，这是他在微电影界第一次获得大展身手的机会。但他冷静下来后，开始胆怯，因为他刚上大一，刚踏进艺术领域，虽然是影视艺术系专业的学生，但并未学到足够多的专业知识，他害怕自己的能力无法驾驭这个项目，害怕搞砸。柴老师对他说："你就放开手脚大胆创作，相信自己，老师给你最大支持。"在重拾信心之后，刘仕茂开始构思剧本。由于那时的他受生活阅历和思想高度所限，第一版剧本在思想性方面缺乏深度，仅停留在个人"小我"层面，没有上升到社会"大我"层面。柴老师看完剧本后，第一时间跟他交流，给他讲述了白洋淀人民的伟大实践和对革命的贡献，并用循序渐进的方式引导他思考：要以更高的站位来创作反映白洋淀革命文化的艺术作品。随后柴老师问道："你觉得最能代表白洋淀的文化符号是什么？"刘仕茂回答道："小兵张嘎。"柴老师立即表示："为什么不能以'小兵张嘎'的视角来展现这个主题呢？"柴老师的建议直接升华了这个剧本的主题，她语重心长地说："我们可以从'小兵张嘎回来了'的视角去构思，展现白洋淀的革命历史文化，去宣传成立雄安新区之后的建设成就，但我希望你在创作剧本的过程中要升华、要提炼，不要浮于表面。"后来，柴老师跟他多次沟通交流后，刘仕茂创作了这样一个故事：一个少年以小兵张嘎"穿越者"的身份，重游故地白洋淀，发现这里褪去了战争的硝烟，变得更加风光旖旎，并且白洋淀人民会在淀中放花灯，以缅怀革命先烈。在故事的结尾，少年梦醒。影片的创新之处在于，没有停留在"做了一个梦"，而是升华了主题——"不是我梦到自己成了张嘎前辈，而是白洋淀风光好，英雄多，人人都是'嘎子哥'。"实现了电影"既歌颂革命先辈的历史丰功伟绩，又宣传白洋淀人民革命精神代代相传"主题的升华。

因此，这部《西淀灯火》荣获第六届"我心中的思政课"全国高校大学生微电影展示活动二等奖（第一名）和最佳创意奖，第三届中国（南充）科普微电影大赛高校单元"最佳影片奖"，也正是这部作品，成就了本科生刘仕茂。

之后，刘仕茂多次跟随柴老师奔赴全国各地推广思政课微电影实践教学，在柴老师的出差队伍中，只要有刘仕茂，柴老师就一定会在自己宝贵的演讲时间当中抽出一部分时间给他，让其展示风采、得到历练。颁奖典礼、高校官网、书籍报刊、电视栏目，只要有能让刘仕茂发光发热的机会，柴老师就一定让他"闪亮登场"。在柴老师的思想启迪和人格魅力的感染下，刘仕茂的思想站位提高了，艺术作品越发成熟，用他自己的话讲就是"让艺术插上了思想的翅膀"。在柴老师的影响下，刘仕茂变得自律、自信、自强，渐渐拥有强大的气场，无论是多大的会议厅，无论底下坐了多少人，刘仕茂都会声音洪亮、游刃有余，不再怯场。

三 做又红又专的电影青年深化于《异想纵山海》

作为"幸福微影社"的副社长，刘仕茂在工作中深刻体会到，这是一个非常难得的团队：社员们分工明确，各司其职，井井有条，每一个团队成员取得成绩后，都会得到由衷的祝贺，这是一个可以得到成长和关爱的团队，这里的每一个人都自信满满，活泼且鲜活。刘仕茂体会到，柴老师之所以可以带领团队取得诸多佳绩，最关键的原因就是做到了实践育人。这也是刘仕茂走上又红又专电影之路的关键动因。

由于参加过一次全国性大赛，包括柴老师和刘仕茂在内的所有团队成员，都基本熟悉了微电影大赛的参赛流程，也熟悉了每年全国报送的作品中题材的占比情况，例如每年占比最大的两类作品题材分别为历史革命题材和乡村振兴题材，同时这两类题材的作品也最容易获奖，柴老师告诉刘仕茂，她所做的思政课微电影不是为了流量，也不是为了票房，更不是为了获奖，她认为思政课微电影实践教学改革，最重要的是让学生参与进来，进而落到实践育人上，如果单纯为了名利，就失去了这项改革的初衷和意义。自刘仕茂进入团队以来，他也渐渐结识了柴老师的其他学生——攻读硕、博研究生期间在 C 刊发表 4 篇论文、三次获得"国家奖学金"、科研成果和奖励数十项的姜旭师哥，是"幸福微影社"第一任、第二任社长，团队中的"大哥大"，也是对刘仕茂影响最深的师哥，他的故事甚为励志；硕士研究生师哥肖敬寒，高大帅气，他是一个温文尔雅的较内向的人，多次与柴老师参加大型会议并发言，多次主持微影团队会议，现在已是第五任"幸福微影社"社长，组织同学们运营"幸福微影"微信公众号和抖音账号，积极宣传河北大学思政课微电影实践教学成果。这些师哥的事迹，包括刘仕茂的成长成才之路，无疑是柴老师育人成果最直接的体现。为进一步培养年轻人，柴老师与其他老师共同指导刘仕茂等同学拍摄了微电影《异想纵山海》。

这是一个充满温情的故事，根据柴老师和学生的真实经历改编。影片中，主人公王梓和同学们正在上柴老师的"思想政治理论课社会实践"课，柴老师激励同学们继续采取拍摄微电影的方式学习思政课。其他同学很快结组，分配任务，但王梓孤单落寞，又走进幻想中的"山海"。柴老师慢慢走近王梓的内心世界，了解到他的原生家庭关系不和谐，造成他经常在幻想中"拥抱山海"。"山"代表父亲，"海"代表母亲，王梓与"山""海"的距离，象征着他与父母的距离。柴老师告诉王梓："在浙江宁海，有一种茶，坐山望海，因此名为'望海茶'。我希望你做一片'茶'，主动拥抱山海，沏一杯好茶。"同时，柴老师与王梓的父母进行沟通，并一起向心理咨询师请教对策。影片最后，王梓与父母"和解"，与自己的内心"和解"。在高铁站，王梓与父母相拥而泣，柴老师亦泪流满面，之后四人共赴真实生活中的山与海。

这个电影题材在全国大赛中属于"剑走偏锋"的类型。在创作过程中，柴老师不仅感化了电影中的王梓，也感化了电影导演刘仕茂，因为柴老师的育人理念和行动，没有停留在课堂和学校，而是走出校园，走进学生家庭生活中，通过"家校融通"帮助学生成长。这样的育人观，使她的学生感受到被爱包裹，真正体会到了幸福，有勇气把梦想触摸。后来，这部《异想纵山海》荣获第七届"我心中的思政课"河北省高校大学生微电影展示活动二等奖和最佳摄影奖，荣获第七届"我心中的思政课"全国高校大学生微电影展示活动二等奖。柴老师的这份育人理念，使刘仕茂深刻懂得了要不断提升自己，坚定地成为又红又专的电影青年。

如今的刘仕茂，已经是一名大三的本科生，与柴老师的故事仍在续写，或许未来的他，会继续在艺术的道路上"求学赶考"，柴老师那几句不绝如缕的《映山红》清唱，那致力于将剧本升华到社会"大我"层面的心胸，那坚持将实践育人落到实处的决心，会一直激励着他在做又红又专的电影青年道路上奋进，他会带着更多美好希望创作更多有意义的作品，希望在2050年，还在那间教室，同学们如约而至，与那位白发苍苍的老人重逢。

践行师门精神的肖社长

肖敬寒，河北大学"幸福微影社"的第五任社长、河北大学·融媒体与新时代高校思政课微电影教学创新平台讲解员，他也是柴素芳教授所带的 2022 级思想政治教育专业硕士研究生。

2022 年 4 月，肖敬寒拿到录取通知书后，便迫不及待地给柴素芳老师的邮箱发出自荐信，热切表达了他对思政课微电影教学改革的热忱与期待。柴老师引用习近平总书记的话作为回复："敬寒，幸福都是奋斗出来的！加油！"这次交流，既是他们师生情谊的缘起，也是肖敬寒开启崭新奋斗征程的起点。据肖敬寒回忆，这句亲切的鼓励给予了他很大的力量，成为他在研究生阶段开展科研学习和社会实践的精神支柱，为他的研究生生涯点亮了一盏明灯。河北大学"幸福微影社"作为助推思政课微电影教学改革的学生社团，为成员们提供了创造幸福和体验幸福的平台。肖敬寒自入学起便投身于社团工作，以不懈的努力在科研学习和社会实践中收获了丰硕的成果，用实际行动践行着"幸福都是奋斗出来的"这一真理。

一 科研学习中探寻幸福密码

（一）"师门精神"明确幸福目标

柴素芳教授从 2011 年开始招收研究生，她在 14 年的研究生育人探索中总结出了八字师门精神："厚德、求真、创新、幸福"。这八字箴言，如同灯塔般为肖敬寒照亮了前行的道路，也为他描绘出幸福的蓝图。他深切地领悟到："厚德"不仅是立身之本，更是开展学术研究的基本要求。因此，他始终坚持"以德立身"，不断修身养性，待人友善，乐于奉献；始终坚持"以德立学"，遵守学术规范，恪守学术道德。他坚持"求真学问，练真本领"，以严谨的态度对待每一次研究，为学术领域贡献真实可信的成果。在"创新"精神的驱动下，肖敬寒勇于打破常规，探索未知的领域，以独特的视角和方法为科研工作注入新的活力，推动了他在学术上的突破。"幸福"是其奋斗的终极目标，也是其奋斗的动力源泉。他深知幸福并非轻而易举就能获得，而是需要通过不懈奋斗来实现。他说：

"'师门精神'是我前行的力量，它让我在追求幸福的道路上勇往直前，为实现自己的梦想和追求而不懈努力。"他将"师门精神"内化于心、外化于行，以实际行动践行着"师门精神"，明确了奋斗目标，并为这一目标砥砺前行。

（二）"迎难而上"体验奋斗幸福

"幸福微影社"旨在利用思政课微电影教学改革平台，引导大学生在实践中深刻理解和践行马克思主义理论。实践是认识的来源，认识在实践中得到检验，并随着实践的发展而不断深化发展。理论研究正是如此。作为一名思想政治教育专业的硕士研究生，肖敬寒深知科研素养的提升不仅来源于书本知识，更需要在实践中得到检验和深化。他说："社团工作的实践既是对书本上理论知识的践行，也是在实践中提升自己理论水平和专业能力的过程，令我受益良多！"因此，面对社团工作和科研学习的双重压力，他并未退缩，而是迎难直上。正是他在社团工作中所锻炼出的实践能力，让他能够更加合理地分配时间和精力，更加高效地完成各项学习任务，不仅以年级第一的名次连续两年荣获"学业奖学金一等奖"，而且围绕思政课微电影教学改革内容主持和参与省部级课题10余项，在省级期刊发表学术论文2篇，也让他确定了学位论文的选题方向"红色电影赋能大学生党史学习教育研究"。他说："科研之路固然充满挑战，但正是奋斗的艰苦让我体会到成果的甘甜！"社团的工作不仅锻炼了他坚韧的精神品质和严谨的学习态度，也使他真正体会到了奋斗带来的幸福。

（三）"思维碰撞"体验创新幸福

"幸福微影社"是一个涵盖不同学科、不同专业、本硕博教育实践一体化的社团。肖敬寒深感"幸福微影社"的浓厚科研氛围和活跃的学科交流为他开展科研提供了重要启迪和多元思路。他说："'幸福微影社'为我提供了一个非常宝贵的平台，让我能够与志同道合的同学们共同成长，这种互动不仅丰富了我的知识体系，还拓宽了我的研究视域和理论视野。"每一次思维的碰撞都能激发出创新的火花，每一次研究的突破都能体会到创新的幸福。他与社团成员们共同研讨、相互启发，在相互交流中汲取科研灵感，在课题研究中锤炼思维能力。他在已有思政课微电影教学改革研究成果的基础上，结合"党的二十大精神""算法推荐技术"等多学科研究热点，运用交叉学科研究方法开展相关理论研究，以"党的二十大精神融入高校思想政治理论课的路径研究""算法推荐时代高校思想政治教育话语的应对路径研究"为题成功申报"2023年践行习近平新时代中国特色社会主义思想冀青工作调研大赛"等厅级课题多项，取得了多样化的科研成果，体会到了创新带来的幸福。

二 社团实践中开出幸福之花

（一）"团结奋斗"体验共同幸福

作为社团的一分子，肖敬寒积极参与社团日常事务的管理和运营工作，有效地提升了他的组织协调能力，增强了他的团队合作意识。经过一年的实践锻炼，肖敬寒已经能够独当一面，逐渐成长为一位具备领导力和执行力的优秀社团骨干。在硕士二年级，肖敬寒接任了"幸福微影社"社长一职，他创新开展工作，团结带领社团成员圆满完成会议筹办、微电影拍摄和年终统计等多项工作。他说："团结奋斗是成功的关键，我和社团成员们一起奋斗，让我感觉到整个团队中都洋溢着幸福的氛围！"他在社团工作中不断积累经验，带领团队成员拍摄的微电影《异想纵山海》荣获第七届"我心中的思政课"全国高校大学生微电影展示活动二等奖等多项国家级、省级奖项，成员荣获"河北省三好学生""河北省优秀毕业生"等省级荣誉多项，这些成就不仅让团队成员都体会到了幸福的滋味，也充分展示了"幸福微影社"利用思政课微电影教学改革平台对于大学生成长成才的重要价值。

（二）"微影拍摄"体验过程幸福

肖敬寒曾参与过两次思政课微电影的拍摄。第一次是其在大二期间在"思想政治理论课社会实践"课的拍摄经历，第二次是在读研阶段，作为思政课微电影教学改革的参与者和推动者的拍摄经历。这两次拍摄给他印象很深刻的一点感受是：微电影的拍摄过程正是思政育人的过程，更是让大学生在劳动实践中体验幸福的有效途径。2023年7月底，京津冀地区突发大暴雨，"幸福微影社"师生团队共同拍摄的思政课微电影《异想纵山海》遇到了预想不到的困难。然而，艰难困苦，玉汝于成，越是过程艰苦，越显成果来之不易，越显青春的昂扬斗志。面对自然灾害的侵袭，"幸福微影社"团队在柴老师的鼓舞和带领下克服重重困难，如期完成了拍摄任务。在暴雨最强烈的一天，汽车已经难以行驶，肖敬寒和师兄姜旭徒步穿越齐腰深的积水，将拍摄道具按时送抵拍摄现场，保证了影片的顺利拍摄。当被问到为什么要这么"拼"时，肖敬寒说："是柴老师的奋斗精神深深感染了我，让我体会到了克服艰险困难时取得的成就感和幸福感。"在剧组几天的拍摄过程中，从剧本的精心撰写到流程的细致策划，再到实际的拍摄过程，每一个环节都让他更深入地领略了思政课微电影实践教学的丰富内涵和拍摄过程的育人价值，也让他真切地体验到了奋斗过程中的幸福。

（三）"理论宣讲"传递幸福之音

两年来，肖敬寒跟随柴老师到天津大学、北京科技大学、太原理工大学等十余所高校推广教学经验、传递幸福之音。他从学生的角度介绍了"幸福微影社"在助力教学改革中发挥的积极作用以及作为思政课微电影教学改革参与者和受益者的成长体会，以个人成长为切口展现了社团的蓬勃活力和育人效能，获得相关高校的高度好评。柴老师的谆谆教导和支持鼓励让肖敬寒从最开始的内向胆怯变得更加自信阳光、善于表达。宣讲的经历不仅提升了他的演讲能力和表达能力，还拓宽了他的视野。通过与各高校师生的交流互动，他深入了解了各高校开展思政课教学改革的创新做法和成功经验，这些宝贵的经验为他未来的学术研究和职业发展提供了有益的参考借鉴。同时，他也在这个过程中结交了许多志同道合的朋友和合作伙伴，感受到了来自五湖四海的温暖，体会到了在传递幸福中收获幸福的喜悦。

"只有奋斗的人生才称得上幸福的人生。"肖敬寒在两年来的学习、研究和社团实践中收获了满满的幸福，这种幸福源于他对"幸福微影社"的热爱与投入，更源于在奋斗中实现自我价值和社会价值的满足感与幸福感。未来，肖敬寒将继续带领"幸福微影社"的成员们踔厉奋发、勇毅前行，在奋斗与创新中为思政课微电影教学改革贡献新的更大力量。

理论之光在实践中闪烁

范福敏，河北大学马克思主义学院 2022 级思想政治教育专业硕士研究生，担任河北大学"幸福微影社"副社长、河北大学·融媒体与新时代高校思政课微电影教学创新平台讲解员。

一 幸福课程学习幸福理论

康德认为："幸福是个很不确定的概念，虽然每个人都想要得到幸福，但他从来不能确定，并且前后一致地对自己说，他所向往的到底是什么。"[1] 但从柴老师身上，范福敏感受到了幸福的具象化，她目睹了柴老师讲幸福课时的神采飞扬和对热爱的微电影教学改革事业的砥砺奋斗，深切体会到柴老师就是习近平奋斗幸福观的忠实践履者。范福敏清晰记

---

[1] 〔德〕康德:《道德形而上学原理》，苗力田译，上海人民出版社，2005，第 36 页。

得柴老师第一次上幸福课时，谈到她对幸福的理解："人生没有幸不幸福，只有知不知足，温饱无虑是幸事，无病无灾是福泽。至于其他，有则锦上添花，无则依旧风华。"经过很长一段时间的幸福理论学习，范福敏受益颇多：学习到了儒家"德福一致、忧乐圆融"的幸福观；道家"顺道而行、清静无为"的幸福观；感性主义"在感官的快乐体验中享受生活"的幸福观；理性主义"抑制欲望，追求道德的完善和精神上的幸福"的幸福观；马克思主义"人民幸福观"以及习近平的"奋斗幸福观"。

当然，她收获的还远远不止这些。在人生态度上，范福敏学习到了柴老师对人生的豁达态度——敢于尝试、勇于尝试、不怕失败；在学术研究上，学习到了柴老师的刻苦钻研精神，一旦确定了目标，就十年如一日地去深挖。一学期的幸福课虽然结束了，却给范福敏留下了极大的思考空间。其中，柴老师留给她印象最深的一句话是："幸福是奋斗出来的。"如今重新定义幸福，她会说："幸福是崇高的理想追求，追求即理想。幸福是对自己有清晰的认知，知道自己的追求并一步一步朝着自己的目标迈进。在这条前进道路上，幸福是能发现生活的美好，感受到自己的价值和意义，即使充满了困难和挫折，也可以鼓足勇气去面对，并且依然对明天抱有期待的能力。"

二　社团工作增强幸福体验

2022 年 9 月入学后，范福敏加入了河北大学"幸福微影社"。因其在本科期间有过运营公众号的经验，因此在社团中担任新媒体运营部部长，主要工作是负责运营"幸福微影社"的官方微信公众号。2023年 6 月，她选择留在社团并担任副社长一职。在最初的工作中，范福敏或多或少带有瑕疵，但之后在和老师、同学们的交流中，她发现了自己在工作上的不足，从而有针对性地进行改正。在不断地尝试和反思中，她学会了如何运用各种工具和资源，如可画、剪映等各类编辑器等，解决推送过程中遇到的难题，提高了微信公众号运营的质量、效率和准确性。在尝试书写修改文稿的实践中，范福敏也极大提升了自己的理论功底、写作能力以及编校能力。在社团工作中，她通过协助老师和社长，积极完成社团的各项工作，极大提高了自身的组织协调能力。她通过这些实践，不仅磨炼了心态，而且在学习上也大有提高，她尝试用理论知识充实自己，积极参与撰写各项课题申报材料，极大提高了自身的信息检索、文献综述以及科学写作能力。范福敏在此过程中也找到了自身价值所在：人生的意义，如果仅在于追求成功，得到的快乐或许并不会多，真正带给我们成就感的就是成长。克服自身的弱点，探寻未知的领域，在这种不断打磨塑造自己的过程中，更能体会到由衷的喜悦和人生的价值。在"幸福微影社"工作的两年中，范福敏成长迅速，心态上从青涩、腼腆到成熟、大方；工作上从毛手毛脚到认真细致；学习上从被动学习到主动学习。通过锻炼，范福敏不仅在理论知识上有所提高，更重要的是在实际操作中提升了自己的工作能力。"幸福微影社"团队教师们一遍遍修改文稿的过程，促使范福敏不断学习老师们的思维过程和方式，使她处于一种持续学习的状态，帮助她提升分析问题与解决问题的能力，在此基础上不断提升自己，促使她成为更好的自己。

三 创新实践提升幸福能力

研二期间，范福敏有幸同柴老师到济南两所高校宣讲学习。这是她成长的第一步，也是她第一次独自跟随柴老师出差学习。出发前的对接行程、联系人员等工作对她来说是一场挑战，所幸在柴老师的指点帮助下，她有惊无险地完成了这次活动。在这次宣讲中，柴老师给了范福敏一次上台演讲的宝贵机会，让她结合"幸福微影社"的工作分享自身的收获体会。柴老师认为上台演讲对个人成长和职业发展大有帮助，因此她给社团干部创造了许多外出学习交流的机会。在出发前，柴老师一遍一遍地帮助她写稿、读稿以及演讲排练，这一幕让范福敏印象非常深刻。柴老师的指导和帮助给予了她很大的信心，让她能越来越自如地表达自我、突破自己。通过在这两所学校的宣讲，范福敏极大地拓展了自己的认知视野，丰富了理论知识，变得更加自信勇敢了，战胜了之前那个怯懦的自己，再次面对公众的她已变得坦然镇静、落落大方。她从中获得了之前从未有过的获得感、成就感，这是单纯的理论学习无法带给她的。要说她的变化，柴老师认为她最大的变化是变得更加自信、从容了。之后范福敏不断锻炼自己，在河北大学·融媒体与新时代高校思政课微电影教学创新平台接待了来自不同高校的老师同学。通过介绍河北大学·融媒体与新时代高校思政课微电影教学创新平台的部门、发展历程以及获得荣誉，极大提升了范福敏的语言组织能力、语言和肢体表达能力。学习的目的在于运用，实践是检验学习成果的练兵场。所幸范福敏在实践中收获了许多，完善了自我认知、提升了人际交往的能力。在"幸福微影社"这个团队中，每个人都是不可或缺的一部分，范福敏从中也感受到了团队合作的重要性。每人各司其职、各负其责、各展其才，互相支持配合，在学术科研和创新实践中形成了强大合力。在对未来的学习工作憧憬时，范福敏说："我将继续保持学习的态度，不断提升自己的学习能力和工作能力，全面提升自己。"

范福敏相信，当代青年立于当今大有可为之世，应当以踔厉奋发的姿态，追寻自我之幸福亦探寻家国幸福之源，追风赶月莫停留，平芜尽处是春山！

传播幸福阳光的大师姐

李颖，是柴素芳教授带的第一位思想政治教育专业博士研究生。2016年通过激烈的选拔和竞争，她以全校第一名的优异成绩被录取，师门里的人亲切地称呼她为"大师姐"。习近平总书记强调："幸福不是毛毛雨，幸福不是免费午餐，幸福不会从天而降。人世间的一切成就、一切幸福都源于劳动和创造。"①向往幸福是人之天性，究竟什么是幸福？如何理解幸福、追求幸福？怎么做才能够传递幸福、播撒阳光？每个人心中都有一个属于自己的答案，李颖以个人的成长经历诠释了对幸福的理解、对幸福的追求、对幸福的传递，尽管成长之路会遇到沟沟坎坎，但她追求幸福的脚步不停、动力不减、勇气不退，在柴老师的谆谆指导之下她用汗水与努力创造了"稳稳的幸福"！

一 遇见：幸福阳光照进成长之路

每个人的成长之路，都会有披荆斩棘、黑暗渺茫，也会有阳光明媚、春暖花开，即使现实的阳光会被乌云遮挡，但心中的幸福阳光会一直闪亮。每当谈及成为柴素芳教授的博士生，李颖的眼中总是饱含幸福的泪光。新时代是人人享有出彩人生、梦想成真的机会时代，与其他学子一样，李颖热爱学习并渴望获得深造的机会，期盼通过矢志追求、努力拼搏找到人生价值和实现职业抱负。然而，与多数求学青年有所不同的是，李颖是在工作9年后重新回到学校深造，事务忙、年龄大、跨专业等困难成为其成长路上的一只只"拦路虎"，唯有无所畏惧、勇往直前，方能如愿以偿。在求学的坎坷路上，最让李颖忐忑的首要问题就是，是否有导师认可并接受自己。幸运的是，恩师柴素芳教授，成为她幸福奋斗路上的明灯、暖阳。

时光荏苒，与导师初次见面的场景，李颖始终铭记于心。柴素芳教授一直致力于幸福观教育理论研究工作，潜心向学、笔耕不辍，硕果累累、著作等身，而且创建了河北大学"幸福微影社"，是一名传播幸福阳光的使者。李颖对这一研究领域十分感兴趣，为深入了解导师并且能顺利通过导师的"考察"，她在网上查阅并拜读了柴素芳教授发表过的所有文章，还按照自己的理解写出了多篇读书笔记。第一次与导师见面的她

---

① 中共中央文献研究室：《习近平关于青少年和共青团工作论述摘编》，中央文献出版社，2017，第92页。

既激动又紧张，柴素芳教授的温柔和平易近人让李颖感到如沐春风，放下了许久以来的不安和焦虑。特别是，当柴素芳教授得知李颖的求学备考经历后，分享了自己成长的经验，更是让李颖坚定了追随老师学习、不断提升自我的信念和信心。与其说这是一次师生的见面考察，不如说这是柴素芳教授的一堂幸福育人课，为李颖的成长奋斗提灯引路。每当回忆起这次短暂的见面，李颖都会感慨，柴素芳教授的言传身教就像一束温暖的幸福阳光，不仅教会她知识技能和品德修养，而且用行动感染、带动她奔赴幸福追求。

　　爱是教育的灵魂，没有爱就没有教育。柴素芳教授的爱是滴滴甘露，使枯萎的心灵苏醒；柴素芳教授的爱是融融春风，使冰冻的感情消融。从本科学习国际贸易专业到硕士学习人口、资源与环境经济学专业，再到博士专注思想政治教育专业，李颖深知自己的专业功底薄，并为此常常感到自卑。柴素芳教授为其列出经典书目、明确学习目标、制订学业规划，并特别制定了定期汇报指导制度，可以说，求学深造中的李颖是在柴素芳教授的关照下不断成长起来的。选题是科研的起点，柴素芳教授给予李颖的热情帮助和耐心指导，往往是多次交流讨论，每次聆听都让人感觉豁然开朗。框架是研究的主体结构，柴素芳教授不仅从专业上给予李颖悉心的指导，还重点培养李颖的实证分析能力，从逻辑框架到问题设计、数据分析，再到论证行文，柴教授都是手把手地教。行文写作是科研的关键环节，柴素芳教授对草稿逐句逐段提出修改意见，肯定学生成长和进步的同时，指出其中存在的不足之处，帮助李颖更快提升。一路走来，李颖论文的顺利完成得益于柴素芳教授的悉心指导和倾心栽培，从日常学习到论文选题、从资料检索到开题报告撰写、从逻辑展开到谋篇构思、从调研设计到数据处理、从结构推敲到初稿完成，再到最后定稿，每一个环节都倾注了恩师柴素芳教授大量的心血。功夫不负有心人，李颖的博士论文《新时代大学生就业观研究》外审获得了2个优秀和3个良好的优异成绩，并在人民出版社公开出版。

二 成长：幸福体验实现人生出彩

有人说，老师是高山，以伟岸的身躯托举学生稚嫩的双脚不断攀登；有人说，老师是蜡烛，以不灭的信念为学生照亮前进的道路；还有人说，老师是人的再生父母，这话不无道理，除了父母，还有谁像老师一样燃烧自己，照亮别人。"经师易得，人师难求"，在李颖的心里，柴素芳教授既是潜心治学、笔耕不辍的学者，也是诲人不倦、桃李遍天下的师者，还是气质卓越、待人随和的长辈。柴素芳教授常说："一个人走得快，一群人才走得远。"作为开门弟子的李颖深深地感受到了"建设幸福师门、传承师门精神"的责任与担当。

幸福师门充满暖暖的爱意，五年的深造求学也是李颖人生出彩的奋斗时光。在读博期间，李颖经历了挂职锻炼、职称评定、工作转岗、研修访学等一系列"人生大事"，柴素芳教授时时刻刻关注着她的个人成长与发展。李颖在北京大学挂职锻炼期间，柴老师特意发来消息，询问环境适应情况、有没有什么困难；为督促李颖评定职称，柴老师专门与她相约面谈，帮她规划论文的写作方向和科研成果、科研项目的申报事宜；得知李颖转岗到新的工作部门后，柴老师又提醒她要踏踏实实做科研，平衡好工作、学习与家庭的关系；听说李颖申报访学进修的想法时，柴老师当即鼓励她抓住机会，站到更高更大的学术平台上接受磨炼。人生三大幸事之首就是遇良师，李颖感慨自己是幸运且幸福的，导师柴素芳教授是心中有爱、眼中有光、宽严相济、严慈同体的好老师，走入师门是个人的福气！时至今日，虽已毕业数年，李颖仍然"赖"在在校生的微信群不肯离开，一直参与师门的"导师有约"活动，定期向老师汇报个人成长，与师门分享心得收获。

幸福师门流动爱心的传递，友爱的家庭建设成为李颖用心经营的情感传递。求学之路是一段艰苦而充实的学术之旅，更是一场执着修行的信仰之旅，没有人能够完全独自一人行走在科研这条路上，作为大师姐的李颖秉持柴素芳教授"奋斗幸福"的理念，与幸福师门所有师弟师妹互相扶持、共同奋斗。常言道："一辈子同学三辈子亲。"朝夕相处的师门同窗是个人宝贵的财富，人生际遇里因为有幸福师门而显得格外精彩！每当看到师门里有人遇到瓶颈、挑战，李颖便带头组织研讨交流，带动师弟师妹互相出谋划策，共同开展研究讨论；每当看到师门里有人遇到困惑、顿感无力之时，李颖便主动联系关心，带动师弟师妹相互鼓励支持，共同陪伴携手成长；每当看到师门里有人迎来突破、取得成绩时，李颖便积极张罗组织聚会，邀请师弟师妹相互庆祝激励，共同分享收获快乐。《论语》中有句名言："三人行，必有我师焉。择其善者而从之，其不善者而改之。"几年来，幸福师门逐步形成谦虚谨慎、团结同道、互相学习、博采众长、宽厚豁达的师门风气。

三　感念：幸福传递点燃育人火种

五年的博士求学之路是一段艰苦而充实的学术之旅，更是一场追求幸福、体验幸福、传递幸福的奋斗之旅，这一旅程没有终点，只有起点。在毕业之际，李颖感慨道："在成长的道路上，我学着恩师的样子，慢慢变成像恩师一样的好老师。"对于已成为思政课教师的李颖而言，最大的幸福莫过于在教育的路上为学生点燃幸福的火种，与学生共同感受奋斗幸福的意义，带动学生成为传递幸福的践行者。

"初心"是万物生长的根基源泉；"使命"是这个世界最强大的动力。柴素芳教授常常叮嘱李颖，"为党育人，为国育才"是思政课教师应有的坚定追求，要用生命铸魂育人，才能担当起培育时代新人的重任。站在育人的讲台上，李颖怀揣赤诚之心，无论岗位如何变化，始终忠诚于党的教育事业，她树立"要成为一名全能型教师"的目标，尽其所能为学生的成长成才服务，不断传递奋斗幸福的火种。在辅导员岗位上，李颖得到领导和学生的一致认可和好评，参加辅导员技能大赛，获省级团体特等奖，华北赛区个人一等奖，国家个人优秀奖；带队、组织学生开展社会实践和志愿服务活动，获国家级优秀指导教师称号 1 次，省级优秀指导教师称号 3 次，省级大家访先进个人称号 1 次；指导班级建设，获省级先进班集体 1 次，河北先进德育工作者称号 1 次；指导学生参加"互联网+""挑战杯"等一类赛事，获国家级奖励 2 项，省一等奖 4 项、二等奖 9 项。她成为河北省精英辅导员、河北省辅导员培训讲师，河北省教育厅思政体卫处公众号河北德育发布"热词解析"栏目撰写人，北京市辅导员技能大赛评委。

转入思政课教师岗位后，李颖在教学和科研两个方面持续发力，实现同频互促。在教学方面，在柴素芳教授的指导下，李颖主动开展教学改革创新，以"电影"为教育教学载体，探索开设思创融合课程"创业影评人"。该课程抓住"电影"这一育人小切口，凸显"立德树人"大立意，获得学生青睐，并已立项为省级双创基础课程。在科研方面，在柴素芳教授的支持下，李颖前往北京大学马克思主义学院进行访学并获评优秀，主持 1 项教育部人文社会科学研究规划基金项目"新时代青年学生创业奋斗精神培育研究"，主持"马克思主义幸福观指导下的大学生创新创业教育模式探索"等 3 项河北省社会科学基金课题，成为学院的学术骨干。"成绩的取得不是个人的成绩，而是团队共同努力的成果"，李颖将柴素芳教授的话放在心上，主动组团队、建队伍，带动年轻教师共同传递思政课的温暖与幸福。

李颖是幸福师门的大师姐，也是收获幸福、播撒幸福的先锋，她正循着恩师柴素芳教授的奋斗之路，用幸福育人的理念培育幸福路上的一代代追梦人。"大道至简，实干为要"，在柴素芳教授的影响下，李颖正在成长为在思政工作战线上奋斗的"老兵"，无论是下基层担任辅导员，还是走上讲台讲授思政课，她都始终秉持"奋斗幸福、传递幸福"的师门精神，在热爱的岗位上不断成长为"幸福人"，不断传承"幸福精神"！

奏响奋斗幸福的主旋律

姜旭，是柴素芳教授带的 2019 级思想政治教育专业硕士研究生，2020 年通过硕博连读选拔，被录取为 2021 级马克思主义哲学专业博士研究生，继续攻读博士学位。"青春是用来奋斗的"。姜旭正是一名在奋斗和创新中绽放多彩青春、收获幸福体验的博士研究生。他热爱并创新开展学术研究，既提升了自身的科研能力、学科素养和专业素养，又收获了幸福果实。他围绕"幸福微影"创新实践，体验着创造者的幸福；他乐于并倾心奉献，时刻践行青年的责任与使命，传递幸福与梦想。5 年来，他意气风发，初心不改，以奋斗和创新奏响了幸福主旋律！

一 潜心科研：创造幸福果实

作为一名博士研究生，做好科研无疑是姜旭的主要任务。他在硕博期间创新开展学术研究，不仅提升了自身的科研能力、学科素养和专业素养，还在创新研究中收获了幸福果实，体验着奋斗者的幸福时刻。

（一）"幸福"课确立研究"幸福"的志向

2020 年春季学期，柴老师给 2019 级思想政治教育专业硕士研究生上"幸福理论专题研究"课程。由于疫情原因，这学期的授课均在线上完成。第一堂课，柴老师给同学们介绍了本课程的重点内容，包括中国儒家、道家和佛家幸福观，西方感性主义、理性主义幸福观，马克思主义幸福观、中国共产党人的幸福观等，并提出了"如何在重大疫情背景下提升幸福力、增强幸福感"这一问题，引导同学们将幸福理论与重大现实问题相结合。伴随课程的深入，姜旭对"幸福"理论产生了极大的研究兴趣。他在课上曾说："柴老师，您在《光明日报》发表的《人民幸福是马克思主义的'初心'》这篇文章中写道，'马克思主义的幸福观主张生命是幸福的载体，需要是幸福的动力，劳动是幸福的源泉。马克思主义的幸福观体现了鲜明的人民立场，是最科学的幸福观'。作为一名青年党员和马克思主义学院研究生，我要在理论上学深悟透马克思主义幸福观，在实践中亲身践行马克思主义幸福观，在创新奋斗中奉献青春力量、放飞青春梦想。"

的确，姜旭也是这么做的。他以"幸福观教育"为切入点进行了深入的理论研究。他根据"幸福理论专题研究"课程内容，撰写了结课论文《重大疫情背景下大学生幸福观教育的三个维度》，在多次修改后发表在《河北大学学报》（哲学社会科学版）上。他围绕"马克思主义幸福观教育"展开研究，确定了硕士毕业论文选题"新时代大学生奋斗幸福观教育研究"，并在《思想理论教育导刊》（CSSCI 来源期刊）发表了文章《微电影：引导大学生践行"奋斗幸福观"的有效载体》。博士入学后，他将"马克思主义幸福观教育"研究转为"马克思主义幸福理论"研究，确定了博士毕业论文选题"马克思幸福思想研究"，并在《思想教育研究》（CSSCI 来源期刊）发表了文章《马克思"现实的人"视域下的幸福思想探赜》，在《思想战线》（CSSCI 来源期刊）发表了文章《习近平奋斗幸福观的时代价值》。他研究"幸福"缘起于"幸福课"，通过学习"幸福课"，深耕理论研究，收获了幸福果实。

（二）从"学术小白"到"论文高产"的幸福跨越

如何迅速地适应研究生的科研学习，完成本科生到研究生的蜕变，这是困扰每一个刚入学的研究生的问题。姜旭在硕士刚入学时，也曾面临这个难题。2019 年 11 月，中共中央、国务院印发实施了《新时代爱国主义教育实施纲要》，这是为大力弘扬爱国主义精神，把爱国主义教育贯穿国民教育和精神文明建设全过程而制定的。恰逢河北大学思政课微电影教学改革六周年，柴老师给硕士生姜旭布置了一篇命题论文，即《微电影：大学生爱国主义教育的新载体——基于河北大学思政课微电影教学的思考》。姜旭在接到任务后很茫然，他开始查阅资料、设计框架、撰写文章，当柴老师看到文章初稿后，发觉文章很"稚嫩"，语言不够流畅、学理性也不足。于是柴老师提出了修改意见，姜旭又根据柴老师的意见对文章进行修改。就这样，柴老师和姜旭陷入了审阅论文与修改论文的"拉锯战"。2022 年 6 月，这篇文章接到了录用通知，将于 2022 的 9 月发表在《河北大学学报》（哲学社会科学版）上，柴老师和姜旭的心情都无比激动，姜旭给柴老师发了一个截图，是这篇文章的修改记录，1 稿、2 稿、3 稿……53 稿。柴老师感到特别欣慰，每一遍都记录得清清楚楚，保留着修改的痕迹、奋斗的过程。这样的坚持和奋斗怎能不成功？正是这篇文章，培养了姜旭良好的写作规范，帮助他了解了学术研究的基本范式，也使他坚定了投身科研的决心与信心。截至 2024 年，他在学术期刊发表论文 18 篇，其中 CSSCI 4 篇、CSSCI 来源期刊扩展版 1 篇、北大核心 1 篇，登上杂志封面 2 篇，论文在中国知网被下载 1.3 万次，被引 104 次，入选中国科学文献计量评价研究中心学术精要数据库"高被引论文"1 次，"马克思主义理论研究""马克思主义研究动态"等公众号全文转载 10 多次。通过奋斗，他实现了从"学术小白"到"论文高产"的幸福跨越。

（三）播种"奋斗"创造"幸福"果实

"天上不会掉馅饼，努力奋斗才能梦想成真。"这句话用在姜旭身上再合适不过了。硕士入学以来，姜旭一直积极参加科研项目，注重培养自己论证课题的能力。2020 年 6 月，全国哲学社会科学工作办公室发布了《国家社科基金高校思想政治理论课研究专项申报公告》，柴老师根据多年的思政课微电影教学经验，围绕"微电影"与"思政课实践育人"展开论证，姜旭主动申请参与课题研究，在课题论证过程中发挥了重要作用。在最终提交课题申报书时，柴老师把姜旭放在课题组第 5 名的位置进行提交。但也许是团队前期积累不够，当年并未入选。2021年，全党全国掀起了党史学习教育的热潮，柴老师心潮澎湃、干劲十足，带领团队重新设计选题，将"微电影"与"党史学习教育"相结合再次进行申报。两个月的艰苦论证，使姜旭再次得到了历练，并发挥重要作用，柴老师把他排在课题组第4名的位置，但再次落选。

2022年7月，当全国哲学社会科学工作办公室再次发布了当年的课题申报公告时，正当柴老师犹豫是否继续申报时，已经博士入学的姜旭对柴老师说："老师，您设计选题和思路，我先初步论证，您再进行修改完善，也许今年有希望呢。"学生主动做事，柴老师岂能继续迟疑。于是柴老师和姜旭开始研究申报选题指南。恰逢教育部等十部门颁发了《全面推进"大思政课"建设的实施方案》，加之前期柴老师关于高校思政课微电影教学的研究成果较为丰厚，故决定将"红色电影资源"与"党史学习教育"相结合展开论证。这次论证工作主要是由柴老师和姜旭二人完成的，所以柴老师把姜旭排在课题组第2名位置。2022年11月，全国哲学社会科学工作办公室发布了《国家社科基金高校思想政治理论课研究专项立项名单》，柴老师的课题成功入选！好消息接踵而至——河北大学修改了博士研究生申请学位条件，其中一项为"作为主持人或主要参与者（排名前三）成功申报国家级纵向科研项目1项，视为满足毕业条件"。这次成功获批国家课题，姜旭已经满足博士毕业条件了！不仅如此，这个课题还助力姜旭荣获了博士研究生"国家奖学金"。此前，他曾在2020年和2016年分别荣获硕士研究生"国家奖学金"和本专科生"国家奖学金"。姜旭通过不断的坚持和奋斗，充分证明了"幸福都是奋斗出来的""天上不会掉馅饼，努力奋斗才能梦想成真"。这种坚韧不拔和迎难而上的品质也帮助他在其他方面取得重要成绩。在硕博期间，他主持河北省博士研究生创新能力培养资助项目，践行习近平新时代中国特色社会主义思想冀青工作调研大赛等省、厅级课题10项；作为第一主研人参与国家社科基金高校思想政治理论课研究专项、北京高校思想政治理论课高精尖创新中心重大委托课题等 15 项，荣获研究生学业奖学金一等奖 3 次，通过奋斗创造了"硕果累累"的佳绩。

二　创新实践：收获幸福体验

"以微电影为载体提升思政课亲和力与实效性"，是柴老师和团队多年来坚守的初心与使命。如何增强硕博研究生参与思政课微电影教学的获得感、价值观与幸福感，融通本硕博思政课微电影一体化教学，也是柴老师多年以来一直思考的问题。2019 年 9 月，刚刚硕士入学的姜旭，非常关注河北大学的思政课微电影教学，并热衷参与创新实践。5 年来，通过在"幸福微影社"团队的历练成长，姜旭不仅成长为思政课微电影教学改革的学生骨干，还在创新实践中收获了多种幸福体验。

（一）用"微电影"记录"幸福"生活

姜旭硕士入学后，向柴老师表达了希望参与到思政课微电影教学改革实践的意愿。柴老师对这个孩子积极主动的工作态度非常赞赏，于是和他深入沟通、交流想法。通过交谈，柴老师得知他在本科期间就担任过班长、学生会主席等学生干部，并有担任过微电影社团社长的经历，于是柴老师和姜旭不谋而合地产生了一个想法——在河北大学成立一个思政课微电影社团。通过一个多月的紧张筹建，2019 年 10 月 10 日，由学校本硕博学生共同组成的思政课微电影社团——"幸福微影社"正式成立。在社团成立大会上，姜旭双手接过了张露红书记（时任河北大学马克思主义学院党总支书记）授予的社团旗帜，登上了他施展才华、创新实践的舞台。

姜旭担任社长后，第一个重要工作就是筹备"繁星奖"河北大学思政课微电影大赛颁奖典礼。他带领社团成员精心筹备、多次商讨细节，高质量完成了这次颁奖典礼。活动结束后，姜旭说："通过组织这次颁奖典礼，我看到了思政课教师的艰辛与不易，全面系统地了解了河北大学思政课微电影教学改革的相关情况，这是一个特别有意义、有价值的事情。思政课教师不仅需要传授知识，更在于引导学生找到人生价值。老师，我想要继续攻读博士，将来也成为一名思政课教师。通过创新教学方式，引导更多的大学生找到自己的人生方向，确立自己的人生价值。"他说完后，柴老师感受到了作为一名思政课教师的价值感与幸福感。柴老师带领团队开创思政课微电影教学改革的初心，并非为了艺术和票房，而是想通过微电影这个"小切口"，激发大学生学习思政课的兴趣，引导大学生投身报国实践、创造幸福人生。

在此之后，姜旭带领"幸福微影社"成员开展创新实践，组织全校思政课微电影大赛、改版"幸福微影"微信公众号、开设"幸福微影"抖音账号等，取得了许多重要成绩。社团荣获河北省"活力社团"、河北大学"五星级社团"等荣誉。社团成员荣获国家奖学金、省级"三好学生""优秀毕业生"等各项荣誉20余项，多名社团成员被保研至兰州大学、郑州大学、中国传媒大学等学校。5年来，姜旭和几位继任社长带领社团成员，通过"幸福微影"微信公众号和抖音账号推送思政类影片等300多次，总浏览量约200万人次；协助学院主办线上线下相结合的全国研讨会及河北省、河北大学思政课微电影大赛等；协助柴老师开展国家级"思政课社会实践虚拟教研室"建设，组织全国386所高校的1030名思政课教师开展教研活动百余次，他们不仅是思政课微电影教学改革的见证者、参与者，更是受益者，他们在"幸福微影社"的锻炼中得到了全面成长、收获了幸福体验。

（二）用"微电影"传播"幸福"声音

姜旭在硕博期间，担任河北大学"幸福微影社"第一任、第二任社长，后又担任河北大学思政课微电影教学改革研究中心"学生工作部"部长，在"幸福微影社"的历练成长，使他全面系统地了解了河北大学思政课微电影教学改革的发展历程、建设情况和运行模式，促使他成为传播

"幸福"声音、介绍"改革"经验的核心成员。第一，他跟随柴老师在厦门大学、广西大学、太原理工大学等 30 多所高校介绍学生社团建设经验，从学生视角分享如何助力思政课微电影教学改革的情况，得到了相关高校师生的一致肯定。第二，他作为河北大学·融媒体与新时代高校思政课微电影教学创新平台的学生负责人，为来访的河北省教育厅等相关领导、中央马克思主义理论研究与建设工程首席专家等全国知名专家介绍学校思政课微电影教学情况，并现场演示河北大学 3D 虚拟仿真教学使用情况，介绍学校"滴灌式"思想政治教育育人成果，为学校发展、学院建设传播"幸福"声音。第三，他参与的思政课微电影教学改革的相关成果，荣获全国高校思想政治理论课实践教学联盟 2020 年精准扶贫专项社会实践成果征集活动二等奖、2021 年践行习近平新时代中国特色社会主义思想冀青工作调研大赛三等奖、2022 年河北省"读懂中国"活动最佳视频奖等 10 多项荣誉，应邀在河海大学、贵州大学等学校主办的全国研讨会分享研究成果 10 余次，为学校思政课微电影教学积极传播"幸福"声音。他荣获河北省"冀青之星标兵"、河北省争当"优秀共青团员"等个人荣誉 10 多项，先进事迹被中央电视台、《中国青年报》、"学习强国"等媒体报道 10 余次。

（三）用"微电影"传递"幸福"力量

姜旭不仅注重提升自己的科研与实践能力，还带动团队其他同学共同发展。他用心帮助师门兄弟姐妹论证课题、修改文章，用情帮助"幸福微影社"的同学们开展学术科研、参加学科竞赛与社会实践。2023 年暑假，"幸福微影社"筹建的思政课微电影《异想纵山海》在天津、保定等地拍摄，作为博士研究生的姜旭，在科研任务繁重的情况下毅然来到拍摄剧组，为团队师生做好后勤保障。在保定突降暴雨的情况下，他与肖敬寒等同学先后多次负责转运师生、拍摄设备与道具，保证了影片的顺利拍摄。他说："这一次参与思政课微电影创作，是我第一次体验剧组生活。我感受到了老师们的用心、用情、用力，感受到了同学们的创新、坚强和毅力，对我来说是一次不一样的体验。我非常开心能够帮助老师和同学们做一些力所能及的事情，也希望把这份幸福传递下去，让更多的大学生通过微电影收获幸福体验。"硕博期间，他帮助同学们荣获"国家奖学金"、省级"三好学生"、省级优秀毕业生等荣誉20多项；他带领团队4次获评河北大学"五四红旗团支部""先进党支部"，在教育部主办的"我心中的思政课"全国高校大学生微电影展示活动获奖30余项，作为学校唯一候选人，被推荐至河北省委教育工委参加第三批全国高校"百名研究生党员标兵"遴选活动。

思政课是落实立德树人根本任务的关键课程，通过"幸福微影"实现思政课改革创新，是提升思政课亲和力、实效性的有益尝试。姜旭通过在"幸福微影社"的历练成长，更加坚定了成为一名思政课教师的职业理想，并坚持以砥砺奋斗奏响幸福的主旋律，成为研究幸福、创造幸福、体验幸福、传递幸福的典范。

幸福的若干问题研究

幸福，是人们对于美好生活的向往与追求，人们也正是在对幸福的永恒追求中推动社会向前发展。幸福，又是哲学家、心理学家、教育学家、经济学家等非常关注的理论话题，比如，儒家倡导人们在承担责任和使命的过程中要有激情、有信念地追求幸福；道家启示人们在遵循自然规律、尊重生命本性，在虚心待生、返璞归真、宁静做人中获得幸福；马克思主义强调生命是幸福的载体，劳动实践是幸福的源泉，幸福是物质幸福与精神幸福、个人幸福与社会幸福、创造幸福与享受幸福的辩证统一。

由此可见，追求幸福是人生的终极目标，研究幸福是学者的使命。将追求幸福与研究幸福有机融合，那是相当幸福的事情。

第四章
幸福理论研究

幸福话题涉及的范畴很广，本章研究主要涉及幸福的内涵界定、马克思主义幸福观、习近平奋斗幸福观以及幸福与道德、法律、经济、心理等方面的关系内容。

幸福含义三解

由于所处的时代、文化背景、生活境遇不同以及世界观、人生观、价值观等方面的差异，人们对于幸福含义的理解千差万别。故康德认为："幸福的概念如此模糊，以致虽然人人都想得到它，但是，谁也不能对自己所决意追求或选择的东西，说得清楚、条理一贯。"[①] 既然幸福的含义如此难以界定，学者们为何还要知难而行？在当今时代，我们又该如何科学界定幸福的含义？这正是本文要探讨的问题。

一 因何难以界定幸福含义

幸福的含义难以界定，其原因很复杂。概括而言，主要是因为幸福很难定性和定量。

---

① 冯俊科：《西方幸福论》，吉林人民出版社，1992，第311页。

（一）幸福难以定性

幸福是哲学、心理学、经济学等诸多学科关注的热点问题，但由于学者们都是站在各自学科的视角进行研究，故他们对于幸福含义的理解不可能有统一的标准答案。哲学家对于幸福的研究时间最久、成果也最为丰富。儒家主张通过"仁爱之心""义而后取"的方式获得幸福，使幸福的含义具有了伦理意义。道家认为幸福是顺应自然，不为物役，但求内心宁静的精神境界。佛家强调幸福依赖于上天的赐予，主张慈悲为怀，求善避恶，忘我舍我的精神。在西方传统哲学体系中，快乐主义幸福观认为，快乐是人天经地义追求的目标，快乐就是幸福。德性幸福观主张"道德即幸福"、"幸福即道德"及"幸福与道德统一于至善"。基督教幸福观将上帝奉为宇宙间的唯一真神，认为上帝既是生命的创造者，也是人生得失成败、生死祸福的主宰者。与中西方传统幸福观相比，马克思主义幸福观建立在辩证唯物主义和历史唯物主义基础之上，主张生命是幸福的载体，劳动实践是幸福的源泉，幸福是个人幸福与社会幸福、物质幸福与精神幸福、创造幸福与享受幸福的有机统一，因而是最科学的幸福观。

积极心理学（Positive Psychology）由美国前心理学会主席马丁·塞里格曼于 1998 年提出并逐渐得以发展，他认为："积极心理学倡导心理学的积极取向，以研究人类积极的心理品质，关注人的健康幸福与和谐发展为主要内容，试图以新的理念、开放的姿态诠释与实践心理学。"[①] 作为一门科学和一种临床实践，积极心理学不是矫治心理缺陷，而是帮助普通人调节不良情绪，充分挖掘自身潜力，提高主观幸福感，促进个人与社会的发展，帮助人们走向幸福。可见，积极心理学将幸福界定为人的一种积极的心理体验，即幸福感。

幸福虽然表现为人的主观心理体验，但一个人能否获得幸福必然取

---

① 〔美〕Alan Carr：《积极心理学——关于人类幸福和力量的科学》，郑雪等译，中国轻工业出版社，2008，第 1 页。

决于一定的经济条件。所以，幸福也是经济学的研究内容。经济学对于幸福的界定分三个时期，也有多个代表人物。亚当·斯密是近代经济学的代表，被称为经济学之父。他将经济学看成一门使人生幸福的艺术：既追求个人的利益与幸福，又为绝大多数人的自由与幸福着想。以马歇尔、凯恩斯为代表的现代经济学家将人类对幸福的追求片面地理解为对物质财富的追求，远离了经济学的终极目标，呈现出一副冷冰冰的面孔。诺贝尔经济学奖得主阿马蒂亚·森是后现代经济学（即幸福经济学）的代表，他将关注物质财富的增长与关注物质财富的分配相统一，将人的物质福祉与精神需求相统一，认为经济学是为了追求绝大多数人的幸福最大化。至此，经济学对于幸福的关注经历了一个从迷失到最终回归本身的过程。

（二）幸福难以定量

幸福与人的需要和欲望有关，由于需要和欲望的实现层次不同，因此不同人的幸福体验不同。从物质层面来看，同样得到一千元钱，赤贫者与富豪者的幸福感不同；对于失明者来讲，即使只能看见一丝光亮，也会给他带来生命的激情和强烈的幸福感，而对于眼睛正常的人来讲，较少有人会因自己视力正常而欢呼雀跃。从精神层面来看，亲情、友情、爱情乃人间三大情感，体现着不同的社会关系，也会给人带来不同的幸福体验。亲情是一种没有条件、不求回报的"阳光沐浴"，让人感觉到家的温暖和幸福。由于家庭之间的差异性，因此人的亲情体验必然不同，由此带来的幸福感也必然不同。谁是家庭中最幸福的人很难衡量。友情是一种浩荡宏大、可以随时安然栖息的堤岸，它能让人体验真挚的心灵抚慰、情感支持和人生关怀。然而，在生活中，最要好的朋友也会有摩擦，也许因此而疏远。所以，一方面，"朋友多了路好走"，朋友的广度对人生具有重要的意义；另一方面，"人生难得一知己"，友情的深度是多么难以实现！所以，拥有多少朋友、拥有什么样的朋友最幸福很难度量。爱情是一种神秘无边、令人神魂颠倒的心灵照耀，可以让人体验甜蜜、浪漫但偶尔有些苦涩的幸福。相爱的时候既有"一日不见如隔三秋"的思念，也有"才下眉头，却上心头"的愁绪，更有"衣带渐宽终不悔，为伊消得人憔悴"的奉献，哪种状态更幸福难以判断。基于以上分析，笔者认为，幸福的含义之所以难以界定，是因为幸福不是一种固定不变的客观存在，而是人们对于客观存在的具有主观特性的认知。客观存在是流动而非静止的、是联系而非孤立的，人们对客观存在的认知也在不断变化着、发展着、丰富着。无论是客观存在还是主观认知，都是充满变数的，幸福作为两种变数产生的某种结果，也必然不是一种固定不变的常数，这就使得人们对幸福的理解因为时代、阶级、所处地位、社会环境乃至个人的性格、人生境遇等多方面的不同而不同。幸福的含义之所以多种多样，是因为现实生活的丰富多彩和人们主观体验的变幻莫测使然。也就是说，"只要生活在继续，对人性与幸福的追问和追求就不会达到绝对和永恒"。①

二 为何界定幸福含义

社会越进步，人们越应该、也越有能力反思生命的意义，体会幸福之于人生的价值。然而，就现实而言，世界范围内的诸多危机严重制约了人类对于幸福的追求，原因固然很多，人类精神的失衡，尤其是人们对于幸福含义的非科学认知是一个重要因素。因此，正确界定幸福含义对于人们追求幸福与获得幸福皆具有重要意义。

（一）正确认知幸福有利于人类走出生态危机

生态危机是指人类赖以生存和发展的生态环境被严重破坏的现象，主要是由于人类盲目、过度生产和生活活动所引起的环境质量下降、生态秩序紊乱、生命维持系统瓦解等现象。对幸福的非科学认知之所以会

---

① 陆正林:《过程与结果:主观幸福论的两难选择——兼谈幸福是什么》,《人民论坛》2011 年第 2 期。

诱发生态危机，原因有以下两点。

对幸福的非科学认知表现为一些人将经济增长而不是幸福本身作为发展的终极目的，破坏了与人们的幸福生活息息相关的生态环境。经济增长的终极目的并非简单的创造和积累财富，而是为人类获得幸福创造有利条件。所以，相对于幸福而言，经济增长只不过是帮助人类获得幸福的工具，它向人们展示的是一个无限丰富的意义世界。但是，在现代社会，人们非常注重经济发展速度和 GDP 增长数量，却忽视了对资源的合理利用和对幸福生活环境的有效保护，不仅恶化了当代人赖以生存的自然环境，不利于当代人健康、幸福地栖居，也殃及子孙后代的幸福生活。

对幸福的非科学认知还表现为一些人把"过度消费"作为幸福的本质，因而摧毁了生态环境的承载力。消费的本质应该是满足人的基本需要，促进人的全面发展，给人带来幸福生活。然而，随着经济的飞速发展、个人价值观的变迁，人类已进入一个由必需品向奢侈品过渡的消费时代：既有为了满足"面子"需要的攀比消费，也有追求个人享受的奢靡消费；既有向人们炫耀财力、地位和身份以传达某种社会优越感、引起人们羡慕的炫耀消费，也有超出自己实际财力的超前消费等。这些非理性的消费现象与人们将幸福错误地理解为纵情享受、恣意狂欢有关，而非科学的幸福观指引下的消费行为反而让人远离幸福——这样的消费不仅加重了个体的身心负担，而且在社会上形成了极具破坏性的消费文化和幸福理念。为了人类的整体幸福，绿色消费观、可持续消费观应成为人类的应然选择。

（二）正确认知幸福有利于人类走出道德危机

道德危机，比如道德功利化、公德意识差、私德水准下降和职业道德弱化等是社会大转型的背景下各种因素综合作用的结果，既有经济根源和政治根源，也有思想文化根源。"经济危机、政治腐败、价值观念多元化以及利益分配不公正不合理、贫富悬殊太大、人际关系恶化等，都会引起道德危机"。① 目前，社会中存在的道德危机与人们缺乏道德信仰、将幸福曲解为欲望和个人利益的满足有关。有些人根本不懂得获得幸福的手段必须建立在道德信仰基础之上，不懂得通过非正当手段只能满足自己的物质欲求，却无法获得建立在道德"善"基础上的幸福生活。"需要本身是中性的，但满足需要的途径是有伦理意义的。只有既利于自己又不伤及他人和社会的需要得以满足才能给人带来真正的幸福"。②

（三）正确认知幸福有利于人类走出心理危机

心理危机是指人的心理状态严重失调，心理矛盾激烈冲突难以解决，甚至面临精神崩溃或精神失常。当前，人类社会正处于一个欲望无限膨胀的时代，这个时代的许多人认为幸福就是欲望的满足，就是尽量多地占有物质财富、提升经济地位和社会地位。于是，人被欲望绑架了。其实，欲望就像一把双刃剑，它是人类改造世界和自身、促进人类进步和社会发展的源泉，也是人类远离幸福的罪魁祸首。首先，经济的繁荣给人们创造了巨大的欲望空间，但当个人不具备满足欲望的能力和条件时，就会感到心理失调，引起抑郁、焦虑等心理危机。其次，社会发展也为人们提供了满足欲望的多种方法，这些方法又激发了人们更多、更大的欲望。为了满足欲望，人们像陀螺一样不停地转动，但是，当一阵打拼换来所欲求的结果时，蓦然发现，自己的幸福感并没有增加。原来，当人的内心因为欲壑难填而失去了宁静与平衡时，幸福就很难寻觅了。

三 如何界定幸福含义

界定幸福含义必须坚持辩证唯物主义的立场，以马克思主义关于人的本质学说为依据，将社会现实与主体认知有机结合，将借鉴前人研究成果与大胆创新有机结合。基于此思路，笔者将幸福定义为：幸福是人

---

① 金素梅：《试论公民道德危机及化解策略》，《中州学刊》2011 年第 5 期。
② 柴素芳：《幸福与经济收入的非线性关系探因》，《西南民族大学学报》2011 年第 8 期。

的迫切而合理的需要通过正当途径得以实现或部分实现时的积极心理体验。具体分析如下。

（一）人的迫切而合理的需要是引发幸福的动因

需要引发行为，当人的行为过程或结果符合人的内在价值尺度时，就会产生积极的心理体验，这种体验表现为快乐与幸福两种形式。需要可分为一般需要和迫切需要，只有人的迫切需要才是引发幸福的真正动因。所谓迫切需要，是针对人的一般需要而言的，指直接影响人的生存与发展的紧急或重大的需要。比如，人的生存离不开阳光、空气、水，它们是人最基本的需要，当人不缺乏阳光、空气、水时，这些物质就属于人的一般需要，人们较少因为拥有这些物质而产生幸福感。但当人缺乏这些物质时，这些物质就转化为人的迫切需要，故这些迫切需要得以满足时，人就会感受到幸福。值得强调的是，并非人的所有迫切需要得以实现或部分实现就必然给人带来幸福，因为幸福的获得与否和人的迫切需要是否合理有关。所谓合理，有两层含义：一是指有利于自己的生命存在和发展。合理的迫切需要实现或部分实现时不仅能给自己带来快乐，也能带来幸福。但不合理的迫切需要实现或部分实现时只能给人带来稍纵即逝的快乐，却不能带来幸福。比如，某人吸毒、酗酒的迫切需要得到实现或部分实现时，他能体验到短暂的快感。但是由于这种迫切需要的实现不利于其生命存在和发展，故这种迫切需要的实现并不能给当事人带来真正的幸福。二是有利于他人的生命存在和发展。个人幸福与他人幸福密不可分。个人幸福的确建立在自我利益满足的基础上，但这种满足不能以牺牲他人利益为代价，只有有利于自身且不损害他人生存和发展的迫切需要得以实现或部分实现时，人才会真正获得幸福。

（二）遵守道德和法律是获得幸福的必要条件

一个人能否获得幸福不仅与自身需要的迫切性与合理性有关，而且与其实现幸福的途径是否正当有关。以违背道德和法律的方式虽然可以满足自己对于利益的迫切需要，却损害了他人的利益、健康乃至生命，为他人的幸福制造了障碍，这违背了生命的本质属性，最终也会影响自身生命的存在和发展，同样会葬送自己的幸福生活。现实中许多触目惊心的违背道德和法律的事件说明，遵守道德和法律是获得幸福的必要条件。虽然遵守道德和法律的人不一定都能感受到幸福，但不遵守道德和法律的人，其最终结果大多是不幸福的。所以，靠损人利己得来的"幸福"与道德的"恶"连在一起。"尽管每个人都有可以按照自己对幸福的理解来享受幸福生活的权利，但是，在伦理学视域内，幸福问题也像其他问题一样关涉个人与他人、个人与社会之间的关系，因此，个人对幸福的追求不能与社会历史发展的客观必然性悖逆。就是说，对幸福的追求，受制于道德的指引，只有道德上的无愧，才能有真正的幸福"。[①]

（三）感受幸福的能力是获得幸福的心理条件

综上所述，人若想获得幸福必须具备两个条件：以迫切合理的需要为内在动力，以实现需要的途径符合道德与法律规范为必然要求。这两方面属于人"创造幸福条件"的能力。这两方面只为人们获得幸福创造了必要条件，但一个人最终能否获得幸福还取决于第三个条件——感受幸福的能力。人的迫切合理需要通过正当途径得以实现或部分实现的结果让人产生幸福体验的能力。"创造幸福条件"的能力是人获得幸福的前提，但拥有这些前提未必幸福。我们常见如此情形：收入高（创造幸福条件的能力强）未必幸福（感受幸福的能力弱），收入低（创造幸福条件的能力弱）未必不幸福（感受幸福的能力强）。可见，"创造幸福条件"的能力固然重要，感受幸福的能力更为重要；增加收入固然重要，感受幸福更为重要。因为，增加收入只是人们获得幸福的一种手段，感受幸福才是

---

① 柴素芳：《"幸福——收入之谜"的心理诱因》，《河北大学学报》（哲学社会科学版）2011 年第 2 期。

人生的终极目的！^①

总之，"创造幸福条件"的能力具有客观性，是人们获得幸福的前提条件，而感受幸福的能力具有主观性，是人们获得幸福必不可少的心理因素。感受幸福的能力不仅体现为顺境时对美好生活的享受，也体现为逆境中抵抗人生挫折的勇气和信心。虽然幸福是人对于现实生活的美好体验，但是，正确认知逆境，驾驭挫折，不仅能够使人减轻痛苦，也能增强幸福感。深刻的幸福，应该是经历了痛苦而体验到的酣畅淋漓的快乐。

人民幸福是马克思主义的"初心"

马克思主义幸福观坚持实践的、辩证的、历史的唯物主义观点，以"人民幸福"为"初心"，使幸福的内容、获得幸福的方法和途径更为科学，它不仅是中国共产党为人民谋幸福的理论依据，也是人民正确认知幸福、努力创造幸福、积极体验幸福、用责任和担当传递幸福的行动指南。

习近平总书记在哲学社会科学工作座谈会上指出："马克思主义尽管诞生在一个半多世纪之前，但历史和现实都证明它是科学的理论，迄今依然有着强大生命力。"^②马克思主义之所以具有强大的生命力，因其具有科学性，也因其具有价值性、人民性——让劳动阶级获得自由、发展和解放，让最广大人民群众过上幸福生活。这是马克思主义的"初心"，也是中国共产党的"初心"。

人民幸福是马克思的"初心"。作为马克思主义的主要创始人，马克思不仅以科学理论为人类解放事业做出了巨大贡献，而且以其伟大人格为全人类树立了追求人类幸福的光辉榜样。早在十七岁中学毕业作文

---

① 柴素芳：《"幸福——收入之谜"的心理诱因》，《河北大学学报》（哲学社会科学版）2011 年第 2 期。

② 习近平：《在哲学社会科学工作座谈会上的讲话》，人民出版社，2016，第 8 页。

《青年在选择职业时的考虑》中，他就提出"如果我们选择了最能为人类而工作的职业……我们的幸福将属于千百万人。"[①] 在中学作文《奥古斯都的元首政治应不应当算是罗马国家较幸福的时代？》中，马克思阐发了什么样的时代是幸福时代。他把奥古斯都以前最美好的时代说成幸福时代，因为这个时代"风尚纯朴、积极进取、官吏和人民公正无私"。[②] 马克思不仅确立和倡导了造福人民的幸福观，也在颠沛流离的一生中践行着自己的幸福观。

人民幸福是马克思主义的"初心"。马克思主义是一个有明确价值取向的科学理论体系。"实现人民的现实幸福"是马克思的人民观、价值观、幸福观的体现，也是马克思主义孜孜以求的终极目标。在辩证唯物主义和历史唯物主义光芒的照耀下，马克思主义以广大人民群众的利益为立足点，主张生命是幸福的载体，需要是幸福的动力，劳动是幸福的源泉；幸福具有多维性，是物质幸福与精神幸福、个人幸福与社会幸福、创造幸福与享受幸福的有机统一。这是马克思主义幸福观与以往思想家幸福观的显著区别。

人民幸福是中国共产党的"初心"。在马克思主义中国化的过程中，中国共产党坚持以马克思主义为指导，践行和发展马克思主义的幸福观，把人民幸福作为执政的出发点和奋斗目标。以毛泽东同志为核心的党的第一代中央领导集体，通过带领全党和全国各族人民创建劳动人民当家做主的国家政权，"让中国人民站起来"而获得幸福。以邓小平同志为核心的党的第二代中央领导集体，通过改革开放"让中国人民富起来"而获得幸福。新阶段，中国共产党人继往开来，努力践行"三个代表"重要思想、坚持科学发展观、落实习近平新时代中国特色社会主义思想，实现了中华民族从"站起来"、"富起来"到"强起来"的伟大飞跃。在庆祝中国共产党成立95周年大会上，习近平总书记强调："坚持不忘初

---

① 《马克思恩格斯全集》第1卷，人民出版社，1995，第459页。
② 《马克思恩格斯全集》第1卷，人民出版社，1995，第461页。

心、继续前进，就要坚信党的根基在人民、党的力量在人民，坚持一切为了人民、一切依靠人民，充分发挥广大人民群众积极性、主动性、创造性，不断把为人民造福事业推向前进。"[1]再一次彰显出马克思主义、中国共产党坚守的价值高地。

哲学的一个重要命题就是"幸福"，而"幸福"总是要关涉人的。由于人们的所属阶级、所处时代、文化背景、生活境遇以及世界观、人生观、价值观等诸多不同，历史上形成了各具特色的幸福观。在这当中，马克思主义幸福观坚持实践的、辩证的、历史的唯物主义观点，以"人民幸福"为"初心"，使幸福的内容、获得幸福的方法和途径更为科学，不仅是中国共产党为人民谋幸福的理论依据，也是人民正确认知幸福、努力创造幸福、积极体验幸福、用责任和担当传递幸福的行动指南。

马克思劳动幸福思想的科学内涵、存在形式及时代价值[2]

实现劳动幸福是马克思的理想追求和价值目标。劳动幸福的最理想状态是在社会生产力高速发展、社会和谐稳定、人类和睦相处的共产主义社会中实现的，到那时劳动中所带有的强迫性和盲目性不复存在，劳动将变成自由、自觉和自发的行为，社会中的劳动者将感受到劳动所带来的快乐。中国特色社会主义是实现共产主义的必经阶段，马克思劳动幸福思想为无产阶级解放事业提供了科学的理论指导，为全人类的幸福追求指明了实践方向。从理论上阐释马克思劳动幸福思想的科学内涵、存在形式及时代价值，对于推进 21 世纪马克思主义中国化、时代化，引导人民培育新时代劳动精神和劳动品质，追求人生幸福具有深远且持久的重大意义。

---

① 习近平：《在庆祝中国共产党成立 95 周年大会上的讲话》，《人民日报》，2016 年 7 月 2 日。
② 本文原刊于《江苏行政学院学报》2024 年第 1 期，与辛熙恒合作。

一　马克思劳动幸福思想的科学内涵

马克思认为，劳动是"为每个人设定的天职"①，幸福是"使我有可能随自己的兴趣今天干这事，明天干那事，上午打猎，下午捕鱼，傍晚从事畜牧，晚饭后从事批判，这样就不会使我老是一个猎人、渔夫、牧人或批判者。"② 理解马克思关于劳动、幸福的含义及其相互关系，是深刻把握马克思劳动幸福思想科学内涵的必要条件，包括以下三个方面。

（一）马克思劳动幸福思想的逻辑前提

劳动是一种创造性的活动，即激发主体力量去满足自我发展需要的活动。"劳动是自由的生命表现，因此是生活的乐趣。"③ 在马克思看来，劳动是人的主观能动性的发挥，是人的本质的具体体现，劳动在其本质上就是一种幸福。

"现实的人"是马克思劳动幸福思想的理论出发点。马克思从物质生产实践的角度去理解人，指明了劳动是人所特有的对象化活动，人在劳动中不断认识与改造世界。"现实的人"可以通过劳动来得到物质和精神的满足，在实现自身价值的基础上获得幸福。劳动所创造出来的幸福具有客观现实性，并通过生产环境改变、生活水平提高等表现出来。因此，马克思将"现实的人"作为关注的重点，认为"现实的人"通过生产劳动创造了"人化的自然界"④。人在劳动中满足了现实生活的需要，交往范围的扩大与交往关系的构建使"自然人"成为"社会人"，属人的意识得以形成。劳动能够创造出人类生活所需的物质财富与人的发展所需要的精神财富，人依靠劳动去满足自身需要并实现自我价值，进而创造自己想要的美好生活和理想世界。

---

① 《马克思恩格斯文集》第1卷，人民出版社，2009，第184页。
② 《马克思恩格斯文集》第1卷，人民出版社，2009，第537页。
③ 《马克思恩格斯全集》第42卷，人民出版社，1979，第38页。
④ 《马克思恩格斯文集》第1卷，人民出版社，2009，第191页。

"异化劳动批判"是马克思劳动幸福思想的核心要义。马克思认为，"对异化的扬弃只有通过付诸实行的共产主义才能完成"①，劳动的异化导致了劳动者与幸福的疏离，使个人获得幸福成为一件极其困难的事情。在资本主义生产方式下，工人在劳动中不仅感受不到被尊重，而且剩余价值被资本家无偿占有。在马克思的视野中，真正的幸福应该表现为主体需要得到满足和人生价值得以实现的生活状态和心理感受，"人的本性是这样的：人只有为同时代人的完美、为他们的幸福而工作，自己才能达到完美"。② 因此，在追求劳动幸福的过程中，劳动者应通过劳动激发自身本质力量，只有破除劳动过程的异化、劳动者与劳动产品的异化、人的类本质异化、人与人之间的异化，才能使劳动者在劳动过程中获得成就感和幸福感，从而实现劳动的复归。

"劳动解放"是马克思劳动幸福思想的价值目标。共产主义者以劳动解放为使命，致力于引导人民崇尚劳动、尊重劳动，使人在劳动过程中实现劳动价值、获得劳动幸福。而在资本主义生产关系下，作为"死劳动"的资本成为支配劳动的力量。国民经济学家只考虑劳动本身的价值创造，而忽略了在社会生产和分配过程中产品归谁所有的问题，将资产阶级特殊利益的实现普遍化为所有人实现幸福的条件。马克思认为劳动幸福的实现主体是广大劳动者，体现为劳动者通过劳动实现自身的价值。"劳动解放"的目的是使处于颠倒的社会关系中的人得到解放，使资本主义生产方式带来的异化劳动得以解构，最终达到"人的自由全面发展"的理想社会。因此，劳动不仅是满足人类生存的手段，而且是维持共同体发展的必要因素。

（二）马克思劳动幸福思想的历史向度

依据劳动者在不同社会历史发展阶段中的生存状况，马克思阐释了

---

① 《马克思恩格斯文集》第 1 卷，人民出版社，2009，第 231 页。
② 《马克思恩格斯全集》第 1 卷，人民出版社，1995，第 459 页。

劳动幸福在不同历史阶段的表现样态。在社会形态论中，马克思将劳动幸福的呈现形式分为"人的依赖关系""物的依赖性""个人全面发展"三个阶段。

以"人的依赖关系"为基础的第一阶段。马克思指出，"人的依赖关系（起初完全是自然发生的），是最初的社会形式"①。第一阶段社会形态的主要特征是生产力水平相对较低，供每个人个性发展的自由空间相对较小，这是整个人类社会发展的初级阶段。在这个阶段，人基本的生存条件无法得到保障，个人的自由发展也无从谈起。人类若想获得生存发展的基本条件，就要认识自然界的规律，从而创造满足人类生存发展所需要的物质产品。在此阶段，"人不仅像在意识中那样在精神上使自己二重化，而且能动地、现实地使自己二重化，从而在他所创造的世界中直观自身"。②因此，幸福的获得要以劳动为前提，以劳动协作为手段，进而高效地获取劳动产品，以达到实现幸福的最基础条件。

以"物的依赖性"为基础的第二阶段。马克思指出，"以物的依赖性为基础的人的独立性，是第二大形式"③。在此阶段，人的主体性和创造性开始显现，资本主义社会的生产力和生产方式是其外在体现。自由不仅是人们所理解的人身无束缚，而且是能让人们超越最低级动物所满足的需要，去追求一种更高层次的精神需要。在资本主义生产方式下，随着财富积累水平与物质生产速率的大幅提高，劳动所创造出来的物质产品与精神产品反过来支配人与统治人，导致异化造成人类的不幸。资本主义生产制度下的分工虽然对生产力具有促进作用，但是在某种程度上也成为"文明的和精巧的剥削手段"④，不具备使一切人自由发展的条件，反而严重阻碍了人的自由全面发展。

以"个人全面发展"为基础的第三阶段。马克思指出，"建立在个人

---

① 《马克思恩格斯文集》第 8 卷，人民出版社，2009，第 52 页。
② 《马克思恩格斯文集》第 1 卷，人民出版社，2009，第 163 页。
③ 《马克思恩格斯文集》第 8 卷，人民出版社，2009，第 52 页。
④ 《马克思恩格斯文集》第 5 卷，人民出版社，2009，第 422 页。

全面发展和他们共同的、社会的生产能力成为从属于他们的社会财富这一基础上的自由个性，是第三个阶段"。[①]第三阶段的社会形态即马克思所说的"自由王国"，也被称作共产主义社会。在此阶段，劳动异化现象随着私有制的消亡、阶级的消亡和固化的社会分工的消灭而消失，劳动者重塑了自身的主体力量，即人类自由自觉地进行社会交往，从而使劳动幸福真正成为一种现实。此时，人们随心所欲地从事他们感兴趣的工作，社会成员自由而全面地发展。全体人类的自由全面发展表现为人类智力、体能、才能、兴趣以及品德的充分发展，使每个人都能够充分享受社会发展带来的幸福生活。

（三）马克思劳动幸福思想的理论特质

马克思将劳动幸福思想与现实的革命运动相结合，具有实践性、现实性和人民性的理论特质。

劳动幸福的实践性。马克思认为人是创造自身幸福的实践主体，劳动是创造幸福的根本手段，人只有在实践活动中真正地享受劳动并且认真劳动，才能在劳动中获得真正的幸福。幸福的实现需要通过人类自身的社会劳动来创造，"正是在改造对象世界的过程中，人才真正地证明自己是类存在物"[②]。人在劳动中体现为自由劳动，并在自由劳动中不断激发自身创造性。马克思认为资产阶级政治经济学找到了财富增值的秘密，但没有找到财富助推幸福实现的路径，因此，他建构起以劳动为核心的思想体系，为人类社会追求幸福提供实现指导。同时，马克思认为，社会历史的发展是人类劳动实践推动的结果，而劳动幸福是在社会历史的发展中逐步实现的。

劳动幸福的现实性。马克思对19世纪资本主义社会的矛盾进行了深入剖析，指出劳动者受压迫的根源是建立在私有制基础上的资本主义

---

① 《马克思恩格斯文集》第 8 卷，人民出版社，2009，第 52 页。
② 《马克思恩格斯文集》第 1 卷，人民出版社，2009，第 163 页。

生产方式。通过对私有制下劳动关系的研究，马克思发现劳动者在资本主义社会中是被迫劳动的，劳动过程是痛苦的、折磨人的，异化劳动是造成劳动者不幸的深层原因。马克思指出，"任何一个民族，如果停止劳动，不用说一年，就是几个星期，也要灭亡，这是每一个小孩子都知道的"。① 劳动是人类生存的根本前提，是对人的本质的确认，也是人类改造世界的根本手段。因此，马克思劳动幸福思想在剖析资本主义社会生产过程的基础上，致力于引导无产阶级通过斗争去争取自身权益，进而实现劳动者现实的幸福。

劳动幸福的人民性。马克思劳动幸福思想以人民为中心，科学地回答了人民的主体性何以获得的问题。一方面，劳动幸福强调了对劳动者权益的保护。在马克思看来，劳动者是生产实践的主体，劳动者创造出来的社会财富推动了社会进步。因此，劳动者应该合理地占有劳动成果，进而满足自我发展过程中的物质和精神需要；另一方面，劳动幸福强调了劳动者的主体地位。马克思始终关注人民的现实幸福，强调劳动者在生产实践过程中主体地位的获得，提出"废除作为人民的虚幻幸福的宗教，就是要求人民的现实幸福"。② 劳动者是生产实践的参与者，他们的劳动不仅满足了自身的生存和发展需要，也为社会的发展和进步做出了贡献。

二 马克思劳动幸福思想的存在形式

马克思劳动幸福思想通过"人与自身的关系""人与物的关系""人与人的关系"，全面地阐述了认识人类社会"个人需要"与"社会需要"的根本方法、实现劳动解放的根本路径和推动社会形态嬗变的根本目的，充分彰显了劳动幸福的目的是实现人类社会真正的幸福。劳动幸福的本质就是在主体与客体之间建立起对立统一的关系，从而实现"人与自身之间""人与物之间""人与人之间"的和解。

---

① 《马克思恩格斯文集》第 10 卷，人民出版社，2009，第 289 页。
② 《马克思恩格斯文集》第 1 卷，人民出版社，2009，第 4 页。

（一）"人与自身的关系"存在形式

马克思劳动幸福思想的存在形式，从内在形式上表现为自由自觉的活动，从外在形式上表现为享受性的活动。在人与自身的关系中，异化意味着人的"类本质"的丧失，对象化意味着主体的本质力量能够不断彰显出来。

马克思劳动幸福思想坚持人与自身客观性的同一。人自身的客观性表现为人是自然存在物。马克思以"社会形态论"作为人类历史发展的视角，阐明了人类摆脱"人的依赖关系"和"物的依赖性"，认为人能够冲破自然必然性和历史必然性的枷锁，在劳动中不断向作为类的人的本质靠近。人的个体发展与社会发展的统一是马克思劳动幸福思想科学性与价值性的历史性论证。需要理论能够直观展示人与自身的关系，"个人需要"和"社会需要"成为社会发展的主要推动力。其中，"个人需要"是个人实现自由全面发展的需要，当人类通过劳动开始生产自己所需要的劳动产品时，人和动物便在本质上区别开来。而"社会需要"表现为社会关系、社会环境可以为个人追求幸福提供外在条件，使人类的主体存在不仅可以延续下来，而且可以使个体直观地了解自身、确证自身、获得自身，进而使全体社会成员获得精神的满足和心理的愉悦。

马克思劳动幸福思想坚持人与自身主观性的同一。人自身的主观性表现为人类的意识具有主观能动性。人能够有效地将自己的生命活动和生存活动分离开来，助推社会意识不断产生。人与自身主观性的同一则恰恰是合乎社会意识的存在形式，"在形式上，幸福表现为人的积极的心理体验，是人的迫切而合理的需要通过正当途径得以实现或部分实现时的情感体验"①。因此，幸福是人通过调动自身主观能动性，并在实践的基础上使现实需要得以满足，从而让人类产生兴奋和愉悦的主观感受。个

---

①　柴素芳：《大学生幸福观教育之道德情感维度》，《河北大学学报》（哲学社会科学版）2012年第1期。

人幸福强调的是主观积极良好的感受，社会幸福关注的是和谐的社会关系。真正的劳动幸福既表现为劳动者个人可以在劳动的过程当中自由地进行生产劳动，又在从事劳动生产的过程当中，表现为能够自发的、主动的、享受的投入自己的精力和时间。

（二）"人与物的关系"存在形式

人在对象化的劳动过程中，通过与物质世界的互动，不断地改变和塑造客体，从而反观自身、确认自身。这一过程使得物质世界成为对人改造性力量的确认，体现了劳动幸福在人与物关系中的存在形式。

马克思劳动幸福思想坚持个人对物质需要的满足。"个人需要"表现为劳动能够创造人与物之间的价值关系，人的劳动产品作用于人时所获得的幸福感，即劳动主体在享受劳动产品的客观价值时所具备的获得感，以及确证其本质价值后所具有的一种主观感受。在马克思看来，劳动不仅是一种生产物质财富的手段，而且是精神上的满足感与幸福感的根源。马克思语境中"需要"层次，要求"个人需要"与"社会需要"相统一。但是，满足"社会需要"的社会产品不同于满足"个人需要"的产品私有，它总是与维持社会存在和发展密切相关，其目的是满足人类生存和发展的基本条件。作为劳动对象的物质产品，在满足"个人需要"的基础上成为自我发展的力量，人与物之间这种力量关系的转换助推着人类社会不断进步与发展。

马克思劳动幸福思想坚持社会对物质需要的满足。"社会需要"表现为劳动能够满足社会物质积累与精神文明发展的需要，既包括社会中的人在参与社会活动时对个人劳动自由、劳动尊严、劳动价值肯定的需要，又包括社会为人的实践活动创造合理制度与文化条件的需要。马克思在《资本论》中指出，任何一种社会生产"总是能够区分出劳动的两个部分，一个部分的产品直接由生产者及其家属用于个人的消费，另一个部分即始终是剩余劳动的那个部分的产品，总是用来满足一般的社会需要"①。因此，无论是原始社会、奴隶社会、封建社会、资本主义社会，还是未来的共产主义社会，"社会需要"的生产与满足都体现出一种历史必然性，这种必然性通过社会的发展与进步体现出来。在资本主义私有制关系下，物质产品被资本家占有，而在"个人全面发展"的共产主义阶段，就要使满足"社会需要"的物质产品超越生产资料和劳动产品归私人占有的局限性，使社会价值在满足社会共同需要的情形下得到实现。

（三）"人与人的关系"存在形式

马克思劳动幸福思想存在形式的最高样态，就是通过劳动活动建立人与人之间的和谐关系。在"人与人的关系"存在形式中，劳动者通过共同努力，不仅实现了自身的价值和尊严，也为社会的进步和发展做出了贡献。

马克思劳动幸福思想坚持人与人之间对共同需要的满足。人与人之间存在着共同的需要，表现为人要把劳动产品投放到市场中进行平等交换，以满足个人与社会发展的需要。平等交换不仅是人的主体力量的相互实现，而且是个人幸福实现的基础和社会幸福实现的重要环节。在人类社会中，人们彼此享受着生产和再生产过程中的劳动产品，这种关系看似人与物之间的关系，但其实质却是人与人之间对人的主体力量的确认。"人与人的关系"存在形式表现为劳动者在改造劳动对象的过程中，人与人之间逐渐发展起来的协作劳动。这种协作劳动既创造了社会财富，又培养了人与人之间的团队合作精神和互助意识。在人类社会历史发展的高级阶段，人类各种劳动在其本质上都是为了人与人之间和谐社会关系的普遍建立，其创造的价值均为了人与人之间对共同幸福的需要。

马克思劳动幸福思想坚持人与人之间共同劳动创造美好生活。马克

---

① 《马克思恩格斯文集》第7卷，人民出版社，2009，第993-994页。

思认为，"劳动生产了美"[①]"人也按照美的规律来构造"[②]。在劳动生产中，人要按照人类对美的规律的认识来创造世界，在符合社会审美规律的基础上进行社会改造活动，不仅要关注物质产品的质量和功能，还要注重精神产品的审美价值和文化内涵。只有在实践过程中体验劳动的过程美、感知劳动创造的方式美、实现劳动价值的结果美，才能真正实现人类的幸福。劳动是人与人之间相互联系、相互依赖的纽带，共同劳动表现为人与人之间在劳动协作关系中平等地位的获得。在迈向共产主义社会的历史进程中，劳动者通过共同劳动，实现了人与人之间的平等、互助与合作。这种平等、互助与合作的劳动关系不仅促进了社会的和谐稳定，也为人类幸福的实现创造了社会交往条件。

三 马克思劳动幸福思想的时代价值

马克思劳动幸福思想是马克思主义理论的重要组成部分。马克思劳动幸福思想中国化、时代化与马克思主义理论中国化、时代化是相伴相生的。100多年来，中国共产党带领中国人民"站起来""富起来""强起来"的过程，就是践行马克思主义"初心"，为人民谋幸福的过程。中国特色社会主义进入新时代，马克思劳动幸福思想彰显了更加突出的时代价值。

（一）马克思劳动幸福思想为中国式现代化建设提供了思想引领

中国式现代化是中国共产党领导的社会主义的现代化，"劳动幸福才是中国式现代化美好生活的核心要义"[③]。马克思劳动幸福思想为中国式现代化建设提供了思想引领，鼓励人民在共同劳动和创造中享受美好生活、谱写幸福生活新篇章。

马克思劳动幸福思想为中国式现代化建设提供了理论依据。中国特

---

① 《马克思恩格斯文集》第 1 卷，人民出版社，2009，第 158–159 页。
② 《马克思恩格斯文集》第 1 卷，人民出版社，2009，第 163 页。
③ 喻文德：《中国式现代化美好生活的价值探微》，《上海师范大学学报》（哲学社会科学版）2023 年第 5 期。

色社会主义进入新时代，人民对美好生活的需要有了更高的期待，对劳动权利、劳动自由、劳动尊严有了更多的诉求。中国式现代化理论体系继承与发展了马克思劳动幸福思想的理论特质，以实现人民群众的美好生活为价值旨归，以全面建设社会主义现代化国家为现实目标，依据科学社会主义理论来保障人民的基本生活、维护人民的劳动产品所有权、满足人民幸福感受、实现社会和谐稳定。党和国家重视人民内生出的劳动幸福需要，就是尊重人民的历史主体地位以及对"现实的人"的肯定。马克思劳动幸福思想启示我们：中国式现代化建设作为一项伟大的劳动实践，离不开全体中国人民的共同劳动、共同奋斗。因此，全体人民要在中国共产党的领导下，积极投身到社会主义现代化建设中，更加重视劳动、尊重劳动，使劳动创造成为人们追求美好生活进程中凝聚起的价值共识，从而"以中国式现代化全面推进中华民族伟大复兴"①。

马克思劳动幸福思想为中国式现代化建设提供了实践依据。党的十八大以来，习近平总书记围绕"奋斗""劳动""幸福"多次发表重要论述，强调要把人民幸福作为党和国家工作的"轴心"，并指出"世界上最大的幸福莫过于为人民幸福而奋斗"②，"形成了与马克思主义幸福观既一脉相承又具有时代价值的奋斗幸福观"③。习近平新时代中国特色社会主义思想继承和发扬了马克思劳动幸福思想，强调"为国家繁荣昌盛、人民富裕幸福而奋斗"④，决心让每个人都过上美好生活。中国共产党自成立以来，"不断厚植现代化的物质基础，不断夯实人民幸福生活的物质条件，同时大力发展社会主义先进文化"⑤，开启了马克思劳动幸福思想中国

---

①　习近平：《高举中国特色社会主义伟大旗帜　为全面建设社会主义现代化国家而团结奋斗——在中国共产党第二十次全国代表大会上的报告》，《人民日报》，2022 年 10 月 26 日。

②　习近平：《在二〇二二年春节团拜会上的讲话》，《人民日报》，2022 年 1 月 31 日。

③　柴素芳、姜旭：《习近平奋斗幸福观的时代价值》，《思想战线》2023 年第 3 期。

④　习近平：《知之深爱之切》，河北人民出版社，2015 年，第 184 页。

⑤　习近平：《高举中国特色社会主义伟大旗帜　为全面建设社会主义现代化国家而团结奋斗——在中国共产党第二十次全国代表大会上的报告》，《人民日报》，2022 年 10 月 26 日。

化、时代化的新征程。在构建中国式现代化的进程中，党和国家坚持以马克思主义为指导，站在最广大人民群众的立场之上，赓续和发展了马克思劳动幸福思想。中华民族一代又一代劳动群众的艰苦奋斗换来了中国式现代化建设的成功实践，实现了中华民族从"站起来"到"富起来"再到"强起来"的伟大飞跃。

（二）马克思劳动幸福思想为我国加强劳动教育提供了科学指南

马克思在批判资本主义社会的过程中，强调社会主义劳动教育的基本立场和价值取向，从劳动教育的本质、目标和功能角度明确将社会主义的劳动教育作为无产阶级解放的行动纲领和具体举措。马克思劳动幸福思想把实现人的普遍幸福和全面发展作为教育目标，对增强新时代劳动教育的针对性和实效性具有重要的理论和实践指导意义。

马克思劳动幸福思想对我国劳动教育目标的确定具有重要的理论指导意义。马克思指出，"要使教育摆脱统治阶级的影响"[1]，使人们能够通过自由劳动充分地发挥个性。马克思劳动教育思想涵盖了劳动观念、劳动态度、劳动技能、劳动习惯等方面的教育目标，旨在使人类能够"通过生产而发展和改造着自身，造成新的力量和新的观念，造成新的交往方式，新的需要和新的语言"[2]，从而发挥劳动对促进人的全面发展和自我实现的指向性作用。我党历来高度重视劳动教育。毛泽东曾提出"教育必须为无产阶级政治服务，必须同生产劳动相结合"[3]。在中国特色社会主义新时代，习近平在继承马克思劳动教育思想和弘扬中国共产党劳动教育思想的基础上，提出"在学生中弘扬劳动精神，教育引导学生崇尚劳动、尊重劳动，懂得劳动最光荣、劳动最伟大、劳动最美丽的道理，长大后能够辛勤劳动、诚实劳动、创造性劳动"[4]。因此，马克思劳动幸福思

---

① 《马克思恩格斯文集》第2卷，人民出版社，2009，第49页。
② 《马克思恩格斯文集》第8卷，人民出版社，2009，第145页。
③ 《建国以来重要文献选编》第19册，中央文献出版社，1998，第68页。
④ 习近平：《在全国教育大会上的讲话》，《人民日报》，2018年9月11日。

想无论在过去、现在和将来都会成为我国推动劳动教育的科学理论指南，党和国家都会坚持和发展马克思劳动教育思想，以人的自由全面发展为价值目标，为劳动者提供可以通过接受教育提升知识和技能的机会，为社会"培养更多的专业技能过硬、自主创新能力高超、满足时代发展需求的新型劳动者"①。在全社会大力加强新时代劳动教育，使劳动光荣成为创造幸福的时代强音。

马克思劳动幸福思想对我国劳动教育的实施具有重要指导意义。劳动与教育相结合是马克思劳动教育思想的实践理论之一，也是中国共产党人一脉相承的教育原则。劳动教育作为社会主义教育的重要内容，"由社会和社会关系所决定，物质生产方式制约着教育的目标和功能"②。基于党和国家不同时期的劳动教育的实施状况，中国共产党人执行了具有鲜明时代性的劳动教育政策。毛泽东同志指出"使教育与劳动联系起来，在于使广大中国民众都成为享受文明幸福的人"③，鼓励知识分子去工厂、去田间接受劳动教育。改革开放以来，邓小平同志从社会主义现代化建设全局出发，使劳动教育围绕经济建设这一中心任务来开展工作，要求"在教育与生产劳动结合的内容上、方法上不断有新的发展"④，不断开阔人民对劳动教育的新视野。江泽民同志提出了"实施科教兴国战略，关键是人才"⑤，明确了劳动教育为科技发展培养人才的重要作用，在全社会形成尊重知识、尊重人才的主流价值导向。胡锦涛同志站在培养创新型人才的高度提出"要促进学生全面发展，优化知识结构，丰富社会实践，加强劳动教育"⑥，使社会劳动生产成为中国经济发展和人民幸福的重要任务，进而形成劳动创造美好生活的时代风尚。中国特色社会主义进入新

---

① 柴素芳、蔡亚楠：《加强劳动教育 培育时代新人》，《中国高等教育》2021 年第 9 期。
② 吴潜涛、陈好敏：《马克思恩格斯劳动教育思想探析》，《中国高校社会科学》2023 年第 3 期。
③ 《毛泽东论教育》第 3 版，人民教育出版社，2008，第 7 页。
④ 《邓小平文选》第 1 卷，人民出版社，1994，第 107 页。
⑤ 江泽民：《论科学技术》，中央文献出版社，2001，第 7 页。
⑥ 《胡锦涛文选》第 3 卷，人民出版社，2016，第 421 页。

时代，习近平总书记高度重视劳动教育。2020 年 3 月 20 日，《中共中央国务院关于全面加强新时代大中小学劳动教育的意见》颁布，强调"劳动教育是中国特色社会主义教育制度的重要内容，直接决定社会主义建设者和接班人的劳动精神面貌、劳动价值取向和劳动技能水平"[1]。新时代，党和国家关于劳动教育实施的一系列新方针、新政策、新规定，目的是让广大人民群众感受到劳动实践的重要性，使"辛勤劳动、诚实劳动、创造性劳动"成为新时代人民劳动教育的实践导向。中国共产党人关于加强劳动教育的思想论述是马克思劳动教育思想中国化、时代化的创新理论成果，继承了马克思劳动幸福思想，为全面加强新时代劳动教育提供了实践遵循。

（三）马克思劳动幸福思想为个人实现劳动幸福提供了实践参照

马克思认为劳动使人的"类本质"得到深化，人对自我本质力量的发现构成了实现幸福的前提。在中国特色社会主义新时代，和谐社会为劳动者创造了良好的劳动环境，构建了平等的劳动关系，提供了更多的劳动机会，使人们对幸福生活的追求从理想转变为现实。

马克思劳动幸福思想为人们树立奋斗幸福观提供了理论指导。党的十八大以来，习近平总书记围绕"奋斗""幸福"提出的重要论述，形成了与马克思劳动幸福思想一脉相承又独具魅力的奋斗幸福观，坚持了马克思主义的根本立场、观点与方法，是被实践证明了的引领人民接续奋斗、创造幸福生活、推进中华民族伟大复兴的科学实践指南。新时代，奋斗作为一种创造性的劳动，不仅是人类生存和发展的必要条件，而且是实现个人自我价值和真正幸福的活力源泉，有助于物质财富的积累、个人精神世界的丰富和自身人格的提升。习近平将具有客观性的奋斗活动与具有主观性的幸福体验连接起来，创新发展了马克思劳动幸福思想

---

① 《中共中央国务院关于全面加强新时代大中小学劳动教育的意见》，《人民日报》，2020 年 3 月 27 日。

的理论形态，实现了马克思劳动幸福思想中国化、时代化的理论飞跃，既饱含"奋斗为了人民"的深切情怀，又涵盖"奋斗依靠人民"的理论指向，是新时代中国共产党为人民谋幸福、带领人民创造幸福的科学指引，最终让奋斗成果更多更公平地惠及全体人民。

马克思劳动幸福思想为人们打开了通过劳动实现幸福的正确方式。马克思劳动幸福思想旨在引导人们要正确认识劳动对自身发展的重要性，激发劳动的创造性力量。一是要促使人们崇尚劳动价值。马克思劳动幸福思想指明，劳动是创造价值的活力源泉，实现人的普遍幸福和全面发展是其价值目标，人们要正确看待劳动、珍视劳动、热爱劳动，将劳动幸福内化为对劳动价值的认同，在全社会形成崇尚劳动的价值共识，进而通过劳动提升自我、创造幸福。二是要促使人们弘扬劳动精神。在马克思看来，"由于劳动而变得结实的形象向我们放射出人类崇高精神之光"[1]。党的二十大报告进一步强调了要"在全社会弘扬劳动精神、奋斗精神、奉献精神、创造精神、勤俭节约精神"[2]。习近平强调的"劳动精神""奋斗精神"体现了对马克思劳动幸福思想的进一步深化及创新发展，"使劳动光荣、劳动伟大的思想根植于全社会和人民群众之中"[3]。三是要促使人们收获劳动幸福。马克思劳动幸福思想使人们认识到劳动不仅是生存的手段，更是获得幸福的方式。在社会主义制度下，"人民幸福是人的自由全面发展的终极目标"[4]，人们可以根据自己的兴趣和能力进行劳动，享受劳动带来的快乐和满足。同时，劳动者享有合理的劳动报酬、良好的劳动环境和全面的福利保障以及参与决策和管理的权利，从而能够更好地追求幸福生活、促进全面发展、收获劳动幸福。

---

① 《马克思恩格斯全集》第 42 卷，人民出版社，1979，第 140 页。

② 习近平：《高举中国特色社会主义伟大旗帜 为全面建设社会主义现代化国家而团结奋斗——在中国共产党第二十次全国代表大会上的报告》，《人民日报》，2022 年 10 月 26 日。

③ 严冬：《浅析马克思的劳动思想融入新时代劳动教育的意涵》，《人民论坛·学术前沿》2021 年第 23 期。

④ 姜旭、柴素芳：《马克思"现实的人"视域下的幸福思想探赜》，《思想教育研究》2023 年第 9 期。

综上所述，马克思对劳动幸福的唯物史观考察，揭示了劳动是实现人类普遍幸福的根本方式。在向第二个百年奋斗目标迈进的新征程上，马克思劳动幸福思想为实现中华民族伟大复兴的中国梦提供了思想引领，为新时代党带领人民创造美好生活提供了理论指南。新时代坚持与发展中国特色社会主义，就要在全社会凝聚起劳动创造幸福的价值共识，从而不断创造人类文明新形态。以习近平总书记为代表的马克思主义继承者不断推动着马克思劳动幸福思想中国化、时代化，进一步为创造人民美好生活提供了科学指导，为实现人类普遍幸福贡献了中国智慧。

新时代"奋斗幸福观"的逻辑溯源、思想意涵与时代价值

幸福是人类亘古不变的理想追求，是在奋斗实践的基础上充分满足自身合理需求、获得主体认可的体验。党的十八大以来，习近平总书记多次围绕奋斗与幸福发表重要论断，比如"幸福都是奋斗出来的"[①]"奋斗本身就是一种幸福"[②]，深入阐明了奋斗与幸福的内在关联，形成了与马克思主义幸福观既一脉相承又独具魅力的"奋斗幸福观"。习近平总书记在党的二十大报告中28次提到"奋斗"，包括"团结奋斗""共同奋斗""接续奋斗""艰苦奋斗""伟大奋斗"等，比如"团结奋斗是中国人民创造历史伟业的必由之路"[③]"鼓励共同奋斗创造美好生活"[④]"我们经过接续奋斗，实现了小康这个中华民族的千年梦想"[⑤]，这是在新的时代征程中对奋

---

① 《国家主席习近平发表二〇一八年新年贺词》，《人民日报》，2018 年 1 月 1 日。
② 习近平：《在 2018 年春节团拜会上的讲话》，《人民日报》，2018 年 2 月 15 日。
③ 习近平：《高举中国特色社会主义伟大旗帜 为全面建设社会主义现代化国家而团结奋斗》，《人民日报》，2022 年 10 月 26 日。
④ 习近平：《高举中国特色社会主义伟大旗帜 为全面建设社会主义现代化国家而团结奋斗》，《人民日报》，2022 年 10 月 26 日。
⑤ 习近平：《高举中国特色社会主义伟大旗帜 为全面建设社会主义现代化国家而团结奋斗》，《人民日报》，2022 年 10 月 26 日。

斗的历史唯物主义哲学的理论表达，是指引我们党在新的历史起点团结带领人民艰苦奋斗的伟大政治宣言。新时代"奋斗幸福观"不仅彰显出深邃的理论逻辑、历史逻辑与实践逻辑，更为开辟科学生动的幸福观实践范式提供了可能，故而对新时代"奋斗幸福观"的逻辑溯源、思想意涵与时代价值深入考察研究十分重要。

一 新时代"奋斗幸福观"的逻辑溯源

新时代"奋斗幸福观"脱胎于马克思主义幸福观，继承了中国共产党人的奋斗精神，凝聚了习近平总书记对奋斗实践的深刻体悟，其本质是融奋斗观与幸福观于一体的科学价值观，体现了习近平总书记对奋斗与幸福的创造性运用和创新性发展。新时代"奋斗幸福观"的提出不是一种偶然，而是在新的时代条件下从人民的实际需要中逐渐产生的历史必然。

（一）新时代"奋斗幸福观"是对马克思主义幸福观的赓续和最新表达

马克思主义幸福观是马克思主义对于幸福问题的根本观点和总体看法，其本质是在实践基础上探索幸福和追求真理的奋斗实践过程。新时代"奋斗幸福观"继承了马克思主义幸福观的根本立场、观点与方法。它不仅是在世界百年未有之大变局背景下对幸福悖论的扬弃，更是在实现中华民族伟大复兴的时代征程中定航向、立主导、求共识的科学指引。

新时代"奋斗幸福观"是马克思主义劳动幸福观中国化、时代化的最新表达。劳动是推动社会进步和历史发展的深层动因，劳动幸福是人类的劳动实践不断展开的价值动力。马克思指出"劳动是生产的主要要素"[①]，是人的类本质和创造幸福的源泉基础。老一辈革命家也曾就劳动

---

① 《马克思恩格斯选集》第 1 卷，人民出版社，2012 年，第 33 页。

做出许多重要论断，指出"无产阶级品质之所以可贵，就是依靠自己的劳动"①，我们的教育方针就是要培养"有社会主义觉悟的有文化的劳动者"②等，进一步阐述了劳动的价值地位，揭示出劳动是实现自我发展、获得自身内在力量的重要因素。新时代"奋斗幸福观"赓续了马克思主义的劳动幸福观，强调"劳动是推动人类社会进步的根本力量"③"劳动是一切幸福的源泉"④，充分表明了对劳动价值和劳动精神的高度认同。奋斗与劳动相比更为抽象，它凝聚了个人情感、希冀与夙愿，并付诸现实行动，奋斗的实践使人能够感受到"人之为人"的幸福感，让有限的生命通过劳动创造出无限的价值，在自我实现中体悟到深层次的幸福。

新时代"奋斗幸福观"是马克思主义实践幸福观中国化、时代化的最新表达。幸福在本质上表现为人们主观的情感体验，但其内容则来源于人们的现实生活。人们在实践中创造幸福并享受幸福，故而实践是马克思主义幸福观的实现方式。马克思指出："全部社会生活在本质上是实践的"⑤，人们只有通过实践的中介，才能在社会活动中确证自身、收获幸福。毛泽东也指出："人们的社会实践，才是人们对于外界认识的真理性标准"⑥，实践不仅是人所特有的认识方式，也是获得幸福的根本途径。新时代"奋斗幸福观"传承了马克思主义的实践幸福观，强调"幸福不会从天而降"⑦"实践没有止境"⑧，突出了实践的重要地位，揭示了幸福的来源在于奋斗的实践。

---

① 《建国以来周恩来文稿》第 2 册，中央文献出版社，2008，第 249 页。
② 毛泽东：《正确处理人民内部矛盾的问题》，《人民日报》，1957 年 2 月 27 日。
③ 习近平：《在同全国劳动模范代表座谈时的讲话》，《人民日报》，2013 年 4 月 29 日。
④ 习近平：《在全国劳动模范和先进工作者表彰大会上的讲话》，《人民日报》，2020 年 11 月 25 日。
⑤ 《马克思恩格斯文集》第 1 卷，人民出版社，2009，第 231 页。
⑥ 《毛泽东选集》第 1 卷，人民出版社，1991，第 296–297 页。
⑦ 习近平：《在同全国劳动模范代表座谈时的讲话》，《人民日报》，2013 年 4 月 29 日。
⑧ 习近平：《高举中国特色社会主义伟大旗帜 为全面建设社会主义现代化国家而团结奋斗》，《人民日报》，2022 年 10 月 26 日。

新时代"奋斗幸福观"是马克思主义人民幸福观中国化、时代化的最新表达。人民是社会历史的主体，是幸福的创造者、评判者和享有者。人民幸福是马克思幸福观的首要原则，这个观点在其中学毕业论文中就有所体现。马克思说："在选择职业时，我们应该遵循的主要指针是人类的幸福和我们自身的完美。"① 党的十八大以来，习近平总书记坚持人民立场并立足时代条件，吹响了以"奋斗幸福观"为人民创造幸福生活的冲锋号角。习近平总书记在党的二十大报告中177次提到人民，强调要"坚持以人民为中心的发展思想"②，高扬了马克思主义的人民幸福观，坚持了唯物主义群众史观的根本立场，彰显出中国共产党人对人民幸福的深切关怀。

（二）新时代"奋斗幸福观"是对中国共产党人奋斗精神的弘扬和时代转换

奋斗是中国共产党人精神谱系的价值底蕴，也是中国共产党的优良传统。新时代"奋斗幸福观"作为中国共产党人奋斗精神的时代转换，是对新时代奋斗精神的最好诠释。

新时代"奋斗幸福观"继承于新民主主义革命时期的"顽强奋斗"。在新民主主义革命时期，无数革命先辈为拯救山河破碎、疮痍满目的中华大地舍生忘死、顽强奋斗，塑立了伟大建党精神、红船精神等大批民族革命精神丰碑，展现了我们党带领人民视死如归、顽强奋斗的革命豪情。"顽强奋斗"是中国共产党人奋斗精神的伟大开篇，是中国共产党人历经艰难困苦站稳人民立场的成功密钥，更是新时代"奋斗幸福观"的活水源头。新时代"奋斗幸福观"蕴含着顽强奋斗的革命底蕴，强调"我们要万众一心加油干，越是艰险越向前"③，昭示顽强奋斗创造幸福的

---

① 《马克思恩格斯全集》第1卷，人民出版社，1995，第459页。
② 习近平：《高举中国特色社会主义伟大旗帜 为全面建设社会主义现代化国家而团结奋斗》，《人民日报》，2022年10月26日。
③ 《国家主席习近平发表二〇二〇年新年贺词》，《人民日报》，2020年1月1日。

价值真理。

新时代"奋斗幸福观"萌生于社会主义革命和建设时期的"激情奋斗"。在社会主义革命和建设时期，面对严峻的国内外形势，中国共产党带领中国人民保家卫国、激情奋斗，诞生了抗美援朝精神、红旗渠精神、"两弹一星"精神等一系列宝贵精神财富。一代代中国人民以苦为乐、激情奋斗，用汗水、鲜血甚至生命巩固先辈们顽强奋斗的伟大成果，展现了我们党带领中国人民不畏风险、战天斗地的壮志激情。习近平总书记指出，"追梦需要激情和理想，圆梦需要奋斗和奉献"[1]，"激情奋斗"是中国共产党人不断推进伟大事业的生动诠释，更是新时代"奋斗幸福观"的时代表达。

新时代"奋斗幸福观"发展于改革开放和社会主义建设新时期的"创新奋斗"。在改革开放和社会主义建设新时期，党带领人民创新奋斗、发展生产，极大地增强了社会发展的创新活力，激发了广大人民群众的积极性和创造性，形成了特区精神、奥运精神等大批民族创新精神，展现了中国共产党带领中国人民开拓创新、"敢涉险滩"的拼搏韧劲，积淀了中国共产党人奋斗精神的深厚底蕴。创新奋斗"顺应了中国人民要发展、要创新、要美好生活的历史要求"[2]，使中国共产党人奋斗精神更加立体多元、更具时代特征，是新时代"奋斗幸福观"的核心价值与智慧基因。

新时代"奋斗幸福观"形成于中国特色社会主义新时代的"接续奋斗"。中国特色社会主义进入新时代，习近平强调，"我们要永远保持建党时中国共产党人的奋斗精神"[3]。这一时期，以习近平同志为核心的党中央带领全党全国各族人民苦干实干、接续奋斗，形成了伟大抗疫精神、"三牛"精神、脱贫攻坚精神等大批新时代奋斗精神。这些精神展示了中国共产党人奋斗精神的代代相传和历史流变，充分体现了中国共产党在

---

① 习近平：《在北京大学师生座谈会上的讲话》，《人民日报》，2018年5月3日。

② 习近平：《开放共创繁荣 创新引领未来》，《人民日报》，2018年4月11日。

③ 习近平：《关于"不忘初心、牢记使命"论述摘编》，中央文献出版社，2019，第6页。

时空变换中赓续为人民谋幸福的奋斗主题，"奋斗幸福观"就是对新时代中国共产党人奋斗精神的最好诠释。

（三）新时代"奋斗幸福观"是对习近平总书记独特经历的总结和理论概括

新时代"奋斗幸福观"的形成与习近平总书记独特丰富的自身经历密不可分，上山下乡的劳动实践为其树立科学的幸福观筑牢了基础，青年时期的求学奋进使他了解到谋求人类解放的马克思主义幸福观，为人民谋幸福的执政实践使他体悟到奋斗与幸福的必然统一。

新时代"奋斗幸福观"的形成离不开习近平总书记在上山下乡时的劳动实践。1969 年 1 月，15 岁的习近平赴陕西省延川县梁家河插队。此后 7 年，他扎根在梁家河，决心为老百姓们做些实事，这段特殊岁月为习近平扣好人生"第一粒扣子"、初步体会奋斗与幸福的内在关联筑牢了思想基础。习近平等知青初到梁家河时，当地自然条件恶劣，生活极其艰苦，但习近平没有畏惧，而是积极适应与主动克服困难。他同梁家河人民共同生活、共同劳动，在为群众做事的奋斗实践中砥砺人生品格，感受为人民幸福而奋斗的喜悦。在当时，"他有文化，有思想，有主意，头脑灵活"[1]，"群众基础非常好，大家都喜欢他"[2]，推荐他当大队党支部书记。习近平也没有辜负人民群众的期许，"他带领村民在村口建淤地坝、在村内办沼气、办铁业社和缝纫社、打深水井等"[3]，切实改善当地群众物质生活条件、改变精神面貌。知青岁月的艰苦生活，磨炼了他铁一般的肩膀，也磨砺出他非同一般的责任担当，他也因此赢得了人民群众的信赖。1975 年 10 月，他离开梁家河上大学的那天，村民们自发为他送行、与他合影。这种来自人民群众的爱戴和高度认可，不仅使习近平深

---

① 《习近平的七年知青岁月》，中共中央党校出版社，2017，第 52 页。
② 《习近平的七年知青岁月》，中共中央党校出版社，2017，第 52 页。
③ 张青卫：《习近平新时代奋斗幸福观的生成逻辑与核心要义》，《马克思主义研究》2022 年第 6 期。

刻体会到为人民幸福而奋斗的快乐，更是其奋斗幸福观萌芽生长的开始。

新时代"奋斗幸福观"的形成离不开习近平总书记在青年求学时的勤学奋进。青年时期的习近平勤奋上进、博览群书，无论是在梁家河插队期间还是去北京上大学，习近平始终深耕马克思主义理论。习近平涉猎广泛，从中华优秀传统经典到西方文学名著，他都视若甘霖，"碰到喜欢看的书，就要把书看完"①，特别是马克思主义经典著作，为他体悟奋斗与幸福的契合提供了科学理论指导。"可以说，他的执政理念，他的思想，就是在持之以恒的读书生活中积淀下来的"②。正是大量阅读和深刻思考，使他提升了思想境界，认识到奋斗的实践不仅是获得幸福的源泉，更是实现人的全面发展的方式，为后来他提出的奋斗幸福观奠定了坚实理论基础。

新时代"奋斗幸福观"的形成离不开习近平总书记在执政为民中的体悟思考。习近平在梁家河插队期间就萌生了从政的想法，"想做一些为老百姓办好事的工作"③。在他的成长轨迹中，他也在努力践行自己的庄重承诺。从黄土地中走来，从村支书到地方领导，再到世界上人口大国的领袖，习近平始终站在人民立场，为人民群众的幸福生活不懈奋斗。多年的为民执政经历帮助他体会到为人民谋幸福的快乐，使习近平深刻认识到"世界上最大的幸福莫过于为人民幸福而奋斗"。④进入新时代，国际形势日益严峻，世界发展的不确定性加剧。面对严峻的国际形势并结合我国发展的长远规划，人民需要一种精神力量排除西方虚幻幸福观的干扰，从而更好地追求幸福生活。习近平审时度势提出的"奋斗幸福观"，不仅是排除西方形形色色幸福观干扰的有力思想武器，更是为人民追求幸福生活注入了坚定信心和强大力量，确保了新时代人民通过奋斗追求幸福的正确方向。

---

① 《习近平的七年知青岁月》，中共中央党校出版社，2017，第45页。
② 《习近平的七年知青岁月》，中共中央党校出版社，2017，第48页。
③ 《习近平的七年知青岁月》，中共中央党校出版社，2017，第310页。
④ 习近平：《在二〇二二年春节团拜会上的讲话》，《人民日报》，2022年1月31日。

二　新时代"奋斗幸福观"的思想意涵

新时代"奋斗幸福观"是一个逻辑严谨、内涵丰富、主题鲜明的思想体系，它凝结了中华优秀传统文化和中国共产党人奋斗精神的时代精华，从多个层面科学回答了为何奋斗而幸福、为谁奋斗才幸福、如何奋斗实现幸福等一系列时代之问、历史之问、人民之问、世界之问，是马克思主义幸福观中国化、时代化的最新理论成果。

（一）幸福都是奋斗出来的

"奋"的本义是鸟张开并振动翅膀的样子。鼓翼飞翔是要用力的，体现面对艰难困苦要勇毅前行。"斗"本义指披头散发的两个人徒手相搏的形象，后引申为不畏艰险顽强斗争。"奋斗"常连在一起使用，是劳动、实践、创造等概念的中国化表达。奋斗与幸福是辩证统一的，奋斗是幸福的源泉动力，没有奋斗，幸福就会流于一般性的快乐体验而失去了劳动过程的崇高性，因此就会成为无源之水；幸福是奋斗的目标追求，没有幸福感，奋斗就失去了快乐体验，因此主体就会迷失方向、缺乏动力。奋斗与幸福分别作为人类实践活动的实现方式和人类的最高价值追求，彼此间有着深刻的内在逻辑关联，彰显出建立在其斗争性之上的直接同一性。在所属关系上，奋斗幸福是幸福的一种最基本的状态，是马克思主义幸福观中国化的最新表达。奋斗不是静态的口号与教条，而是动态的理念和创造。奋斗的幸福不仅能够反映人的创造性活动与主体性行为，更意味着在特殊条件下实现奋斗行为的挑战性、紧迫性和艰巨性，因此更能凸显出人的奋斗价值以及在实现奋斗目标后的幸福体验，所以说"幸福都是奋斗出来的"。①

新时代"奋斗幸福观"不仅在概念上能够阐明为何奋斗而幸福，还

① 《国家主席习近平发表二〇一八年新年贺词》，《人民日报》，2018 年 1 月 1 日。

体现在奋斗行为是一种目标性、实践性、创造性的活动。其一，奋斗表现为一种目标性活动。奋斗不是盲目的活动，在奋斗行为开始前，人们已经有了关于奋斗的计划和设想，这是人的主观能动性的体现，是人的主体意识的彰显，是一种目标性很强的活动。"艰难困苦、玉汝于成"[1]，若想实现幸福目标，就必须艰苦奋斗直面挑战，也正是由于奋斗的艰辛，当实现奋斗目标后人的幸福感才会倍增。其二，奋斗表现为一种实践性活动。奋斗是幸福的实践基础，是人的本质力量对象化的过程，是人摒弃自我异化实现全面发展的重要途径。"人只有凭借现实的、感性的对象才能表现自己的生命"[2]，只有在奋斗的实践中才能确证"人之为人"的本质力量，缺乏奋斗行为的实践活动仅仅能满足人的感性需求，缺少使人获得普遍而持久幸福的现实物质力量，因而只有奋斗的实践才是通往幸福的桥梁，"只有奋斗的人生才称得上幸福的人生"[3]。其三，奋斗表现为一种创造性活动。奋斗是一种创造性的劳动，它区别于一般性的脑力或体力劳动，在实践过程中承载着人的丰富情感和夙愿，表现为人的自觉自由的劳动行为。奋斗自身所带有的创造性超越了资本逻辑主导下不幸福的重复性劳动、过度劳动和不体面劳动，彰显了人的主体本质，使人的幸福感得以不断增强，因而现实的奋斗往往体现为一种创造性活动。

（二）世界上最大的幸福莫过于为人民幸福而奋斗

新时代"奋斗幸福观"彰显了中国共产党"为中国人民谋幸福"的初心和使命，既饱含"奋斗为了人民"的深切情怀，又涵盖"奋斗依靠人民"的实践指向，是新时代中国共产党为人民谋幸福、带领人民创造幸福的科学指引。

---

[1] 习近平：《在 2018 年春节团拜会上的讲话》，《人民日报》，2018 年 2 月 15 日。

[2] 《马克思恩格斯文集》第 1 卷，人民出版社，2009，第 210 页。

[3] 柴素芳、姜旭：《微电影：引导大学生践行"奋斗幸福观"的有效载体》，《思想理论教育导刊》2020 年第 2 期。

　　"奋斗为了人民"是新时代"奋斗幸福观"的提出依据和首要特征。人民在新时代"奋斗幸福观"中占据了首要地位，它既指明了奋斗的缘由与价值，又揭示出实现幸福的目标主体与创造主体，是新时代"奋斗幸福观"的根本基石。马克思的幸福观最鲜明的特征就是人民性，马克思指出"宗教是人民的鸦片"①，认为宗教神秘主义幸福观将人的幸福寄托于"彼岸世界"，渴望通过"神的救赎"来实现头脑中的虚幻幸福，只有"废除作为人民的虚幻幸福的宗教"②，才能实现"现实的人"的幸福。为此，马克思从全体人民的整体性角度来探索幸福的真谛，将幸福的实现场域重新置于人的现实生活，解构了幸福在"彼岸世界"中的虚幻存在，高扬了幸福的主体性与现实性，力图实现人的本质的回归和自由全面发展。新时代"奋斗幸福观"从人民群众最直接的利益出发，强调"把人民对美好生活的向往作为奋斗目标"③，深化发展了马克思"现实的人"的幸福观。党的十八大以来，以习近平同志为核心的党中央坚持"为人民不懈奋斗、同人民一起奋斗"④，人民群众的幸福感、获得感不断增强。无私者无畏，无畏者才能担当。新时代的"奋斗幸福观"从来不是为个人谋私利的幸福观，而是站在人民立场，以全体人民的幸福为价值旨归，明确了幸福的归宿和奋斗的方向，从而彰显出为人民幸福而奋斗的巨大光荣感和使命感。

　　"奋斗依靠人民"是新时代"奋斗幸福观"的基本立场与实践指向。唯物史观认为，历史的创造者和享受幸福的主体是从事生产活动和劳动实践的人。在以往阶级社会的剥削与压迫中，幸福的创造主体与享有主体严重分离，少数剥削统治阶级不参与生产劳动实践，却因占有生产资料成为幸福的享有者，并通过"英雄史观"的虚假意识形态遮蔽奋斗实践的价值，抽离了劳动人民享有幸福的权力。马克思用唯物史观击破了

① 《马克思恩格斯文集》第 1 卷，人民出版社，2009，第 4 页。
② 《马克思恩格斯文集》第 1 卷，人民出版社，2009，第 4 页。
③ 习近平：《在党史学习教育动员大会上的讲话》，《党建》2021 年第 4 期。
④ 习近平：《在 2018 年春节团拜会上的讲话》，《人民日报》，2018 年 2 月 15 日。

"英雄史观"的虚假话语，从全体人民的整体性角度来探索幸福的真谛，强调私利的幸福观仅仅表现为一种单纯自我向度的感官体验，这种幸福会因脱离了公共性而丧失了普遍性和持续性，因而是短暂而狭隘的。真正的幸福从来都是建立在与人民共同奋斗的光荣实践中。党的十八大以来，面对世界之变、时代之变、历史之变，以习近平同志为核心的党中央始终站稳人民立场，带领人民勠力同心共同奋斗。习近平总书记强调，"实现我们的奋斗目标，开创我们的美好未来，必须紧紧依靠人民"①。从决战决胜脱贫攻坚的"大战"到面对抗击新冠疫情的"大考"，从"人民有所呼、改革有所应"的全面深化改革到"持续推进党风廉政建设"的反腐败斗争，从加强医疗监管到为学生课业"减负"，奋斗涉及衣、食、住、行、医疗、教育、养老等各个环节，每一次胜利都是依靠全体人民的共同奋斗。多年的奋斗交出了彪炳史册的时代答卷，体现了人民是历史的创造者的不变真理。

（三）以伟大奋斗精神引领人民创造幸福生活

党的二十大报告指出："党用伟大奋斗创造了百年伟业"②。这里的"伟大奋斗"，是对中国共产党百年奋斗历程和十年伟大斗争的高度凝练，是新时代"奋斗幸福观"的核心要素，是中国共产党统揽"四个伟大"的实践方略，包含团结奋斗、艰苦奋斗和接续奋斗的路径指向，彰显出新时代"奋斗幸福观"深邃的实践逻辑。

团结奋斗彰显伟大奋斗精神之"魂"。习近平总书记在党的二十大报告中强调，"团结奋斗是中国人民创造历史伟业的必由之路"③，深入阐述了团结奋斗的重要价值和地位。回望中国共产党的百余年奋斗路，团

---

① 习近平：《在同全国劳动模范代表座谈时的讲话》，《人民日报》，2013 年 4 月 29 日。
② 习近平：《高举中国特色社会主义伟大旗帜 为全面建设社会主义现代化国家而团结奋斗》，《人民日报》，2022 年 10 月 26 日。
③ 习近平：《高举中国特色社会主义伟大旗帜 为全面建设社会主义现代化国家而团结奋斗》，《人民日报》，2022 年 10 月 26 日。

结奋斗既是获得非凡成就的密钥，也是指引人民获得幸福、推动民族复兴的重要力量。从历史脉络来看，中国共产党带领人民团结奋斗，战胜了日本侵略者、国民党反革命势力和以美国为首的"联合国军"；带领人民团结奋斗，完成了原子弹试射、恢复联合国合法席位、实现奥运金牌"零的突破"；带领人民团结奋斗，建立南极科考站、筑垒三峡大坝、实现载人航天；带领人民团结奋斗，打赢疫情防控阻击战、精准脱贫攻坚战等。团结奋斗是伟大奋斗的灵魂，是党和人民最显著的精神航标，是对历史发展规律的凝练表达和科学认识，更是中国人民创造幸福生活的实践遵循。依靠紧密团结的奋斗是最有力的奋斗，在新的时代条件下，中国共产党带领人民创造幸福生活，必须紧密团结在以习近平同志为核心的党中央，忠诚捍卫"两个确立"，坚决做到"两个维护"，锚定实现中华民族伟大复兴的奋斗目标，汇聚中华儿女团结奋斗的磅礴力量，为创造人民幸福生活不断续写团结奋斗的时代篇章。

艰苦奋斗体现伟大奋斗精神之"本"。党的二十大报告提出的"三个务必"，其中"务必谦虚谨慎、艰苦奋斗"[①]，深刻指明了实现中华民族伟大复兴的重要条件。中国共产党为人民谋幸福的历史就是一部忠于理想、忠于使命、忠于人民的艰苦奋斗史。回顾这部百年艰苦奋斗史，中国共产党带领人民攻克了杂交水稻、北斗卫星、高速列车、集成电路制造等一个个难关，实现了"悟空""墨子""慧眼"等航天器的成功发射，"辽宁号""山东号""福建号"航母启航入海，"南水北调""西气东输""西电东送"工程惠及人民等一系列伟大壮举，在中华大地上书写了一部筚路蓝缕、胼手胝足、可歌可泣的艰苦奋斗史。为人民办事，需要本事，需要韬略，更需要艰苦奋斗的情怀，正是因为无数共产党人将艰苦奋斗的优良传统内化为以苦为乐的高尚品格，所以才能带领中国人民创立一个又一个丰功伟业，同时赋予了艰苦奋斗历久弥新的时代价值。艰苦奋

---

① 习近平：《高举中国特色社会主义伟大旗帜　为全面建设社会主义现代化国家而团结奋斗》，《人民日报》，2022 年 10 月 26 日。

斗是伟大奋斗精神的本质，是中华民族的传统美德。在新的时代征程中，必须勇于艰苦奋斗，加强实践锻炼，牢记"国之大者"，永葆奋斗初心，在为人民谋幸福的奋斗实践中磨炼意志、坚定信念。

接续奋斗实现伟大奋斗精神之"业"。习近平总书记指出，"伟大事业需要几代人、十几代人、几十代人持续奋斗"①，深刻展现了新时代"奋斗幸福观"的整体思路和价值追求。习近平总书记着眼于伟大事业的时间跨度来言说奋斗，从剖析伟大事业的实践导向入手，揭示出接续奋斗是实现伟大事业的必要条件和实现幸福的可靠手段。从林县人民依靠双手接续奋斗在悬崖峭壁修建"人工天河"的红旗渠精神，到三代塞罕坝林场创业者接续奋斗创造"荒原变林海"人间奇迹的塞罕坝精神；从数代航天人艰苦创业接续奋斗实现重大突破的载人航天精神，到中国共产党人接续奋斗历史性地解决人类史上绝对贫困问题的脱贫攻坚精神，无不彰显出广大中华儿女为实现民族复兴接续奋斗的英勇豪情。接续奋斗是成就伟大事业的根本保障，是实现民族复兴的推动力量，更是人民创造幸福生活的实践指南。为实现第二个百年奋斗目标，全党全国各族人民必须拿出爬更多"雪山"、过更多"草地"、闯更多"娄山关"、突破更多"腊子口"的战斗姿态，继续弘扬伟大奋斗精神，在为人民谋幸福的伟大事业中争做接续奋斗的新传人，续写奋斗幸福的新故事，走好新时代的新征程。

三 新时代"奋斗幸福观"的时代价值

新时代"奋斗幸福观"源于历史、鉴于真理、证于实践，凝聚着深邃的人生智慧，闪耀着科学的真理光辉，迸发着强大的思想活力。其时代价值体现在：赓续发展了马克思主义幸福观，为推进中华民族伟大复兴提供了理论引领，为创造人类文明新形态贡献了中国智慧和力量。

---

① 习近平：《在 2018 年春节团拜会上的讲话》，《人民日报》，2018 年 2 月 15 日。

（一）赓续发展了马克思主义幸福观

新时代"奋斗幸福观"立足时代发展与人民需要，将马克思主义幸福观置于 21 世纪的时代坐标中，运用辩证唯物主义和历史唯物主义思考人民追求幸福的方向与途径，开辟了马克思主义幸福观在当代中国发展的新境界，是 21 世纪的马克思主义幸福观。

新时代"奋斗幸福观"彰显出深邃的历史意识和高远的时代意识。习近平总书记在党的二十大报告中强调，"站稳人民立场、把握人民愿望、尊重人民创造、集中人民智慧"。[①] 这既是对人民主体地位的确认，也是在幸福观上对唯物主义立场的坚持。新的时代不会在缺乏历史主动精神中到来，新的观念也绝非在随意轻松的弹指间创立，新时代"奋斗幸福观"不仅是对马克思主义幸福观的继续发展，更是结合时代主题对奋斗的历史唯物主义哲学进行的时代阐述，强调"幸福都是奋斗出来的"[②]。站在历史唯物主义立场上思考人民幸福，能够发现对"奋斗"的突出强调既是对形而上学的批判，也是对马克思主义幸福观实践指向的深入思考。新时代"奋斗幸福观"不仅丰富发展了马克思主义幸福观，更是立足时代主题对人民追求幸福生活的理论表达，彰显其历史意识与时代意识的高度统一。

新时代"奋斗幸福观"达到了科学认识和价值认识的新高度。历史唯物主义哲学以人类社会客观发展规律为主要内容，以实现人的普遍幸福和全面发展为价值目标，旨在为人类普遍解放指明方向。新时代"奋斗幸福观"将奋斗内核统一于实践逻辑，将奋斗精神转化为幸福动力，打破了对幸福理解的纯主观的预设，体现了坚定的唯物主义历史观精神，因而是科学的、正确的幸福观。同时，新时代"奋斗幸福观"蕴含的人

① 习近平：《高举中国特色社会主义伟大旗帜　为全面建设社会主义现代化国家而团结奋斗》，《人民日报》，2022 年 10 月 26 日。
② 《国家主席习近平发表二〇一八年新年贺词》，《人民日报》，2018 年 1 月 1 日。

民主体性凸显集体主义价值观立场，强调真正的幸福应是公共性与独立性的有机统一。鼓励人民在为集体奋斗中书写个人价值，在追求个人奋斗目标时积极投身于党和人民的伟大事业，实现个人梦与中国梦的有机统一，彰显了新时代"奋斗幸福观"的高远价值立意。

新时代"奋斗幸福观"创造性地将"奋斗"与"幸福"有机结合。马克思主义幸福观有多种理论表达形态，从"劳动幸福观"到"实践幸福观"再到"人民幸福观"，一大批马克思主义理论家从不同维度对幸福进行理论阐释，建构了马克思主义幸福思想谱系。习近平将具有客观性的奋斗活动与具有主观性的幸福体验连接起来，创造性地提出"奋斗幸福观"。奋斗与幸福既是一对独立性概念，也是一个组合性概念，正确认识奋斗幸福观，必须拒绝在奋斗与幸福关系问题上的对立思维。新时代"奋斗幸福观"使"奋斗"与"幸福"合二为一，创新发展了马克思主义幸福观的理论形态。

（二）为推进中华民族伟大复兴提供了理论引领

新时代"奋斗幸福观"是奋斗动力与幸福目标的有机交融；是从奋斗实践到理论认知，再到系统理论指导客观实践的认识论演绎过程；是被实践证明了的引领人民接续奋斗创造幸福生活、推进中华民族伟大复兴的科学行动指南。

新时代"奋斗幸福观"为人民创造幸福生活提供源泉动力。新时代"奋斗幸福观"是从政治话语转向大众话语的精辟论断，是激励中国人民发愤图强的最有力的动员令。新时代人民需要一种精神力量来砥砺奋斗，新时代"奋斗幸福观"的出场以平易近人的生活话语，从内容、表达和形式上都贴近了生活、贴近了群众、贴近了实际，使马克思主义"幸福观""奋斗观"和广大民众的距离更近，达到了以情动人、以理服人的效果，使马克思主义幸福观的真理光芒真正照进现实，为人民群众接续奋斗创造幸福生活提供了不竭动力，真正起到了推动中华民族伟大复兴的现实作用。

新时代"奋斗幸福观"为中国共产党坚守人民立场提供价值导向。作为我们党"坚持人民至上"价值观的具体理论表达，新时代"奋斗幸福观"体现出深邃的人民主体性特征，贯穿了历史、现实和未来。其通过反思导向展现了幸福的历史维度，证实了过去的幸福源自人民奋斗；其通过实践导向展现了幸福的现实维度，揭示了当下的幸福需要人民奋斗；其通过创新导向展现了幸福的未来维度，指明了未来的幸福更需要人民砥砺奋斗。新时代"奋斗幸福观"为党带领人民接续奋斗提供了深远价值导向，是引导广大人民团结奋斗、发愤图强，推进中华民族伟大复兴的不竭精神力量。

新时代"奋斗幸福观"为推进民族复兴提供进阶指南。党的二十大报告擘画的奋斗坐标图与奋斗时间表，把人民群众对幸福生活的追求融入推进中华民族伟大复兴的时代进程，倡导全社会弘扬奋斗精神，"形成竞相奋斗、团结奋斗的生动局面"①。奋斗不仅是新时代的主旋律，更是习近平新时代中国特色社会主义思想的主旋律。新时代"奋斗幸福观"强调以伟大奋斗精神创造幸福生活，激发了广大民众的奋斗意志和奋斗精神，凝聚起中华儿女的磅礴力量，确保了新时代推进中华民族伟大复兴的正确航向。

（三）为创造人类文明新形态贡献了中国智慧和力量

新时代"奋斗幸福观"始终坚持胸怀天下，不仅为中国人民，更为人类文明谋划发展，不仅提升了奋斗的价值，更提高了幸福的层次，为创造人类文明新形态贡献出中国智慧和力量。

新时代"奋斗幸福观"以"坚持人民至上"的根本立场超越了西方的资本逻辑。"资本逻辑是资本主义文明的存在逻辑、本质特征、根本性质"②，由资本逻辑主导的资本主义文明使人民的幸福蒙上了神坛色彩，使

---

① 习近平：《在 2018 年春节团拜会上的讲话》，《人民日报》，2018 年 2 月 15 日。
② 田鹏颖、武雯婧：《论人类文明新形态的生成逻辑》，《科学社会主义》2021 年第 6 期。

人民追求幸福的实践活动脱离了历史中心，成为社会的附属物。新时代"奋斗幸福观"作为一种理论学说而出场，致力于指导人民科学正确地追求幸福生活。其内蕴的"坚持人民至上"的根本价值立场，驳斥了西方"资本至上"的片面逻辑，向世界展示了"为人民幸福而奋斗"的中国式文明发展模式，从而在根本上破解了西方"资本至上"的既定框架和固化逻辑，其本身所具有的理论可能性、实践必然性与价值真理性彰显出人类文明新形态的光明远景。

新时代"奋斗幸福观"以"共同奋斗"的实践指向推动了人类文明发展进程。自古至今，人类的劳动实践都是建立在追求幸福的基础上，并为之不懈奋斗。尽管东西方人类文明对幸福有着不同阐释，甚至在社会制度、意识形态等方面对幸福的追问探索也各不相同，但大家对于美好生活的向往却有着共同的奋斗目标。在西方文化中，资本主义文明主导的价值观始终无法跳出"零和博弈""弱肉强食""二元对立""丛林法则"的逻辑，阻挡着全世界人民携手合作、共同开创人类历史新纪元的步伐。新时代奋斗幸福观"鼓励共同奋斗创造美好生活"①，为世界人民携手共同奋斗、推动人类文明发展提供了多元共生的中国智慧，展现出中华文明强大而独有的包容性、共享性与开放性，加速了人类文明发展的历史进程，推动开启人类携手合作、共同奋斗的新形态。

新时代"奋斗幸福观"以"人类幸福"的价值旨归确保了人类文明发展的正确航向。资本主义文明的思维定式从个人出发，并将"人类中心主义"与"西方中心主义"绑在一起作为自己的统治工具，开始对自然界进行控制，对发展中国家进行宰制，在经济上、政治上、意识形态上使人类文明蒙尘。"人类是一个整体，地球是一个家园"。②面对风险挑战，世界各国都无法独善其身，人类必须同舟共济才能通往幸福之路。

---

① 习近平：《高举中国特色社会主义伟大旗帜 为全面建设社会主义现代化国家而团结奋斗》，《人民日报》，2022年10月26日。

② 习近平：《加强政党合作 共谋人民幸福》，《人民日报》，2021年7月7日。

新时代"奋斗幸福观"蕴含着深切的人民情怀，又独具世界眼光，认为真正的幸福应是为全人类、全世界谋幸福，不应把本国人民的幸福建立在他国人民的不幸之上，倡导世界各国人民加强交流、团结奋斗，推动构建人类命运共同体。这一奋斗目标迸射出深远的意识形态价值，深刻展现了新时代"奋斗幸福观"的理论魅力和高远立意，确保了人类文明发展的正确航向和美好前景。

党的二十大报告擘画的奋斗坐标图与奋斗时间表，为我们全面建设社会主义现代化国家描绘了宏伟蓝图、指明了奋斗方向。在奋力实现第二个一百年奋斗目标的新征程上，必须深入贯彻和大力弘扬新时代"奋斗幸福观"，以伟大奋斗精神奏响新征程的主旋律。

道德是通往幸福的阶梯

"幸福"不仅是一个极具个性又不乏共性、既有感性色彩又彰显理性光辉的理论命题，而且是既有丰富的客观性又有高度主观性的实践活动。从客观角度来看，幸福需要政府提供优良的客观条件，政府应成为民众基本生活的保障者、公平正义制度的提供者、和谐安定环境的塑造者，从主观角度来看，幸福毕竟是人美好的心理感受，这种心理感受是个体世界观、人生观、价值观的反映，也与人的道德密切关联。因此，无论是作为规范还是品性，道德的最终目标是引导人们过一种"应当"的幸福生活：作为规范，道德的主要功能是调节各种利益关系，因而具有调节功能；作为品性或德性，道德的主要功能是激励道德主体不断完善自身，达到理想境界，因而具有激励功能。在现实生活中，道德的两种功能往往共同发挥作用，以促进人类的和谐相处，赢得幸福生活。

一　道德具有调节利益关系的功能

道德的起源和目的并非道德规范和德性本身，而是为了协调人与人之间的利益关系，维护人的利益，即施之以"德"，收之于"得"。首先，社会关系的形成是道德产生的客观条件。没有社会关系，就不会有人与人、人与社会之间的利益冲突，也就不会产生道德。只有在社会关系中，在人与人的交往中，才存在调节和规范的问题。所以，道德的最终目的还是"利"——作为调节各种利益关系的社会规范，道德在本质上是维护人的利益的。当然，作为一种特殊的社会意识形态，道德归根结底是由经济基础决定的。其次，人类自我意识的形成与发展是道德产生的主观条件。人与动物的本质区别在于人是有自我意识的生命体，能够把自己作为对象去反思，而动物只依据本能去生存。人类正是在意识到自身与动物的区别、与其他人的利益存在矛盾时，才产生了调节利益关系的迫切需要，于是，道德得以产生。在这个意义上讲，道德体现着人的社会性。

二　幸福是人的终极利益，理应得到道德的护佑

作为人的本质利益，幸福乃人之最高利益，具有最高地位，其他利益只能服务于它、服从于它，因此，幸福是人的终极利益。既然幸福是人的终极利益，而道德的重要价值就是要维护人的利益，也必然维护人的终极利益——幸福，所以，道德不是限制人们获得幸福的缰绳，而是帮助人们通向幸福的桥梁。实际上，每个人都渴望自己的利益最大化，而能够满足人们利益的各种资源有限，故人们在追求自我利益包括幸福这一根本利益的过程中，就不可避免地会出现各种各样的利益冲突，这些冲突成为个人实现幸福目标的障碍。这时，就需要发挥道德的作用来调节各种利益关系，只有在这时，道德才彰显出其作为调节利益关系规范的价值：遵守道德，人人受益；违背道德，人人受害。可见，道德不仅服务于人的一般利益，更服务于人的终极利益——幸福。在这个意义上讲，道德是一种社会规范，这种规范不仅能够促进个人幸福的实现，也能够促进他人的幸福。一方面，道德规范制约着人们的欲望，防止人们因为欲望的膨胀而将自己或他人陷入人生困境，使原本追求幸福的美好

愿望落空。另外，道德规范不是捆绑人们追求幸福的缰绳，而是为人们提供了一种理性的追求幸福的方式。它不仅告诉人们何种情况下"此路不通"，而且明示人们"路在何方"。

三　道德是幸福的必要条件

幸福不仅具有主观性，也具有客观性。在形式上，幸福体现为人的一种愉悦的心理体验，但在内容上，幸福源于人的迫切而合理的需要通过正当途径得以实现或部分实现。所谓正当的途径，是指获得幸福的手段必须具有道德意义，即幸福要以道德为必要前提。马克思主义理论明确告诉我们，人的本质属性在于其社会性。人的这个属性决定了个人与他人有着密不可分的联系，个人幸福与他人幸福同样息息相关。凡世上之人无不希望自己幸福，每个人都有追求幸福的权利，但是，个人的力量有限，个人所能创造的幸福条件亦有限，故个人幸福不可能完全依赖自身实现，而必须借助他人和社会提供的资源和创造的条件。既然每个人的幸福都要依赖他人和社会，那么，我们每个人也就必然成为他人所依赖的"他人"，而社会也由无数个"他人"组成，在马克思主义看来，在任何社会中，每一个社会成员不仅是目的，而且是手段，人与人之间是互相服务的关系，是目的和手段的辩证统一。只要生活在社会中，自我与他人就必须互为目的和手段，而不能片面强调自己是目的。如果人人只想作为目的而不愿作为手段，那么社会就不能存在，更谈不上发展，个人的幸福也会因为割裂了自我与社会的关系而成为"镜中花、水中月"。正因如此，个人追求幸福必须以不伤害他人为前提，否则，就扯断了个人利益与他人利益、个人幸福与他人幸福的关系链条，最终，人们都将无法实现幸福的目标。可见，幸福必然要以道德为前提。

虽然道德是幸福的必要前提，若想获得幸福，必须遵循道德规范，具备道德品性，但是，我们却不能说"越是遵守道德规范，越是有德性，就越幸福"。因为道德与幸福并非简单的线性关系：既有德福一致的情形，也有德福相悖的现象。

所谓德福一致是指德性与幸福具有一致性，即有德之人必有福。主要表现在以下方面。

首先，从幸福的动力源泉来看，幸福源于人的迫切需要得以实现。道德需要是人的一种特殊的精神需要。当一个人把德性作为自己的迫切需要去追求并得以实现时，便可获得社会舆论的赞赏和自我良心的肯定，内心充满价值感，进而获得具有道德意义的精神幸福，或称之为德性幸福。孔子坚定地认为："君子坦荡荡，小人长戚戚"（《论语·述而》），即只有道德上的无愧才有正当的幸福，只有正当的幸福才可能有心安理得的享受。从这个意义上讲，我们就可以说"有德就有福"。其次，道德本身具有功利性——为人的利益而存在，所以古人早已得出结论"德，得也"。北宋哲学家、理学创始人之一的张载认为："德者福之基，福者德之致"。德福一致蕴含人们对正义必胜、邪恶必败的道德评判的价值认同，以及对惩恶扬善的美好道德理想的追求。

所谓德福相悖是指有德之人未必有福，无德之人未必无福。在现实生活中，当人们看到"好人"（道德品质高尚的人）遭遇不幸时，常常慨叹："好人没好报，有德却无福"；当人们看到"坏人"（品性恶劣的人）享尽荣华富贵时，也常常义愤无比："恶人无恶报，无德却享福"。之所以会出现德福相悖现象，主要原因在于以下几个方面。

首先，从幸福的内容来看，道德幸福属于精神幸福的一种，但实际上，人的幸福是多样的。早在先秦时期，我国就有"五福"之说："一曰寿，二曰富，三曰康宁，四曰攸好德，五曰考终命"（《尚书·洪范》）。可见，美好的道德是精神层面的幸福。从现实角度来看，真正获得"五福"并非易事。所以，假如一个人获得了德性幸福，但当这个人或者短命，或者贫穷，或者体弱多病，或者非正常死亡之时，人们往往就会得出"有德之人却无福"的判断。其实，这种"有德无福"并非德之过，而是德之外的其他复杂因素造成的。对于人的幸福而言，德性虽然具有重要价值，但它没有确保人类必然幸福的全部义务，也不可能具有这样的职能。因此，我们完全可以说，有德之人必定有福，因为道德实现会产生美好的精神体验；但有德之人未必有全福，因为人的各种需要不可能得到全面满足。其次，影响幸福的条件有很多，除了德性之外，还有三个重要的条件，即才气、能力和机遇。有德却无福的现象并非因为某个人有德造成的无福，很可能是因为他才气不足、能力不强或机遇不好。而那些无德者偏偏"有福"，也并非他无德造成的，而是因为他的才高、力强、机遇好。最后，德福相悖并不具有普遍意义。在绝大多数情况下，德福是一致的。善行得不到善报，恶行得不到惩罚以及"英雄流血又流泪"的现象毕竟不具有普遍性。古人有言："君子施恩不图报，知恩不报非君子"，可见，施恩不图报与知恩图报都是"君子"行为。从个人而言，施恩不图报是个人道德境界高尚，但是，被帮助者不仅应该知恩，而且应该给予适当的回报，这种回报的意义不在于物质利益的回馈，而是对奉献者的人格表达尊重。从社会角度来看，受恩必报，既是人类在长期社会实践中总结的积极道德劝诫，也是道德公正或社会公正的必然要求。在一个公正合理的社会，施恩者应该得到应有的回报。之所以存在好人不得好报的现象，一方面说明有的人道德素质还没有真正提高；另一方面，社会尚缺乏让好人得到好报的机制。倘若一个社会有越来越多的好人得不到好报的情况，那么，社会风尚与秩序就会混乱，最终结果必然是更多的人丧失自己的幸福生活。

总之，道德与幸福的不一致性说明，道德并不是幸福的充分条件。但是，道德与幸福也的确应该具有一致性：道德，只有在促进人类幸福之时才具有存在的意义，离开了幸福，道德就是抽象的概念、符号；幸福，只有得到道德的引导才有可能实现，离开了道德的制约，幸福不仅是片面的，更是难以全面实现的。我们所追求的幸福，应该是有利于自己利益的实现但不伤害他人利益，最大限度地创造我们自己的本质利益，并尽可能实现他人的本质利益。

幸福与经济收入的非线性关系探赜 ①

所谓幸福，就是有利于人的生命存在和发展的需要得到实现或部分实现而产生的愉悦心理。影响一个人幸福的因素有很多，经济收入无疑是基础性的因素。不过，美国南加州大学经济学教授理查德·伊斯特林、被誉为"现代斯密"的阿马蒂亚·森以及诺贝尔经济学奖得主卡尼曼等人的研究表明，幸福与经济收入并非线性关系。其中原因很多，笔者以幸福的特征为视域加以分析。

一　幸福的层次性特征

美国人本主义心理学家亚伯拉罕·马斯洛在《动机与人格》一书的前言中，把人的需要分为三个层次：物质需要、社会需要和精神需要。物质需要属于人的生存需要，社会需要和精神需要属于人的发展需要。幸福源于人的需要，也可相应地分为三个层次：低层次的物质幸福、中层次的社会幸福和高层次的精神幸福。幸福的层次性特征是造成幸福与经济收入非线性关系的原因之一。

低层次的物质幸福强烈而短暂，人们很难保持收入增加之初的幸福水平。物质需要作为人的生存需要，包括生理需要和安全需要，这种需要的满足对于人的生存而言具有迫切性，所产生的物质幸福对于一个人的生存而言具有重大价值，所以，人们对这种幸福（比如，饥肠辘辘时的一块面包、口干舌燥时的一杯清水、寒风瑟瑟时的一件毛衣等）的体验是强烈的。然而，物质幸福体验也是短暂的。一旦满足，驱动力就会

---

① 本文原刊于《西南民族大学学报》（人文社科版）2011 年第 1 期，与石秀杰合作。

迅速减弱，不再具有迫切性，即使增加更多的这些物质也不会成比例提高人们的幸福感。同理，经济收入与幸福也不是同比例增长。随着人们收入水平的提高，吃得越来越好，穿得越来越时尚，住得越来越宽敞，却在不经意间发现：幸福贬值了！自己仿佛被套在"幸福棘轮"中，很难把经济增长所带来的幸福感保留住。所以，"快乐和幸福越低级，其强度就越大而急迫"[1]"快乐和幸福越低级，其心理体验就越短暂"。[2]

中层次的社会幸福和高层次的精神幸福与经济收入虽有关系但不呈正比。社会需要包括归属感需要、爱的需要和自尊需要，属于中层次需要。精神需要包括认识和理解的欲望、审美需要和自我实现需要，属于高层次需要。由于这两种需要对于人的发展而言更具有迫切性，所以，这两种幸福属于发展幸福，它们对于人的发展具有最大的价值。与人的物质幸福相比，人完全可以超越式地获得发展幸福。比如，有的人并不富裕，但他家庭和睦、受人尊敬和爱戴，能够体验更多的正性情感，感到幸福。也就是说，在人的低层次的物质需要得到满足的情况下，一旦人的社会需要或精神需要得到了满足，即使收入不增加，也会感到幸福；一旦人的社会需要或精神需要未得到满足，即使收入增加也未必感到幸福。亚里士多德曾把人定义为"群居动物"或"社会动物"，强调了社会需要的重要性：拥有亲密的朋友、合作愉快的事业伙伴、美满的婚姻家庭关系会给一个人带来极大的幸福感。因此，从某种意义上讲，收入增加的人却不一定幸福，并非收入不具备增加幸福感的作用，只是由于非收入因素所发挥的作用淹没了它而已。

总之，影响一个人幸福水平高低的并非总是收入的多寡，而是人的低层次的物质需要得到基本满足后，他的中、高层次的发展需要是否能够得到满足。单方面增加经济收入所能带来的幸福强烈而短暂，一个人在享受收入增加带来的富裕的物质生活时，倘若能够充分利用增加的收

---

[1] 孙英:《幸福论》，人民出版社，2004，第219页。
[2] 孙英:《幸福论》，人民出版社，2004，第221页。

入来进一步提高自己的人生追求，享受更高层次的幸福体验，那么，他就会拥有淡泊却长久的幸福生活。

二 幸福的主观性特征

在形式上，幸福表现为人的一种积极的心理体验，具有高度的自主性，因而具有主观性特征。在内容上，人之所以能够产生幸福体验，与他的迫切需要是否得到满足及满足的程度有关，因而具有客观性特征。收入与幸福的非线性关系与幸福的主观性、超越性特征密切相关。

人的欲望特性形成了幸福与经济收入的非线性关系。"欲望是有大脑的动物（特别是人类）的心理活动，是对需要的心理体验、对需要的意识、觉知，是意识到的需要，是需要在大脑中的反映"[①]，人的需要体现为对某种事物的依赖性。幸福源于人的需要，但并非人的一切需要都必然给人带来幸福，只有迫切的需求生成欲望、得到满足时，才会产生愉悦的心理体验，我们称之为幸福。关于幸福与欲望的关系，保罗·萨缪尔森提出过这样一个公式：幸福 = 效用 / 欲望，意为效用越大越幸福，欲望越低越幸福。从满足欲望的条件来看，在一般情况下，欲望低，的确容易得到满足，一旦满足，就容易产生幸福感，反之亦然。以人们的收入欲望为例，如果一个人把每月挣 2000 元钱视为理想，那么，一旦他挣的钱超过 2000 元时，就会产生满足感和幸福的体验；如果他把每月挣 10000 元钱视为理想，那么，他即使每月挣 5000 元钱也不会感到幸福。不过，换个角度来看，人的欲望没有止境，而人满足欲望的能力有限，故一个人的幸福获得不完全在于欲望的高低，也与满足欲望的能力有关：欲望虽然高，但如果具备实现欲望的能力，照样能够找到幸福；欲望虽然低，倘若没有实现欲望的能力，依然无法体验幸福。所以说，幸福是一种能力，包括创造幸福条件的能力和感受幸福的能力。倘若两种能力皆备，此人的幸福指数一定很高。但有些时候，人们的这两种能力会出现偏离

---

① 孙英：《幸福论》，人民出版社，2004，第 8 页。

现象：创造幸福条件能力强的人，未必能够感到幸福，因为他们感受幸福能力弱；而创造幸福条件能力弱的人，未必不能感到幸福，因为他们感受幸福能力强。所以，感受幸福能力的强弱是人能否获得幸福的关键。幸福与收入之所以是非线性关系，一个重要原因就是一些人创造幸福条件能力强，而感受幸福能力弱。"所以，从某种意义上讲，创造幸福条件的能力固然重要，感受幸福的能力更为重要；增加收入固然重要，感受幸福更为重要。因为，增加收入只是人们获得幸福的一种手段，感受幸福才是人生的终极目的"！ [1]

人的情感适应特性形成了幸福与经济收入的非线性关系。科学研究表明，人类是一种非常具有适应性、可习惯各种环境刺激的物种。"无论某种刺激给我们带来的是正向的还是负向的情感反应，随着时间的推移，或者随着经历同样刺激次数的增多，我们所体验的情感反应总是逐渐弱化，并且趋于原有的幸福水平，这一心理过程就叫作情感适应"。[2] 收入增加之所以不必然带来正相关的幸福感，正是因为人类具有情感适应的特性：从大脑的生理机能来看，"在收入增加的早期阶段，大脑对快乐和幸福具有很高的唤起水平，快乐和幸福能给人带来极致的享受，但是，随着时间的推移，大脑就会对收入增加带来的快乐和幸福信息进行模块化记忆，从而降低了大脑处理快乐和幸福信息所需要的大脑唤起水平，因此就会降低人们对快乐和幸福的美好体验"。[3] 所以，随着社会的发展进步，随着经济收入的不断增加，人们的生活越来越富裕了，可幸福感并未同比增长，美国、日本等发达国家如此，中国等发展中国家亦如此。

人的攀比心理形成了幸福与经济收入的非线性关系。经济学理论中有一个相对效用假说，意思是人们的幸福感主要取决于与同层次其他人

① 柴素芳：《"幸福——收入之谜"的心理诱因》，《河北大学学报》（哲学社会科学版）2011年第2期。
② 奚恺元、王佳艺：《撬动幸福》，中信出版社，2008，第49页。
③ 柴素芳：《"幸福——收入之谜"的心理诱因》，《河北大学学报》（哲学社会科学版）2011年第2期。

生活状况的比较（相对收入的多寡），而不是其实际生活水平的高低（绝对收入的多寡），这种攀比心理被称为"与邻居琼斯家保持一致"。在物质相对贫乏的时期，人们的生活水平无太大差距，收入增加不仅能够提高人们的物质生活水平，而且也能够增强人们的幸福感。但是，随着经济的飞速发展，社会共同财富剧增，个人收入也普遍提高，但是，人与人之间的收入差距也拉大了，贫富差距拉大成为不争的事实。贫富差距拉大的负面性在于：会引发不平衡、不公平感，由此产生相对剥夺感，这种消极心理就会抵消或者降低绝对收入水平提高所带来的满足感。因此，从应然的角度来看，国家应该想方设法在整体提高国民生活水平的同时，缩小贫富差距，来促使国民整体幸福水平的提高。从个人的角度来看，个人也要学会调整自己的认知态度，充分认识到与他人的向上比较容易使人远离幸福，与他人的向下比较往往容易感激自己所拥有的一切，就会增强或者维持幸福感。当人学会知足地生活时，幸福就会走近他。

三　幸福的终极性特征

人的生活与动物的生存比较，首要的区别在于人的生活是有目的的，且人的目的又是多样的。在亚里士多德看来："如果目的不止一个，且有一些我们是因他物而选择的，如财富、长笛，总而言之工具，那么显然并不是所有目的都是完善的……我们把那些始终因其自身而从不因他物而值得欲求的东西称为最完善的。与所有其他事物相比，幸福似乎最会被视为这样一种事物。因为我们永远只是因为它自身而从不因他物而选择它。"[①] 可见，幸福具有终极性特征。而财富，包括经济收入，都只不过是实现幸福的手段。当人们把手段视为目的，或者把"手段之一"当成"唯一手段"时，就会造成幸福与经济收入的非线性

---

① 〔古希腊〕亚里士多德：《尼各马可伦理学》，廖申白译，商务印书馆，2008，第 18 页。

关系。

增加收入是为了过上幸福的生活，但有的人却在追求高收入的过程中偏离了幸福的轨道，造成了幸福与经济收入的非线性关系。现代社会充满了激烈的竞争与挑战，人们不断为自己加压。于是，一些人像陀螺一样不停地转动着。在艰辛的奋斗中，一方面，人们能够从工作中体验到劳动和创造的快乐和幸福，另一方面，当一阵打拼换来丰厚的收入后，人们顿悟，这并不是自己所欲求的生活，因为忙于打拼，在收入不断增加的过程中，不能领略大自然的美——欣赏白云的飘逸、磐石的坚韧和花草的芬芳；不能品味人情的美——享受淳厚的亲情、甜美的爱情和真挚的友情；不能体验生命的美——采摘用心血和汗水浇灌出的果实、内观生命的意义和奋斗的价值、不能呵护自己的身心健康。总之，人们欲求高收入，是因为高收入具有能够给人们带来快乐和幸福的属性或效用，但是人生的真正意义在于快乐、幸福的生活，而不是高收入本身。

用非正当途径或手段虽然可以获得高收入，却不能给人带来真正的幸福，这是导致幸福与经济收入非线性关系的另一诱因。马克思在《关于费尔巴哈的提纲》中指出："人的本质不是单个人所固有的抽象物，在其现实性上，它是一切社会关系的总和。"[①] 所以，尽管幸福是人的主观心理体验，幸福的承担者不可能是集体，但是，人们的幸福也并非孤立存在的，而是彼此联系的；尽管幸福与人的需要满足有关，但并非人的一切需要的满足都必然带来幸福，因为幸福是有利于人的生命存在和发展的迫切需要通过正当途径被满足后所产生的心理体验。需要本身是中性的，但满足需要的途径是有伦理意义的。只有既有利于自己又不伤及他人和社会的需要满足后才能给人带来真正的幸福。反观现实，我们发现，有些人的高收入恰恰是以牺牲他人和社会整体利益为代价的，尽管每个

---

① 《马克思恩格斯选集》第 1 卷，人民出版社，1995，第 67 页。

人都可以按照自己对幸福的理解来实现幸福生活的权利，但是，在伦理学视域内，幸福问题也像其他问题一样关涉个人与他人、个人与社会之间的关系，因此，个人对幸福的追求不能与社会历史发展的客观必然性悖逆。也就是说，对幸福的追求，受制于道德的指引，只有道德上的无愧，才有真正的幸福。①

收入与幸福的非线性关系，与人们的非合理消费有关。或者说，一个人幸福与否以及幸福程度高低并不取决于他拥有了多少物质财富，而在于他如何消费这些财富。物质财富具有双重效用：它既可以使人的物质生活富足而舒适，精神生活变得更有价值、更幸福，还可以使人的生活更低俗、乏味，甚至不幸。倘若人们在享受丰衣足食的物质生活时，能够利用这些物质财富来优化人际关系，促进家庭、社会的和谐，追求高层次的精神幸福，那么，他所拥有的物质财富就具有增值的作用，他所获得的快乐和幸福体验就会成倍增长。因此，"在基本的物质需求满足之后，人应该力图超越物质的羁绊，凭借精神的增长获取幸福。一个人只有将他的心灵、精神和生命看得与物质财富同样重要，这个人才不至于沦为一个只会挣钱的机器"。②

"幸福——收入之谜"的心理诱因 ③

收入与幸福的非线性关系，最早是由美国南加州大学教授理查德·伊斯特林（Richard Easterlin）研究发现的，这种现象被称作"伊斯特林悖论"或"幸福——收入之谜"。产生这一悖论或造成"幸福——收入之谜"的原因有很多，本文仅以心理学视角加以分析。

---

① 柴素芳：《"幸福——收入之谜"的心理诱因》，《河北大学学报》（哲学社会科学版）2011 年第 2 期。
② 左晓光：《当代大学生热点问题哲学思考》，河北人民出版社，2008，第 203 页。
③ 本文原刊于《河北大学学报》（哲学社会科学版）2011 年第 2 期。文章结尾略做修改。

一 人的欲望特性导致"幸福——收入之谜"

幸福是人的有利于生命存在和发展的迫切需要通过合理途径得以实现或部分实现时的积极心理体验。也就是说，幸福与人的迫切需要相关。所谓迫切需要，是针对人的一般需要而言的，它是指人对需要的对象达到难以等待的程度，即直接影响人的生命存在和发展的紧急或重大的需要。需要的特性是匮乏，因为匮乏，所以人们就会在内心产生满足需要的欲望。欲望是一种心理现象，是人强烈意识到的需要，是人心灵中产生的"我想""我要"，可归结为"不足之感""求足之愿"。欲望作为人类与生俱来的天性，是人类改造世界和改造自己的根本动力，也是人类进化、社会发展与历史进步的不竭源泉，更是人类获得快乐和幸福生活的必要条件，所以，罗素说："我们的冲动与欲望是创造我们幸福的要素。"[1]但是，并非人的一切欲望都能给人带来幸福，有时，欲望也会给人带来痛苦或不幸，这是因为，人的欲望具有无限性和层次性。"幸福——收入之谜"就与欲望的这些特性相关。

（一）欲望的无限性导致"幸福——收入之谜"

人的欲望是没有止境的，人没有绝对满足的时候，当一个欲望实现后，又会产生新的欲望。以物质财富为例，凡世上之人，感觉自己"钱够用了"的恐怕不多。年收入 5 万元、10 万元的，想超过年收入百万元的，已经拥有百万元的，还想拥有更多，好像世界上有取之不尽用之不竭的钱等着他们去据为己有。就这样，人被欲望裹挟了，也正是这无止境的物欲使人与幸福渐去渐远。尤其是在现代社会，一方面，经济的繁荣激发了人们更多的欲望，琳琅满目的商品撩拨着人们的欲望，有欲而不得，则产生挫败感，降低幸福感。在生活并不富裕的年代，人们在过年过节时才能享受的白米饭、炖肉和新衣服足以给人带来莫大的快乐和

---

① 〔英〕罗素：《为什么我不是基督徒》，商务印书馆，1982，第 14 页。

幸福感，因为人们对于美食靓衣的迫切需要只有在过年过节时才能得到满足。如今，对于富裕起来的人们而言，白米饭、炖肉和新衣服已经不再是他们的迫切需要了，他们的欲求越来越多，在欲望不断膨胀的过程中，一些人步入欲望的陷阱而不能自拔，完全忽略了幸福的真谛——对现有生活的美好体验。当越来越多的收入都不能满足人们的欲望时，就会出现"富裕而不幸福"的现象。另一方面，社会的发展也为人们提供了满足欲望的多种方法，这些方法又激发了人们更多、更高的欲望：人们可以用信用卡透支消费，"今天花明天的钱"看似潇洒，实际上，这种生活方式未必能给人带来幸福生活，"负翁"的心理压力、生活压力往往使一些人渴求幸福却远离幸福。总之，需要是当下的反应，而欲望是对未来的渴求，需要是必需的，因而应该得以满足，而欲望不是必需的，所以要有所节制。假如一个人不会调节自己的欲望，而是让欲望无限膨胀的话，就会欲壑难填，永远不会找到幸福。人一旦能以一种平和的心态面对外界诱惑，包括物质的繁华时，他离幸福就近了，离烦恼就远了。在现今社会，最不缺少的就是人们对物质的欲望，而最缺乏的是人们克制自己欲望的勇气和行动。

　　一般而言，欲望越低越容易得到实现，一旦实现就容易产生幸福感。但是，一个人幸福与否及幸福程度如何，与欲望的高低有关，也与个体满足欲望的能力有关：一个人欲望再低，若没有满足欲望的能力，也会因欲望得不到满足而无法形成体验幸福的客观条件；相反，一个人欲望很高，但如果他具备满足欲望的能力，就能够为他产生幸福体验创造客观条件。所以，在这个意义上讲，幸福是一种能力，它包括创造幸福条件的能力和感受幸福的能力。倘若一个人创造幸福条件的能力和感受幸福的能力都强，这是最全面的幸福能力。但现实生活中常有这样的情形：创造幸福条件能力强的人，感受幸福能力未必强；感受幸福能力强的人，创造幸福条件能力也未必强。比如，收入高（创造幸福条件能力强）未必感到幸福（感受幸福能力弱），收入低（创造幸福条件能力弱），未必不能感到幸福（感受幸福能力强）。所以，感受幸福能力强弱是人获得幸福感与否的关键。幸福与收入之所以是非线性关系，一个重要原因就是一些人创造幸福条件能力强，而感受幸福能力弱。所以，从某种意义上讲，创造幸福条件能力固然重要，感受幸福能力更为重要；增加收入固然重要，感受幸福更为重要。因为，增加收入只是人们获得幸福的一种手段，感受幸福才是人生的终极目的！

（二）欲望的层次性导致"幸福——收入之谜"

美国人本主义心理学家亚伯拉罕·马斯洛把人的需要由低到高分为三个层次：低层次的物质性需要、中层次的社会性需要和高层次的精神性需要。由于幸福是人的有利于生命存在和发展的迫切需要通过合理途径得以实现或部分实现时的积极的心理体验，所以，人的幸福也可以相应地分为三个层次：物质幸福、社会幸福和精神幸福。"幸福——收入之谜"与需要和幸福的层次性有关。

低层次的物质性需要属于人的生存需要，这种需要的满足对于人的生存而言具有迫切性，因而具有重大价值收益，这种需要满足后产生的幸福感是非常强烈的。不过，由于人的物质性需要的满足过程是短暂的，比如饥渴难耐时，一块面包一杯水就能很快使人满足，所以，人们的物质幸福体验也是短暂的。幸福之所以不是伴随收入的提高同比增长，是因为收入作为人类生存所必需的物质基础虽然具备了给人带来幸福的某种属性，但当人们的基本需要得到满足后，人们对物质需要的迫切性就会降低，增加收入之初强烈的幸福体验也会慢慢减弱，由此造成收入增加而幸福感不一定继续增强。低层次的物质性需要基本得到满足后，人们还会产生更高层次的需要，追求更高层次的幸福，所以，当人的高层次需要不能实现时，即使收入增加了也不会感到幸福，如此则造成"有钱而不幸福"的现象。俗话说，没钱万万不能，但钱并非万能。比如，人很难用钱买来真诚交往的朋友、和谐幸福的婚姻以及著书立说的精神享受。"有钱而不幸福"并非"钱"真的失去了自身价值，而是世界上还有比钱更重要的东西：对道德的崇奉、对文化的喜好、对浪漫的体验、对创造的求索等。总而言之，对人自身的肯定和幸福感的追求，具有终极价值。当人有高层次的需要不能实现时，再多的金钱也无法提升他的幸福感。

二　人的情感适应特性导致了"幸福——收入之谜"

人类有很强的环境适应能力，对于外部各种刺激和变化总能做出灵敏反应。"无论某种刺激给我们带来的是正向的还是负向的情感反应，随着时间的推移，或者随着经历同样刺激次数的增多，我们所体验的情感反应总是逐渐弱化，并且趋于原有的幸福水平，这一心理过程就叫作情感适应"。[①]"幸福——收入之谜"与人的情感适应特性有关。

（一）"幸福——收入之谜"与人类大脑的记忆特征有关

在收入增加的早期阶段，大脑对收入增加带来的快乐和幸福具有很高的唤起水平，快乐和幸福能给人带来极致的享受。但是，随着时间的推移，大脑就会对收入增加带来的快乐和幸福信息进行模块化记忆，从而降低了大脑处理快乐和幸福信息所需要的大脑唤起水平，因此就会降低人们对快乐和幸福的美好体验。[②]

人的注意力不可能长久地保持在某一种刺激上，除非这种刺激对我们而言一直非常紧急、重要或者让我们觉得百思不得其解，猜不透也摸不着，否则，我们的注意力就会轻易地转移到其他的刺激上去，这种刺激所产生的情感冲击也就会随之减弱，比如，当收入不断增加，收入对我们而言不再具有"紧急""重要"的功用时，人们对收入的注意力也会转移到其他刺激方面，收入增加带来的幸福感就会随之减弱。[③]比如，"那

---

① 奚恺元、王佳艺：《撬动幸福》，中信出版社，2008，第49页。
② 奚恺元、王佳艺：《撬动幸福》，中信出版社，2008，第52页。
③ 奚恺元、王佳艺：《撬动幸福》，中信出版社，2008，第55页。

些中了彩票、财富急剧增加的人们并不总是特别兴奋，在一定时间的调整后，大多数人会达到一种比中奖前稍高的福祉水平"。①

（二）"幸福——收入之谜"与边际影响递减规律有关

效用是消费者的心理感受，消费某种物品时，人们的心理就会受到一定的刺激，使人产生一种满足感。消费某种物品时，开始的刺激最大，人的满足程度最高。当同一种刺激反复出现时，人的兴奋程度或满足感就会逐渐减少。19世纪的心理学家韦伯和费克纳通过心理实验验证了这一现象，并命名为"韦伯—费克纳边际影响递减规律"。比如饥肠辘辘时吃的第一个包子，效用最大，此时的快乐和幸福感最强，随后再吃的包子，效用逐渐递减，人的快乐和幸福感也会越来越弱。其原因在于：越是急迫的需要，人们就越向往某种事物，对该事物投入的情感越多，获得该事物的欲望越强烈。当第一次接触到该事物并满足自己的欲望时，情感体验也最为强烈，但是，第二次接触该事物时，情感就会淡一些，第三次接触该事物时，情感会更淡。就这样，随着接触该事物次数的增多，人们的情感就会慢慢适应来自这些事物的刺激，对这些事物的情感体验也会越来越淡漠，最后趋向乏味。比如，初恋是刻骨铭心的，乔迁新居是喜气洋洋的，抽到大奖是欣喜若狂的，但随着时间的推移，这些充满激情的状态也就很难寻觅了：老夫老妻的相处就像"左手摸右手"了，陈年老宅就会雅而不见了，当初抽到大奖的狂喜就会"一江春水向东流"了等，可见收入增加并不能同倍增加人的幸福。同样是边际影响递减规律在现实生活中的具体体现：收入是人获得物质财富、提高生活质量不可或缺的前提，所以，当人们的收入水平很低时，人们对收入的期待具有迫切性，这时的收入增加会因满足了人的迫切需要而给人带来强烈的幸福感。但是，随着收入的不断增长，收入不再具有解决人们燃眉之急的物质

---

① 〔瑞士〕弗雷、斯塔特勒：《幸福与经济学：经济和制度对人类福祉的影响》，静也译，北京大学出版社，2006，第13页。

功效时，人们对于增加收入的幸福感会逐渐弱化。假设有富人 A 和穷人 B，富人 A 有百万元资产，穷人 B 有一万元资产，那么在其他客观条件基本相似（如家庭和谐度、身心健康度等）的情况下，分给每人 5000 元的红包，这个红包对于二人的效用是不同的：对于富人 A 而言，他会感到心情愉悦，而对于穷人 B 而言，就会欣喜若狂甚至激动地彻夜难眠。这说明，由于边际影响递减规律的存在，同样数额的收入刺激，对收入较低者将产生更明显的影响作用，对于收入高者而言，效用相对较低。

（三）"幸福——收入之谜"与人们缺乏规避情感适应的策略有关

高收入能否带来高幸福感与获得高收入的手段以及消费高收入的方式有关。

幸福具有伦理意义，人类幸福的核心力量是道德。幸福虽然是个体的心理体验，幸福的承担者不可能是集体，但是，个体幸福也并非孤立存在，而是与他人和社会彼此相连。"马克思主义基本原理告诉我们，人的本质属性在于其社会性。任何人要顺利生存和积极发展，必须正确地了解和认识自己所处的社会环境，才能为自己准确地定位，并遵循社会发展的规律设定自己的行为规范"。[①] 个人获得幸福确实以自我利益的满足为基础，但这种满足不能以牺牲他人的利益为代价。只有通过有利于自身但不损害他人生存和发展的手段来实现的欲望，才能使人找到真正的幸福。基于经济人假设的传统经济理论认为，人类具有完全的理性。但是，许多心理学和行为科学的研究成果和社会实践证明并非如此。现实生活中，有的人为了获得更多的经济利益，或者坑蒙拐骗，制假卖假，贩毒吸毒，或者贪污腐败，非法开采，破坏环境。这些行为不仅给他人的身体造成极大伤害，而且使他人的生活质量、生活环境和心理受到严

---

① 柴素芳、李文生：《从感悟到行动——对河北高校大学生思想道德状况的调查与分析》，《河北大学学报》（哲学社会科学版）2009 年第 5 期。

重影响，导致他人的幸福感下降。而且，建立在别人痛苦之上的高收入并不能给利益追求者带来真正的幸福。一方面，通过损人利己的方式满足自己的私欲，虽然满足了自己对于利益的需要，却损害了别人的利益甚至生命，这是违背生命的本质属性的，最终也会影响自身生命的存在和发展。另一方面，靠损人利己得来的"幸福"是与道德的"恶"连在一起的。尽管每个人都有按照自己对幸福的理解来实现幸福生活的权利，但是，在伦理学视域内，幸福问题也像其他问题一样关涉个人与他人、个人与社会之间的关系。因此，个人对幸福的追求不能与社会历史发展的客观必然性悖逆。也就是说，人们对幸福的追求，受制于道德的指引，只有道德上的无愧，才有真正的幸福。因为，人对于道德生活的美好体验属于精神层面的幸福，这种幸福具有持久性特征，不易于情感适应。所以，古希腊哲学家德谟克利特说："真正的幸福在于心灵的安宁。"另一位哲学家伊壁鸠鲁也说："最大的快乐是身体的无痛苦和心灵的无纷扰。"

　　高收入者能否获得高幸福感，与其如何消费这些高收入有关。"人们对于不同事物的情感适应能力大相径庭，有的容易适应，有的则难以适应，对于幸福而言，我们应该将有限的资源（诸如财富和时间等）尽量用于获取那些不易情感适应的有利资源"。① 客观现实和有关研究表明，满足人生存需要的物质资源易被情感适应，而中层次的社会资源和高层次的精神资源不易被情感适应。所以，当人们把增加的收入过多地用于低层次的物质享受时，人们就会对物质享受产生情感适应，很难保持收入增加之初的幸福水平。因此，为了增强幸福感，理智的、有远见的人们不应仅停留在易被情感适应的低层次的物质需要的满足，而应该把增加的收入更多地用于不易被情感适应的中层次的社会性需要和高层次的精神性需要的满足。这样看来，高收入也是一把双刃剑：既可以使人的生活变得更有意义、更幸福，也可以使人的生活更乏味，甚至不幸。比

---

① 奚恺元、王佳艺：《撬动幸福》，中信出版社，2008，第62页。

如，有的人利用财富创造出丰富多彩的、有意义的生活：优化生活环境，提高生活质量，促进人际和谐，帮助弱势群体，实现自我价值与社会价值。按照这样的方式去生活，人的生命就成为充满情趣和意义的幸福旅程。而有些高收入者却高举"享受生活"的大旗，鼓吹"零痛苦原则"，肆无忌惮地浪费资源，穷奢极欲地挥霍个人和社会财富，颇有"千金散尽还复来"的豪气，但这种生活态度和行为只能使他们沉醉于物质生活的满足和感官的快乐，而且由于边际影响递减规律的作用，这种满足和快乐感也会越来越弱。当这些富有者只知沉醉于物质享受，而不知为生活设置更高层次的人生意义时，高收入只能证明一个人的物质财富，却不能衡量其人生的意义；高收入足以给人带来奢华的物质享受，却不能直接给人的生命带来真正优质的提升——更无法实现"幸福"这一人生终极目的。

三 人的向上比较心理特性导致了"幸福——收入之谜"

美国社会心理学家利昂·费斯汀格（Leon Festinger）于 1954 年提出了社会比较理论："人具有想清楚地评价自己能力和观点的动机，如果不能利用客观的手段达到目的时，就倾向于在同相似的他人的对比中对自己做出评价。"[①] 就社会比较的方向而言，有向上比较和向下比较；就社会比较的内容而言，有能力比较、收入比较、社会地位比较等。从社会比较的结果来看，向上比较既可以激发人的内在动力，增强竞争力，也可以让人产生自卑心理，从而降低幸福感；向下比较既可以使人感到优越，从而提升幸福感，也可以使人们相信自己的境况会更糟。"幸福——收入之谜"与人们向上比较的负面效应有关。

（一）相对收入对幸福的影响起着非同寻常的作用

西方经济学中有个"收入的外部效应"的概念，意思是一个人对

---

① 张兴贵：《幸福与人格》，暨南大学出版社，2005，第 135 页。

收入的满足感不仅取决于绝对收入，也取决于个人的相对收入，即个人与其他人收入的差距。同理，人们的幸福感不仅取决于其绝对收入的高低，也取决于与其他人生活状况的比较。所谓相对，一是与自己的过去对比，二是与他人对比。相对收入之所以影响人们的幸福感，主要是因为：与自己过去的收入相比，增加收入多多少少都会产生愉悦感，增强幸福感，但是，当把自己的收入与高于自己收入的人比较时，就会发现自己收入相对低的地位并未改变，于是就会产生心理上的不平衡，就会感到痛苦或不满。或者说，即便经济发展使得个人的绝对收入增加了，但是如果个人没有以同样的幅度提高相对地位，那么人们的幸福感有可能不升反降。因为大多数人都具有嫉妒心理，别人的收入与自己的幸福感呈"负相关"，别人的收入越高，特别是相对于自己而言的收入越多，其人就越不幸福。理查德·伊斯特林（Richard Easterlin）就是坚持相对收入更影响幸福的代表人物，他认为，"主观幸福感取决于相对收入而非绝对收入，至少相对收入比绝对收入对主观幸福感具有更为重要的影响，主观幸福感随着自身收入水平的提高而正向变化，但随着他人收入水平的提高而反向变化。如果所有人的收入水平都提高，那么尽管自身收入增长导致其主观幸福感的增强，但这一正效应会被其他人的收入增长抵消。"[①]

（二）贫富差距的拉大会降低人们的幸福感

大量学者的研究成果和客观事实表明，在物质财富相对匮乏的时期，人们的生活水平差距不大，加之处于相对封闭的社会环境中，人们能够对比的条件受限，所以，增加收入不仅能够提高人们的物质生活水平、改善生活条件、赢得更多的发展空间，使人更充分地实现自己的人生价值，进而提升自己的幸福感。但是，随着经济的飞速发展，社会共同财

---

① 罗楚亮：《绝对收入、相对收入与主观幸福感——来自中国城乡住户调查数据的经验分析》，《财经研究》2009 年第 11 期。

富的剧增，个人收入虽然普遍提高了，但贫富差距也越来越大了。贫富差距的拉大意味着少数富裕人口和巨富人群提高了平均收入水平，但更多的人却在相对收入对比中感到自己的社会地位和经济地位并没有提高，致使他们对生活现状不满意，幸福感不强，甚至产生仇富心理和行为。

为了解决贫富差距问题，实现社会公平，体现社会主义的本质"解放生产力，发展生产力，消灭剥削，消除两极分化，最终达到共同富裕"，彰显社会主义"为人类谋幸福"的最高价值原则，我们的党和政府一直在进行着不懈的努力，党的十七大报告曾6次使用"幸福""福祉"词语，而且还使用了其他类似词语。在2010年3月5日召开的第十一届全国人民代表大会第三次会议上，时任国务院总理温家宝在其所做的《政府工作报告》中指出："合理的收入分配制度是社会公平正义的重要体现。我们不仅要通过发展经济，把社会财富这个'蛋糕'做大，也要通过合理的收入分配制度把'蛋糕'分好""我们所做的一切都是要让人民生活得更加幸福、更有尊严，让社会更加公正、更加和谐"。"更加幸福""更有尊严"的提法从日常的个性化表述提升为政府的承诺，既是政府对社会主义最高价值目标的追求，也是对人的生命的真正敬畏和对幸福内涵的真切把握——当人有尊严地活着时，才有幸福可言。

费尔巴哈曾提出过"生命本身就是幸福"的命题，这个命题的可贵之处在于：承认生命是幸福的物质基础，作为心理体验的幸福不能脱离生命而独存。但是，这个论断的不周延之处在于，生命不能与幸福直接画等号。首先，费尔巴哈忽视了人的生命与动物生命的差异性。动物属于生存者，而人属于生活者。生存意味着生命的"有无"，而生活意味着生命的"好坏"。动物的生命只是单一的种生命，而人具有双重生命：种生命和类生命。"种生命是自然的生命，是物种所先在设定的本能生命，因此是自在的生命，它为每个生命体所承载。类生命是自我创生的自为生命，它是社会历史积淀的文化、科学、智慧等在个体身上的反映，因此它是精神的生命、智慧的生命和价值的生命"。① 种生命是自在的生命，其活动的全部意义就是"活着"本身，而类生命作为自为的生命，其活动的全部意义就是活得更好、更惬意、更有尊严和价值——更幸福！所以，幸福是人所专有的对现实美好生活的体验，与动物无关。而"生命本身就是幸福"的命题实际上是把人的生命与动物的生命混为一谈，是把人的生命降低到动物的级别。其次，费尔巴哈的命题忽视了人的生命质量的差异性。由于人的遗传基因、家庭背景、文化层次、社会阅历等多种原因，人与人之间的生命质量是有极大差异的，这种差异不仅表现在人们是否能够获得幸福，还表现在人们幸福程度的高低。总体来看，一个人是否能够获得幸福及幸福程度的高低，不是单纯的因为他拥有生命，而在于他拥有怎样的生命。费尔巴哈的论断实际上是降低了幸福的标准，至少它在导向上不是积极的，因为它容易误导人们消极地活着，安于现状，不思进取。所以，在笔者看来，作为人，只有身心健康地活着，自由、平等且充满尊严和价值感地活着，对生命状态感到惬意地活着，才能称为"幸福"！

党的十八大以来，以习近平同志为核心的党中央秉持"为中国人民谋幸福，为中华民族谋复兴"的初心和使命，解决了许多长期想解决而没有解决的难题，办成了过去想办而没有办成的大事，尤其是"经过接续奋斗，实现了小康这个中华民族的千年梦想，我国发展站在了更高历史起点上。我们坚持精准扶贫、尽锐出战，打赢了人类历史上规模最大的脱贫攻坚战，全国八百三十二个贫困县全部摘帽，近一亿农村贫困人口实现脱贫，九百六十多万贫困人口实现易地搬迁，历史性地解决了绝对贫困问题，为全球减贫事业做出了重大贡献"。② 2020 年是全面建成小康社会的目标实现之年，是全面打赢脱贫攻坚战的收官之年。脱贫不是终点，而是党为人民谋幸福、实现共同富裕的新起点。

① 冯建军:《生命与教育》，教育科学出版社，2007，第 7 页。
② 习近平:《高举中国特色社会主义伟大旗帜 为全面建设社会主义现代化国家而团结奋斗》，《人民日报》，2022 年 10 月 26 日。

第五章
大学生幸福观教育研究

　　社会越进步，人们越应该也越有能力反思生命的意义，体会幸福之于人生的价值。然而，若想获得幸福，外在的客观条件固然重要，个体世界观、人生观、道德观影响下的幸福观也是非常重要的内在因素。很多学者的研究表明，总体来看，绝大多数大学生的幸福观是科学合理的，他们有着远大的人生理想，追求人生价值的实现，渴望拥有幸福美好的生活，但是，也有部分大学生的幸福观还存在重物质轻精神、重个人轻集体、重眼前轻长远、重享受轻创造等情况，而且高校开展大学生幸福观教育的工作质量、效率也有待进一步提升。为此，加强对大学生幸福观及其教育的研究，引导大学生以马克思主义幸福观为指导，践行新时代的奋斗幸福观，具有重要的理论与现实意义。

全国七所高校大学生幸福观现状的调查

　　幸福是人类的永恒话题，人类正是在对幸福的不断追求中进步的。由于每个人所处的时代、文化背景、生活境遇以及世界观、人生观、价值观等方面不同，人们对幸福的理解及追求幸福的方式大为不同，这便形成了各具特色的幸福观。在幸福观形成的过程中，教育发挥着极为重要的作用。为进一步增强大学生幸福观教育的针对性和实效性，笔者采取了问卷调查与个别访谈相结合的方式进行研究，现将调研情况分析如下。

一　调查基本情况

2011 年 8 月，笔者选取了北京大学、北京建筑大学、河北大学、广西大学、西南大学、内蒙古大学、浙江大学 7 所大学在校本科生为调查对象，共发放问卷 560 份，回收有效问卷 525 份，有效回收问卷率为 93.75%。

二　大学生幸福观的现状及成因

通过对调查数据的分析，我们可以总体把握大学生幸福观的现状及其产生原因，为提出相应对策提供现实依据。

（一）大学生对于幸福含义的认知

幸福是人的迫切而合理的需要通过正当途径得以实现或部分实现时的积极心理体验。幸福的这个含义包括了获得幸福的两个条件：客观条件即"人的迫切而合理需要通过正当途径得以实现或部分实现"，主观条件即"心理体验"。客观条件包含三个限定条件，即需要的迫切性、合理性以及获得幸福途径的正当性，这三个限定条件实际上区分了三种关系：一般需要与迫切需要的关系、合理需要与不合理需要的关系、实现幸福的道德途径与非道德途径的关系。在主观条件中，"心理体验"是指人对于客观条件的认可态度、心理反应，我们称之为感受幸福的能力。故幸福实际上取决于三个客观条件和一个主观条件，这些主客观条件具体体现为三种关系，即需要与幸福的关系、道德与幸福的关系、能力与幸福的关系。

1. 关于需要与幸福的关系

调查发现，7 所学校大学生认可"人的需要得到实现就能幸福"的占 29.71%，认为"人迫切而合理的需要得到实现才能幸福"的占 9.90%，认为

"人的迫切而合理的需要通过正当途径得以实现才能幸福"的学生所占比例最高，为41.52%。在笔者看来，人的幸福与需要密切相关，但并非只要人的需要得以实现就必然获得幸福，理由如下：①促成人获得幸福的内在动力不是一般的需要，而是迫切需要。②这种迫切需要必须具有合理性，必须是有利于自己和他人的生命存在与发展的迫切需要。虽然需要是获得幸福的动力，但"我们不能由此说需要是事物、特别是人对于有利其存在和发展的条件的依赖性。因为他们的某些需要可能对于他们的生存和发展有害，如吸毒、酗酒、赌博的需要等。这些都是所谓病态的、反常的需要"。①③迫切而合理的需要必须通过正当途径来满足。所谓正当途径，是指人们在不违背道德、法律的基础上，通过公平竞争、劳动创造的方式获得幸福。针对以上幸福的条件，我们认为，在问卷中"人的迫切而合理的需要通过正当途径得以实现才能幸福"是比较客观、全面的答案。从7所高校大学生的回答结果看，认同这一观点的比例最高，这充分说明了大多数学生对于幸福的含义有比较清醒的认知。当然，从调查中我们也发现部分大学生对于幸福含义的理解存在一些偏差，比如，有近30%的大学生认为"人的需要得到实现就能幸福"，这些学生未能认识到人的迫切需要与一般需要、合理需要与非合理需要、通过正当与非正当途径获得幸福的区别。这种幸福观的最大危害在于，一些大学生在谋求幸福的过程中，需要的不合理或手段的非道德使之偏离幸福的轨道。

2. 关于道德与幸福的关系

大学生对于"道德与幸福关系"的认识，调查结果显示，选择"有道德的人不一定是幸福的人"所占比例最高，为40.57%，这与大学生对现实生活中道德与幸福相悖现象的认知有关，也与他们对道德与幸福关系的亲身体验有关。有35.24%的大学生认可"没有道德的人肯定不会幸福"，意味着这些大学生已经将"道德"视为幸福的必要前提，有28.57%的

---

① 孙英:《幸福论》，人民出版社，2004，第8页。

学生认为"有道德的人就是幸福的人"，说明这些大学生将"道德"视为幸福的内容，这两项选择之和为 63.81%，说明大多数学生认识到道德与幸福是密不可分的关系。当然，少部分大学生对于道德与幸福关系的认识还存在一些偏颇，比如有 19.43% 的学生认为"没有道德的人照样能幸福"，15.43% 的学生认为"道德与幸福毫无关系"，说明这些大学生还没有理解幸福必然具有道德意义——没有道德的人只能在自己的迫切而合理的需要得到满足后获得快感，却不会得到真正的幸福。总体来看，大学生对于道德与幸福关系的认识比较客观，大多数学生懂得道德是幸福的必要条件：有道德的人不一定幸福，但没有道德的人肯定不会幸福。学生既意识到道德对于幸福的重要意义，也看到道德是幸福的重要却并非唯一的内容。

3. 关于能力与幸福的关系

从调查中发现，有 51.81% 的学生认为"能力是获得幸福的前提条件"，只有 9.52% 的人认为"能力越强越幸福"。这说明有较多的学生认为能力只是获得幸福的前提条件，能力与幸福有关联但并非线性关系。首先，幸福是一种能力，能力越强越幸福。幸福能力包括创造幸福条件的能力和感受幸福的能力。前者是客观的、外在的、促使人实现幸福的条件，比如健康的身体、中等以上的收入、和谐的人际关系等，后者是主观的、内在的、最终决定人能否幸福的能力。当一个人同时具备这两种能力时，此人一定是幸福的，在这个意义上讲，我们可以说"能力越强越幸福"。但是，有很多时候，人们的这两种能力往往会发生偏离现象，即创造幸福条件能力强的人感受幸福的能力未必强，创造幸福条件能力弱的人感受幸福的能力未必弱。二者相比较而言，感受幸福的能力更为重要。其次，能力只是获得幸福的前提条件，并非能力越强越幸福。从幸福的含义来看，幸福是人的迫切而合理的需要通过正当途径得以实现或部分实现时的积极心理体验，故"迫切而合理的需要"与"正当途径"是获得幸福的必然要求，无论是创造幸福条件的能力还是感受幸福的能力的发挥，都必以"有利于人的生命存在与发展"及"正当途径"为限，缺少这两个限定条件，创造幸福条件的能力和感受幸福的能力越强，离幸福目标越远。比如，一个人靠坑蒙拐骗的手段赢得了使其"幸福"的丰厚物质资源，他自己也为此感到很愉快，但是，他的这种"愉快"是不利于他人的生命存在与发展的，是通过非正当途径获得的，因此不能称其为"幸福"，只能说他获得了利益满足后的快感。"尽管每个人都可以按照自己对幸福的理解来实现幸福生活的权利，但是，在伦理学视域内，幸福问题也像其他问题一样关涉个人与他人、个人与社会之间的关系，因此，个人对幸福的追求不能与社会历史发展的客观必然性悖逆。也就是说，人们对幸福的追求，受制于道德的指引，只有道德上的无愧，才有真正的幸福"。①

总之，从大学生对于需要与幸福、道德与幸福、能力与幸福三种关系的认知情况来看，多数大学生对于幸福含义的理解是比较客观、全面、理性的。虽然有正确的认知不一定有正确的行动，但是没有正确的认知更不可能有正确的行动。所以，大学生对于幸福含义的正确理解是他们追求人生幸福的必要前提。

（二）大学生对于幸福类型的理解

依据幸福的内容，幸福分为物质幸福和精神幸福；依据体验幸福的时间，幸福分为过程幸福和结果幸福；依据幸福的主体，幸福分为个体幸福与社会幸福；依据幸福的来源，幸福分为创造性幸福与非创造性幸福。

调查显示，大学生选择"经济收入与幸福有相关性，但不是线性关系"的比例最高，占55.24%，有25.71%的人选择"经济收入是幸福的物质基础"，只有14.29%的人选择"经济收入与幸福成正比"。可见，多数大学生对于经济收入与幸福的关系的认识是比较理性的，他们看到了经济收

---

① 柴素芳：《"幸福——收入之谜"的心理诱因》，《河北大学学报》（哲学社会科学版）2011年第2期。

入与幸福具有相关性，经济收入是获得幸福的物质基础，但二者不是线性关系。这一调查结果告诉我们，多数大学生能够正确认知幸福与经济收入的关系，不至于陷入拜金主义误区。

大学生对于"您更注重过程幸福还是结果幸福"一问，回答"过程幸福最重要"的占21.14%，回答"结果幸福最重要"的占15.43%，回答"二者统一最重要"的比例最多，占63.43%，说明大多数学生能够理性认识过程幸福与结果幸福的关系，能够在理论上将二者有机统一起来。对于"您认为创造幸福和享受幸福哪个更重要？"一问，回答"创造幸福更重要"的占22.10%，回答"享受幸福更重要"的占14.29%，回答"二者统一更重要"的最多，占63.62%，说明大部分学生不仅能将创造幸福和享受幸福统一起来，而且在"创造幸福更重要"和"享受幸福更重要"单独选择时更加侧重"创造幸福更重要"。大学生对于"个人幸福与社会幸福比较，更注重哪种幸福？"一问，回答"社会幸福更重要"的（52.00%）占比略高于回答"个人幸福更重要"（48.00%）的，说明在大学生心目中，社会幸福占有较为重要的位置，这是当代大学生人生价值观的积极体现。笔者在访谈时，当问大学生"您更注重个人幸福还是社会幸福？"时，回答"二者统一更重要"的人数居多，其次是"社会幸福更重要"，这与问卷调查结果具有一致性。总之，调查显示，多数大学生懂得构建全面、和谐幸福观的价值。

（三）大学生幸福目标取向及幸福预期

"幸福目标取向是幸福观的核心内容，它关系人们对幸福的认识和理解，决定和影响着人生态度。不同的人对幸福的理解是不一样的，因而人们的幸福目标取向也不相同"。[1] 为了有针对性地进行大学生幸福观教育，本研究对大学生幸福目标取向进行了调查，主要包括大学生"感到幸福的主要因素"和"感到不幸福的主要因素"两个方面。

---

[1]　肖玲：《深圳特区大学生幸福观的调查与分析》，《中国青年研究》2005年第5期。

1. 大学生感到幸福的主要因素

调查显示，"您感到幸福的主要因素"是：身心健康（79.24%），生活富裕（62.90%），家庭美满（62.29%），有尊严、有价值（62.10%），有理想目标（58.29%），人际关系协调（46.29%），有良好品格（25.14%），国家越来越强大、人民生活质量越来越高（19.62%），乐于助人（7.62%），其他（3.05%）。由此可见，影响大学生幸福的主要因素集中在个人、家庭方面，而"有良好品格""国家越来越强大、人民生活质量越来越高"以及"乐于助人"是影响大学生感到幸福相对靠后的三个因素。多数大学生感到幸福的因素多与个人利益相关，身心健康，家庭美满和有尊严、有价值成为大学生感到幸福的主要因素。但是，相比较而言，大学生对他人和社会的关注程度较低，缺乏奉献他人的幸福体验。即使是对于个人幸福的重视，也忽略了良好品格对于幸福的重要意义。这是今后大学生幸福观教育中应该引起足够注意的方面。

2. 大学生感到不幸福的主要因素

调查显示，"感到不幸福的主要因素"是：家庭关系失调或个人情感受挫（75.43%），没有尊严感、价值感（58.67%），经济条件差（45.71%），就业压力大（40.95%），身心不健康（35.81%），人生没有目标（32.76%），总感觉不如别人（23.43%），生存环境差（16.19%）。幸福是人的积极的情感体验，这种情感体验与人际关系协调密切相关。在一个人的所有人际关系中，家庭关系是人最先遇到的，也是最密切的人际关系，因此，家庭关系是否和谐对于大学生的幸福感具有最直接的影响；当代大学生多为青年，此时期的他们在生理上已经成熟，在情感上，尤其是对两性情感有一定的期待。他们既对爱情充满期待，又由于种种原因恋爱期比较短暂，情感受挫在所难免，由此造成的痛苦使其幸福感明显降低，这是调查中大学生选择"家庭关系失调或个人情感受挫"比例较高的重要原因。在影响大学生感到不幸福的因素中，选择"没有尊严感、价值感"的学生比例较高，这与大学生人生需求层次较高、渴望被尊重和实现自我价值，但由于各种主客观原因而不能如愿有关。调查发现，不少学生把"经济条件差"作为感到不幸福的主要因素，这一方面说明有一定数量的在校大学生家庭经济条件偏差，另一方面，"经济条件差"也是相对而言的，只是部分大学生更在意经济条件对于幸福的作用而已，比如，选择"经济条件差"的男生高于女生，这可能与男生承担着更重的家庭责任有关。笔者在走访中发现，大学生对于"生存环境差"的理解主要体现为法治不够健全、社会不公平、贫富差距加大、自然环境恶化、食品不安全等。

3. 大学生总体幸福感及幸福预期

调查显示，对于"综合您所有因素，您认为自己幸福吗？"一问，回答"比较幸福"的占 53.52%、"说不清"的占 16.76%，"非常幸福"的占 14.10%，"较不幸福"的占 9.71%，"非常不幸福"的占 5.90%。可见，有 67.62% 的大学生感到"比较幸福"和"非常幸福"，有 15.61% 的大学生感到"较不幸福"和"非常不幸福"，说明大学生的总体幸福程度较高。

关于大学生的幸福预期，调查显示，选择"较有信心"和"很有信心"的大学生占比分别为 32.19% 和 33.90%，二者之和为 66.09%。选择"完全没有信心"的占 3.24%，"较无信心"的占 10.86%，二者之和为 14.10%。总体来看，7 所学校的大多数学生对未来的幸福充满信心。从学校变量来看，回答"较有信心"和"很有信心"的大学生中，内蒙古大学（84.00%）、浙江大学（78.75%）、北京大学（73.61%）、西南大学（64.07%）所占比例较高，这与四所学校大学生感觉"比较幸福""非常幸福"的数据相关。

（四）大学生实现幸福的途径

对于实现幸福的主要途径，调查显示，认为应该"靠自己努力创造"的大学生占 66.48%，认为"靠机遇"的占 19.24%，认为"靠父母、社会力量支持"的占 8.95%，说明大多数学生认可实现幸福的主要途径是"靠自己努力创造"。马克思指出："人不仅仅是自然存在物，而且是人的自然存在物，就是说，是自为地存在着的存在物，因而是类存在物。他必须既在自己的存在中也在自己的知识中确证并表现自身。"①马克思认为，作为"类存在物"的人，不仅像其他物质一样表现为一种物质存在形式，更重要的不同之处在于人具有他物所不具备的精神属性和社会属性，人是有意识的能创造的物质存在。当人的创造性得以发挥、实现了自己的主体价值时，就会因生命"有意义"而感到快乐和幸福。"靠自己努力创造"来获得幸福就是这样的人生体验。可见，多数大学生对于实现幸福途径的认知是科学合理的。虽然"机遇""父母""社会力量的支持"对于人获得幸福有一定作用，但这种作用的发挥必须建立在自己主观努力的前提下，倘若完全依赖"机遇""父母""社会力量的支持"，而自己不劳动、不创造、不实现人生价值，就很难体验真正的幸福。

从调查可以发现，非独生子女学生（70.70%）、农村学生（71.35%）以及每月生活费较低的学生对于"靠自己努力创造"认同度较高，比如，每月生活费在 500 元以下的学生中，选这一选项的占比为 78.56%，500~1000 元的大学生占 65.39%，而 1000 元以上的占比仅为 55.91%。说明非独生子女学生、农村学生、每月生活费较低的学生自立意识更强，更希望通过自己的努力来获得幸福。看来，贫困是一把"双刃剑"，它可以使人因缺乏生活资源和发展机会而自卑、止步不前，也可以激发人自立自强的生命意志；富有同样具有两面性，它可以为人提供优越的生活条件，也可以消磨人的本质力量，甚至使人堕落。可喜的是，调查结果显示，那些经济条件差、家住农村的大学生并未因家庭经济条件较差而消极、懈怠，而是渴求通过自身的努力、创造来实现人生价值，体验人生幸福。

对于"当无法实现自己的幸福目标时的态度"一问，调查发现，认为应

---

① 《马克思恩格斯文集》第 1 卷，人民出版社，2009，第 21 页。

该"调整目标"的大学生所占比例最高,占 50.48%,坚持"不达目的,决不罢休"的大学生占 23.81%,认为应该"降低期望值"的占 15.43%,"听天由命"的占 7.81%。这说明大学生能够理智分析需要与满足需要的主客观条件之间的关系,懂得通过重新设定符合自身实际和社会发展趋势的目标,来使自己实现愿望、获得幸福。一个成熟的大学生要学会反思自己、验证自己、调整自己。这样,就可以减少压力和焦虑,获得内心的宁静。

三 大学生幸福教育的对策

通过以上调查与分析,笔者认为,多数大学生的幸福观是科学的,他们能够正确认知幸福、合理追求幸福,但部分大学生的幸福观较片面和偏激,需要指导。当前,构建"幸福中国"已经成为我国政府的施政导向,这是利国利民的政治发展需要,而归根结底又是百姓渴求幸福的民生需要。在构建"幸福中国"的进程中,高等教育尤其是思想政治教育工作者应该不辱使命,在培养大学生树立科学的幸福观方面有所作为。为此,大学生幸福观教育应采取如下对策。

(一)大学生幸福观教育的基本原则

大学生幸福观教育是一种全面和谐发展的教育,是全面性、开放性、多元性与个体性、多样性的有机统一。因此,大学生幸福观教育应该坚持以下原则:一是坚持整体性原则。讲究教育主体的协作性,实现教育内容的全面性,突出教育活动的关联性。二是坚持共性教育与个性教育相结合的原则。既通过共性幸福观教育来传承、发展人类历史上具有当代价值的幸福观,解决大学生幸福观普遍存在问题,又要高度尊重大学生幸福观的个性差异,做到"量体裁衣,量米下锅""循序渐进,量力而行""遇物则诲,相机而教",最终实现共性幸福观教育与个性幸福观教育的有机融合。三是坚持创新性原则。体现教育的时代性,遵循教育的规律性,增强教育的实效性。

（二）大学生幸福观教育的内容与目标

针对大学生幸福观现状，本研究将大学生幸福观教育内容与目标分为三个层面：以生命教育为逻辑起点和归宿，以培育道德品格为价值依据，以促进和谐统一为目标。

以生命教育为逻辑起点和归宿。完整、健康的生命是幸福的物质载体，在大学生幸福观教育中，要引导学生珍惜自然生命，提升自然生命质量，为获得幸福奠定坚实的物质基础；要加强心理健康教育，培养大学生确立积极的人生态度，使之正确认知痛苦与幸福的关系，构建科学的价值取向，进而促进精神生命的健康成长，杜绝或减少心理污染，获得高层次的精神幸福，使大学生承担起生命的责任，促进个人幸福、家庭幸福和社会幸福的统一。

以培育道德品格为价值依据。道德生活能够提升人的生命质量，使生命不再是单一的物质生命，而是具有丰富的价值意蕴的精神生命和社会生命的融合，因而优良的品格成为人类幸福的必然要素。笔者认为，帮助大学生正确认知德福关系，陶冶道德幸福情感，增强道德意志，实施具有道德价值的行动，使之构建有利于自身及他人生命存在与发展的道德幸福观。其中，"行"是最重要的环节，是大学生道德品格形成的落脚点，目的在于引领大学生学会追寻道德的、意义的世界，获得具有道德内涵的幸福品质，进而促使大学生投身到道德实践活动中，并在道德实践活动中创造幸福，享受幸福。

以促进和谐统一为目标。幸福观虽然可以多样，但只有和谐统一的幸福观才能引导大学生获得幸福，而马克思主义幸福观建立在辩证唯物主义和历史唯物主义基础之上，因此，不仅具有科学性，而且具有和谐统一性。在马克思主义看来，人的幸福应该是物质幸福与精神幸福、个人幸福与社会幸福、创造幸福与享受幸福的和谐统一。为此，教育者要引导大学生克服物质主义、享乐主义、极端个人主义的消极影响，帮助他们树立集体主义幸福观，提高他们创造幸福和体验幸福的能力。

论大学生幸福观教育的目标 ①

　　大学生幸福观是其人生观的重要内容之一。人生观不同，人们对于幸福内涵的理解以及获得幸福手段的选择迥异。马克思主义幸福观是马克思主义创始人和无产阶级革命导师关于幸福的全部观点和全部理论的总和，主张物质幸福与精神幸福、个人幸福与社会幸福、创造幸福与享受幸福的有机统一，是科学的幸福观。因此，以马克思主义幸福观为指导，引导大学生实现物质幸福与精神幸福、个人幸福与社会幸福、创造幸福与享受幸福的有机统一，具有非常重要的现实意义。

一　引导大学生实现物质幸福与精神幸福的有机统一

　　物质幸福是精神幸福的基础。丰富的物质财富能够提高人们的生活质量，也能不同程度地增强人们的幸福感，尤其"对于贫穷的国家而言，发展经济的确可以明显提高国民幸福水平"，② 物质条件是人获得精神幸福的重要基础。马克思认为，"忧心忡忡的穷人甚至对最美丽的景色都没有什么感觉"③。不是穷人不喜欢美丽的景色，而是因为生活困窘使穷人没有心情欣赏美景。诗意地栖居令人向往，然而，人若真正在现实中诗意地栖居，并非易事。我们大多数人都是凡夫俗子，不能拥有哲学家的胸襟和艺术家的情趣，尤其是那些仍在为生计奔波劳累的人们，正是物质条件的限制使他们无法诗意地栖居。

　　精神幸福高于物质幸福。人的需要特性决定了精神幸福高于物质幸福。根据马斯洛的需求层次理论，物质需要属于人的低层次的生存需要，精神需要属于人的高层次的发展需要，由于幸福与否与人的需要是否得

---

　　①　本文原刊于《学校党建与思想教育》2013 年第 4 期，与邵艳合作。
　　②　奚恺元、王佳艺:《撬动幸福》，中信出版社，2008，第 36 页。
　　③　《马克思恩格斯全集》第 42 卷，人民出版社，1979，第 126 页。

到实现密切相关，故物质幸福属于人的低层次的生存幸福，精神幸福属于人的高层次的发展幸福。因此，马斯洛指出，"高级需要的满足能引起更合意的主观效果，即更深刻的幸福感、宁静感，以及内心生活的丰富感"。[①] 因此，在大学生幸福观教育中，应引导大学生追求建立在一定物质基础之上又超越物欲的持久的精神幸福。倘若一个人沉溺于物质享受，缺乏高尚的情操，势必感到精神苦闷、空虚、绝望；一个人失掉了健康的精神生活，金钱就可能成为培植贪欲，产生伪善的欺骗的土壤，甚至使人堕落，道德败坏。

实现物质幸福与精神幸福的辩证统一。纵观现实，科学技术在给人类社会带来空前的物质繁荣的同时，也使物质主义人生观得到世人最普遍也最充分的实践，从而诱发了个人主义、享乐主义、拜金主义幸福观，使人"对任何其他事物的影响便麻木不仁。他们对理智的高度幸福既无能为力，就只有沉迷在声色犬马中，任意挥霍，求得片刻的感官享受"。[②] 对于在校大学生而言，由于他们的人生观、幸福观尚未完全定型，故物质主义人生观也会对他们产生一定的影响。有学者研究发现，"大学生中近一半的人数崇尚物质主义。物质主义已经在很大程度上影响了大学生，把物质的富有当作生活的重要成就，并认为拥有更多的物质享受可以给自己带来快乐和幸福"。[③] 因此，在对大学生进行幸福观教育时，应着力引导大学生正确认知物质财富对于幸福的实际意义，使之自觉摒弃物质主义的消极影响。

总之，幸福虽然具有感性的特点，但我们必须以马克思主义幸福观为理论指导，引导大学生理性地认识物质幸福与精神幸福的辩证统一关系，既承认物质需要是人的基本需要，是人生存和发展的基础，物质幸

---

① 〔美〕马斯洛：《自我实现的人》，许金声译，生活·读书·新知三联书店，1987，第163-164页。

② 〔德〕叔本华：《人生的智慧》，张尚德译，中国工人出版社，1988，第7页。

③ 孟洁、张河川：《物质主义与"传统价值观"对大学生心理健康的影响》，《北京青年政治学院学报》2011年第1期。

福是人的必然追求，也承认物质生活水平对人们的精神生活质量有一定的促进作用，还要帮助大学生在注重物质需求和物质幸福的同时，不能忽视精神需要和精神幸福。

二 引导大学生实现个人幸福与社会幸福的有机统一

幸福的含义中包括个人幸福与社会幸福的统一性。幸福是人的迫切而合理的需要（即有利于生命存在与发展的需要）通过正当途径得以实现或部分实现时积极的心理体验，幸福的这一含义体现个体与社会的关系，具体表现为："有利于生命存在与发展"不仅指有利于自己的生命存在和发展，而且包括有利于他人生命的存在和发展。因为，幸福不是纯粹个人的迫切需要的满足，而是建立在有利于自己且无害于他人的基础之上，即个人幸福的获得不能以损害社会幸福为代价。所以，个体幸福必须"通过正当途径得以实现或部分实现"，即获得幸福的途径必须具有正当性，个人幸福具有道德意义，个人幸福与社会幸福密切关联。而随着社会的不断发展，分工越来越精细，生产社会化程度越来越高，个人幸福的实现，也就越来越依赖于社会的进步和人们生活共同体的发展。马克思主义认为，个人幸福不仅只有在社会中才能实现，而且只有为社会谋求幸福，才是最高意义的幸福。恩格斯也曾精辟地论述道："当一个人专为自己打算的时候，他追求幸福的欲望只有在非常罕见的情况下才能得到满足，而且绝不是对己对人都有利。"[①]

个人幸福与社会幸福具有统一性。无论是物质需要的满足还是精神需要的满足，无论是物质幸福还是精神幸福，都离不开他人与社会的支持。也正是在这个意义上，我们说个体幸福与社会幸福具有不可分割的特性。就连利己主义哲学家霍尔巴赫也承认，仅仅利己是不够的，他在《社会体系》中说："人为了自保，为了享受幸福，与一些具有与他

---

① 《马克思恩格斯选集》第4卷，人民出版社，1972，第234页。

同样的欲望、同样厌恶的人，同住在社会中，因此，道德学将向他们指明，为了自己的幸福，就必须为自己的幸福所需要的别人的幸福而工作。"在我国悠久的文化历史长河中，孔子主张"己欲立而立人，己欲达而达人"，孟子认为"与人乐乐""众乐乐"才是最大的快乐，范仲淹追求"先天下之忧而忧，后天下之乐而乐"，这些人都是从完善人格的角度，强调为他人、社会的利益、幸福做贡献，这种贡献的目的不是获得自己的幸福，而是通过做出有利于他人、有利于社会的事，来完善自己的人格，追求一个完美的道德境界。可见，个体幸福和社会幸福互相依存、互为条件、不可分割地联系着，二者密切结合为一个人全面幸福的两个侧面。

实现个人幸福与社会幸福的辩证统一。笔者 2011 年对北京大学、北京建筑工程学院、河北大学、广西大学、西南大学、内蒙古大学、浙江大学 7 所高校大学生幸福观的调查显示（见图 1），对于"您感到幸福的主要因素"一问，回答比例的总平均值由高而低的顺序是：身心健康（79.24%），生活富裕（62.90%），家庭美满（62.29%），有尊严、有价值（62.10%），有理想目标（58.29%），人际关系协调（46.29%），有良好品格（25.14%），国家越来越强大、人民生活质量越来越高（19.62%），乐于助人（7.62%），其他（3.05%）。可见，大多数大学生更注重个人幸福，而以"国家越来越强大、人民生活质量越来越高"和"乐于助人"为幸福的主要因素的大学生排在了第8、第9位。因此，帮助大学生树立集体主义幸福观，使大学生懂得只有生活在意义的世界中，才活得充实、活得幸福。正像约翰·密尔所说的那样："幸福并非行为者一己的幸福，而是所有与该行为有关的人的幸福。"①

---

① 〔英〕约翰·密尔：《功用主义》，唐钺译，商务印书馆，1957，第 18 页。

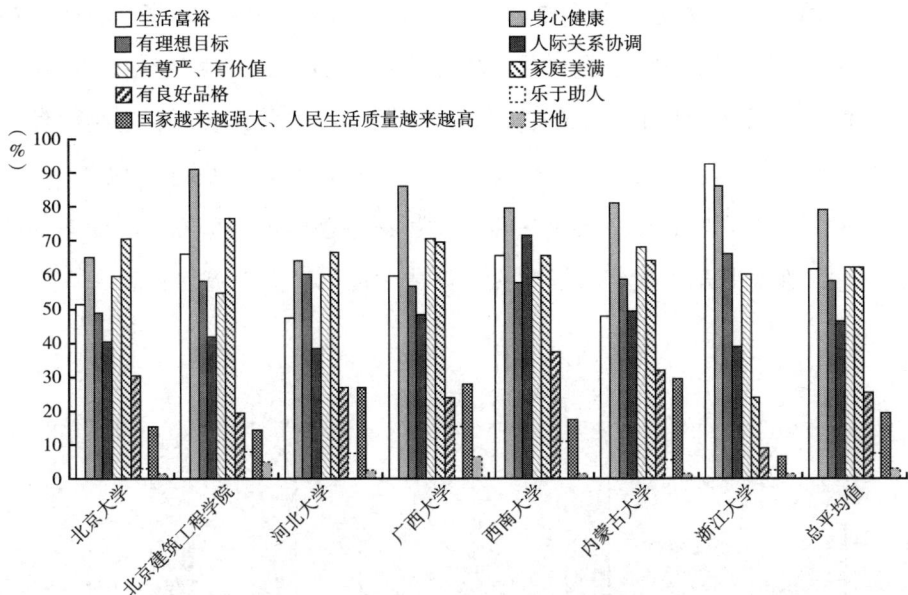

图例：
- □ 生活富裕
- ■ 身心健康
- ■ 有理想目标
- ■ 人际关系协调
- ▨ 有尊严、有价值
- ▨ 家庭美满
- ▨ 有良好品格
- ⬚ 乐于助人
- ▨ 国家越来越强大、人民生活质量越来越高
- ▨ 其他

横轴：北京大学　北京建筑工程学院　河北大学　广西大学　西南大学　内蒙古大学　浙江大学　总平均值

图 1　大学生感到幸福的主要因素

　　总之，社会生活将独立的个人密切联系为一个整体，形成了个人离不开社会，社会也离不开个人的格局。为此，离开社会个人幸福就无法实现；离开个人社会幸福同样无法实现，个人幸福与社会幸福是辩证统一的关系。把个人幸福与社会幸福融为一体的人是最幸福的人。英国教育家霍尔曾指出："当一个年轻人被教育成为了他人的幸福而生存的时候，这个人就是受到过精神教育的人。"①

三　引导大学生实现创造幸福与享受幸福的有机统一

　　所谓创造幸福，是指通过创造性的劳动来实现自己迫切而合理的需要所产生的幸福。所谓享受幸福，是指并非通过自己创造性的劳动，而是享受他人劳动成果所产生的幸福，这种幸福属于非创造性幸福或消费性幸福。笔者的调查发现，对于"您认为创造幸福和享受幸福哪个更重要？"

---

① John.M.Hull, *The Ambiguity of Spirtual Values*, M. Halstead &M.Tayler, Values in Education and Educa-tion in Values, London: University of London, 1996.

一问，回答中二者统一更重要的居于首位，占 63.62%，回答"创造幸福更重要"和"享受幸福更重要"的分别占 22.10% 和 14.29%。（见图 2）这表明，多数大学生们追求创造幸福与享受幸福的辩证统一，这是教育者引导大学生将创造幸福与享受幸福有机统一的良好思想基础。为此，在大学生幸福观教育实践中，要进一步使学生深刻理解创造幸福与享受幸福的关系，并在此基础上引领大学生实现创造幸福与享受幸福的和谐统一。

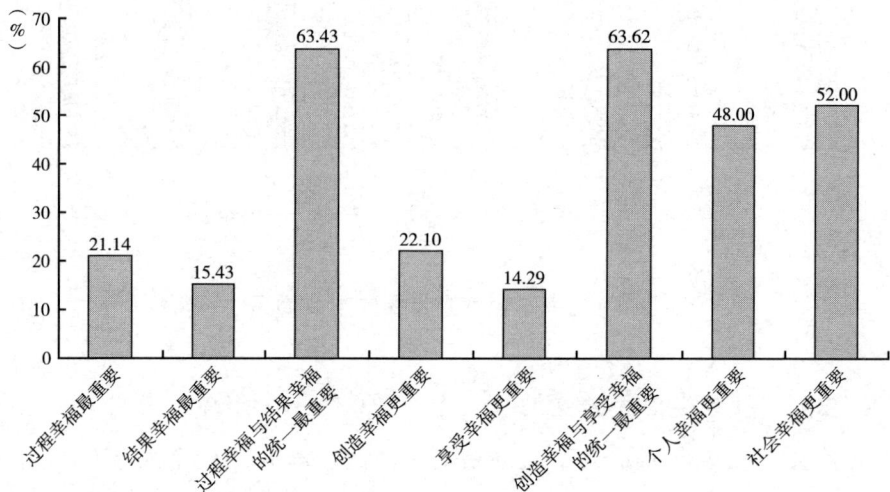

图 2   大学生对于幸福类型的认知

（一）创造幸福与享受幸福的辩证关系

创造幸福是享受幸福的前提。马克思主义认为，人民群众是实践的主体，是历史的创造者，他们不仅创造了日益丰富的物质财富，也创造了卓越的精神财富。正因如此，广大人民群众才有条件享受物质财富和精神财富，进而获得物质幸福与精神幸福。仅从创造、享受精神财富和精神幸福的层面来看，教育是一项具有创造性的职业，从教育理念的定位到教育情境的营造，从教育内容的选择到教育方法和手段的运用，都凝聚着教育者内在的自我实现、自我超越的精神力量。一个幸福的教育者，必然具有出色的创造能力，并能培养学生的创造能力。教育者的神圣职责就是精神文化的传承与创造，教育者的幸福就是通过创造性的教育活动带给社会最大的精神价值。每一个热爱自己生命、热爱自己职业的教师，都能直接从具有创造性的教育教学活动中体验到作为一名教师的幸福感。所以，"教育不是牺牲，而是享受，不是重复，而是创造，不是谋生的手段，而是幸福生活本身"。[①]

创造幸福高于享受幸福。社会生活在本质上是实践的，劳动实践是人区别于动物而存在的根本方式。在劳动实践中，人不仅能获得享受的劳动成果，而且能够充分健全、发展身心，积极挖掘自身潜能，切身体验生命的存在价值，实现自身的全面发展。这样的劳动"就从一种负担变成了一种快乐"。[②] 这样的劳动就是获得幸福的源泉，人们不仅通过劳动创造满足需要的对象物，从而满足自己的需要，而且通过劳动产生新的需要，创造新的幸福。"只有具有无限意义的事情才是幸福的源泉，具有无限意义的事情是做不完的，所以值得一生去追求和珍爱。只有具有'做不完'性质的事情才能保持生命的冲动和创造性"。[③]

创造幸福体现着人生价值。人生价值是指个人一生中的所作所为对自我、他人和社会的生存与发展的积极意义和效用，衡量人生价值的标准是个体对他人和社会所做贡献的多少。高层次的幸福源于成就感和人生价值的实现，而成就感和人生价值的实现源于人的创造性劳动，故一个人的劳动越是具有创造性，对他人和社会所做的贡献越大，其人生价值越大，就越能产生创造性的幸福体验。所以，果戈理说："如果有一天，我能够对我们的公共利益有所贡献，我就会认为自己是世界上最幸福的人了"。

（二）实现创造幸福与享受幸福的辩证统一

提高大学生创造幸福的能力。一个人有无创造幸福的能力以及创造幸福能力的大小直接影响着其获得幸福的可能性及幸福的程度，也决定着

---

① 许琼华：《教师职业幸福感从哪里来》，《教育科学研究》2005 年第 6 期。
② 《马克思恩格斯选集》第 3 卷，人民出版社，1972，第 333 页。
③ 赵汀阳：《论可能生活》，中国人民大学出版社，2004，第 146 页。

其享受幸福的可能性。因此，大学生应主动提高创造幸福的能力。因为，人创造幸福的能力不是先天就有的，而是在后天的社会实践中培养锻炼而成的，大学生创造幸福的能力也需要在实践中去培养和提高。比如，要确立正确的人生目标，培养积极、乐观、勇于奉献的人生态度，要积极参与各种有意义的社会实践活动，并在丰富多彩的实践活动中运用所学知识，挖掘自身潜力，实现自我价值，进而体验创造者的乐趣与幸福。

提高大学生享受幸福的能力。幸福包含着享乐成分，也往往通过快乐的方式表达出来，但享乐不等于幸福。因为幸福范畴内的享乐不仅满足了自己需要，有利于自己的生命存在与发展，而且有利于至少无害于他人的生命存在与发展。但享乐主义不仅割裂了个人需要的满足与他人和社会的关系，把幸福看成纯个人的东西，割裂了物质幸福与精神幸福的关系，也忽视了幸福的道德意义，建立在道德"恶"基础上的享乐不是幸福，而是对幸福的亵渎。所以，马克思、恩格斯尖锐地指出，"享乐哲学一直是享有享乐特权的社会知名人士的巧妙说法……一旦享乐哲学开始妄图具有普遍意义并且宣布自己是整个社会的人生观，它就变成了空话"。[①] 因此，厘清享乐与幸福的关系是大学生提高享受幸福能力的重要条件。此外，若提高大学生享受幸福的能力，既要提高他们在顺境时对美好生活的体验能力，也应提高他们处逆境时抵抗人生挫折的勇气和信心。虽然幸福是人对于现实生活的美好体验，但是，正确认知逆境，驾驭挫折，不仅能够使人减轻痛苦，也能增强幸福感。深刻的幸福，应该是经历了痛苦而体验的酣畅淋漓的幸福体验。

大学生幸福观教育之道德情感维度

在形式上，幸福表现为人的积极的心理体验，是人的迫切而合理的

---

① 《马克思恩格斯全集》第 3 卷，人民出版社，1960，第 489 页。

需要通过正当途径得以实现或部分实现时的积极心理体验。在内容上，幸福具有道德意义，即个体必须通过道德的手段来获得幸福。由于情感是支配人行动的动力系统，故人们追求幸福的行动必然受道德情感的引发和调节，所以，大学生幸福观教育不应是教育者机械地施教、学生被动受教的过程，而是教育者通过对大学生道德情感的激发并由学生自主建构幸福观的过程。

一 道德情感之于幸福观的价值

情感是一种复杂而稳定的心理体验，其核心内容是价值。根据价值正负变化方向不同，我们把情感分为正向情感与负向情感。正向情感是人对正向价值的增加或负向价值的减少所产生的心理反应，如热忱、信任、感激等；负向情感是人对正向价值的减少或负向价值的增加所产生的心理反应，如消沉、痛苦、嫉妒等。心理学研究表明，不同情感对于人的行为具有不同的导向作用，进而造成不同的生命体验。正向情感使人积极面对生活，处顺境时奋发有为，在逆境中百折不挠，使人产生快乐、幸福等积极的情感体验，而且，正向情感也成为促使人走向成功和幸福的阶梯。相反，负向情感使人缺乏自信，嫉妒他人，畏惧困难，意志消沉，产生悲观、烦恼等消极的情感体验，而且，负向情感也成为使人远离幸福的重要因素。

道德情感是"人们依据一定的道德标准，对现实的道德关系和自己或他人的行为等产生的爱憎好恶的心理体验"。[①] 这表明，道德情感也可分为两种类型：正向道德情感和负向道德情感。正向道德情感包括道德敬畏感、责任感、使命感、荣誉感、自豪感、正义感等；负向道德情感包括羞耻感、愧疚感、焦虑感等。道德兼具理性特征与感性特征，因此，道德与情感是密不可分的关系：道德蕴含情感，道德情感是支配人

---

① 《中国大百科全书》（哲学卷），中国大百科全书出版社，2004，第128页。

实施道德行为的心理基础，道德情感是使抽象的道德理性在个体生根、发芽、开花、结果的土壤，只有道德理性而没有道德情感的加入，人们很难产生道德行为。所以，道德情感是情感中最核心的部分，是影响人的生活方式和价值选择的关键因素，是人们构建幸福观的道德心理条件。

一方面，道德敬畏感、责任感、使命感等正向道德情感是激发人获得幸福的内在动力。因为这些道德情感能够促进人选择积极健康的生活方式，做出合理的价值判断，升华人的心灵世界，树立正确的幸福观。道德敬畏感"指道德主体内心对道德终极价值、道德法则、善之物的强烈的崇敬和畏惧之情。但这一道德情感与其他的道德情感相比，具有自身的特征。首先，敬畏主体情感的'虔诚性'。道德敬畏与道德信念密切相关，敬畏者往往以迷信或笃信的心理去面对敬畏的客体，如同基督教徒心中信奉上帝般的虔诚……其次，敬畏客体之于主体的'神圣性'。相对于其他道德情感的易逝性、随意性，敬畏更具有稳定性和深刻性"。[①]康德在《实践理性批判》中说："有两样东西，我们愈经常愈持久地加以思索，它们就愈使心灵充满日新月异、有加无已的景仰和敬畏：在我之上的星空和居我心中的道德法则。"[②] 在这里，康德是在强调实践主体对道德的敬畏之心。在现实生活中，道德敬畏感往往表现为责任感、使命感等道德情感。人是社会的人，离开他人和社会，个人不仅无法独存，也不可能有幸福可言。个人的幸福有赖于为他人的奉献与服务，这样，每个人都担当着为他人幸福创造有利条件的责任和义务。所以，人不仅必然地肩负着使他人幸福的责任与使命，而且会在担当责任与使命的过程中实现自己的幸福。

另外，道德焦虑、羞耻感、内疚感等负向道德情感可以通过个体内

---

① 龙静云、熊富标：《论道德敬畏及其在个体道德生成中的作用》，《道德与文明》2008年第6期。

② 〔德〕康德：《实践理性批判》，韩水法译，商务印书馆，2000，第177页。

心反思的方式引导人们追求道德幸福。"最早对道德焦虑进行界定的学者是弗洛伊德。他认为道德焦虑是指严厉的超我和受制于它的自我之间的紧张关系。即当个体的思维、感觉或行为违反了自己最初的价值或道德标准时，超我所制造出的内疚、羞愧以及自卑感等情绪的总和……弗洛伊德实际上非常明确地指出了道德焦虑的积极性质"。[1] 儒学代表人物之一的孟子也非常重视道德焦虑的作用，他说："人恒过，然后能改；困于心，衡于虑，而后作；征于色，发于声，而后喻。入则无法家拂士，出则无敌国外患者，国恒亡。然后知生于忧患而死于安乐也"。[2] 意为产生道德焦虑的过程就是道德人格的提升过程。羞耻感也是个人自我道德意识的一种表现，表示一个人对自己的行为、动机和道德品质进行谴责时的体验。[3] "霍夫曼（Hoffman, M.）认为内疚是个体的行为危害了别人的行为，或违反了道德准则，而产生良心上反省，对行为负有责任的一种负向情感体验。他的研究认为，内疚常常发生于不道德的或自私的行为之中，内疚感一旦发生，即能采取补偿行为的动机力量。它的社会价值在于内疚感被唤起后经常导致帮助受害者的行为倾向"。[4] 道德焦虑、羞耻感、内疚感虽属于不同的道德情感，但其都具有激发道德行为的动机、预防和矫正不道德行为、增强道德信念、提升道德人格等共同作用，这些负向道德情感在道德内化过程中发挥着不可缺少的桥梁作用，往往会成为个体在道德良心的催化下产生实施道德行为的内动力，这样就将负向道德情感转化为正向道德情感，个体就会体验良心得到安宁、自尊心得到满足、道德人格得以提升而获得的幸福体验。

总之，人的道德情感越丰富，就越有可能获得更多的因道德而生成的幸福体验，故陶冶大学生的道德情感有利于其构建科学的幸福观。

---

[1]　徐建军、刘玉梅：《道德焦虑：一种不可或缺的道德情感》，《道德与文明》2009年第2期。

[2]　杨伯峻：《孟子译注》，中华书局，1988，第208页。

[3]　曾钊新、李建华：《道德心理学》，中南大学出版社，2022，第139页。

[4]　施承孙、钱铭怡：《羞耻和内疚的差异》，《心理学动态》1999年第1期。

二 大学生道德情感及幸福观现状

总体来看，大学生的正向道德情感是积极健康的，但是，有关学者的调查研究表明，部分大学生的责任感、道德敬畏感、使命感等正向道德情感比较淡薄。比如，有调查显示，大部分学生都有强烈的自主参与、积极竞争的意识，敢于谋求自己的利益，但也有些大学生"热衷于自我设计而忽视了自我设计的社会意义与道德意义；注重自我需要的满足和自我利益的追求而忽视了他人的主观感受和利益需求；注重自我道德的建设而忽视了公共道德的构建"。[①] 具体表现为一些人在追求自己幸福的过程中，较少考虑他人的利益，只讲索取，不愿奉献。笔者于 2011 年 8 月对于北京大学、北京建筑工程学院、河北大学、广西大学、西南大学、内蒙古大学、浙江大学 7 所大学在校大学生幸福观的调查显示，回答"您感到幸福的主要因素"的比例总平均值由高而低的顺序是：身心健康（79.24%），生活富裕（62.90%），家庭美满（62.29%），有尊严、有价值（62.10%），有理想目标（58.29%），人际关系协调（46.29%），有良好品格（25.14%），国家越来越强大、人民生活质量越来越高（19.62%），乐于助人（7.62%），其他（3.05%）。从这个调查结果看，在 10 个选项中，排在第 7 位的是"有良好品格"，排在第 9 位的是"乐于助人"。由此可见，让大学生感到幸福的因素主要集中在个人、家庭利益的获得方面，较少有人把拥有良好的品格、帮助别人视为幸福的内容，这意味着有相当数量的大学生对于幸福的追求还停留在自我的、物质的层面。

部分大学生的道德责任感、敬畏感、使命感等正向道德情感之所以淡薄，可能与这些大学生对于道德与幸福关系的认知有关。笔者于 2011 年 8 月对于北京大学等 7 所高校的调查显示，大学生对于"道德与幸福关系"认识，选择"有道德的人不一定是幸福的人"所占比例最高，为

---

① 唐爱民：《大学生道德人格的时代征候及其教化》，《中国德育》2009 年第 7 期。

40.57%，这种认识或许与大学生对现实生活中德福相悖现象的理解有关，也与他们对道德与幸福关系的亲身体验有关。有35.24%的大学生认可"没有道德的人肯定不会幸福"，意味着这些大学生已经将"道德"视为幸福的必要前提。有28.57%的学生认为"有道德的人就是幸福的人"，说明这些大学生将"道德"视为幸福的内容，这两项选择之和为63.81%，说明大多数学生认识到了道德与幸福是密不可分的关系。当然，还有19.43%人认为"没有道德的人照样能幸福"，15.43%的人认为"道德与幸福毫无关系"，说明这些大学生还没有理解幸福必然具有道德意义——尽管幸福是人的主观心理体验，幸福的承担者不可能是集体，但是，人们的幸福也并非孤立存在的，而是彼此联系的；尽管幸福与人的需要满足有关，但并非人的一切需要的满足都必然带来幸福。需要本身是中性的，但满足需要的途径是有伦理意义的。只有既有利于自己又不伤及他人和社会的需要得以实现才能给人带来真正的幸福感。

从负向的道德情感来看。耻感是指行为主体在接受自我评价和社会评价时产生的一种内疚、自责、惭愧等心理体验，它对于人的存在以及社会的进步有着极其重要的意义。当前，一些大学生存在着耻感淡化、缺失甚至错位等问题。比如，笔者于2009年关于大学生思想道德状况的调查显示，大学期间"经常有"考试作弊行为的受访者占13.9%，"偶尔有"考试作弊行为的受访者占47.0%，也就是说，有作弊经历的人数竟然占60.9%。[①] 通过个别访谈，笔者发现目前大学生的考风现状令人担忧：考试前，个别学生以出国、保研、获得奖学金为理由向老师要高分者有之；考试中，监考教师对于有作弊迹象的学生多次提醒，而部分照抄不误者有之；考试后，成绩不符合愿望而逼迫老师提高分数者有之。虽然各高校对于严肃考风采取了多种措施，但是，仍然有不少学生铤而走险。笔者的调查还显示，对于"你是否会在将来择业的履历表上作假"一问，

---

① 柴素芳、李文生：《从感悟到行动——对河北高校大学生思想道德状况的调查与分析》，《河北大学学报》（哲学社会科学版）2009年第5期。

有 18.4% 的同学明确表示"会的"，有 46.8% 的学生表示"视情况而定"，二者之和为 65.2%。这一调查结果和笔者的走访结果说明：一些大学毕业生为了"更好"地推销自己，公然采取弄虚作假的方式把自己包装成能文能武的全才，冒牌的班长、学委、社团团长、学生会会长成了热门职务。"履历不作假，典型一大傻"成为一些人的口头禅。① 这些大学生之所以出现如此美丑混淆，荣辱颠倒，耻感淡化、缺失甚至错位的现象，从某种意义上讲，应该说与这些大学生的幸福观错位有关——在这些大学生看来，幸福就是自我利益的最大满足，只要能够实现自己的某些欲望，就是获得了人生幸福，为了满足这些欲望，可以采取任何手段，而自己内心毫无道德焦虑与内疚感。由此可见，对大学生进行耻感教育应与大学生幸福观教育紧密融合起来。

三　激发道德情感应成为大学生幸福观教育的内容

大学生以道德的手段谋求幸福，不仅需要正确认知道德之于幸福的价值，更需要个体对追求德性幸福在情感上产生共鸣。因此，理解、尊重并培养大学生的道德情感，既是大学生道德品质形成的需要，也是大学生构建科学幸福观的需要。

培养大学生的道德责任感、敬畏感和使命感。从个人角度来看，追求自我的感性幸福本无可厚非，这是人之常情。但是，就社会整体而言，当越来越多的人只把幸福定位在自我的层面而缺乏责任感、使命感时，他们的幸福是低层次、低价值的；仅仅满足于自我的幸福是享受性的幸福，具有消费性、短暂性，是纯粹的个人幸福，而以德性和奉献他人和社会的方式获得的幸福是创造性的幸福，具有增值性、持久性，是将个人幸福与社会幸福有机统一的幸福。有关研究证明，一方面，助人行为能够激发出他人的感恩之情，这足以使助人者感到温暖、快乐和有价值。

① 柴素芳、李文生：《从感悟到行动——对河北高校大学生思想道德状况的调查与分析》，《河北大学学报》（哲学社会科学版）2009 年第 5 期。

因为个体在助人的过程中和助人后，增强了对自我的接纳程度和对自身价值的肯定，提高了个体的自尊水平，从而对其心理幸福感的各方面产生积极影响。另一方面，助人行为足以使助人者萌发内在的美感。"道德分为两种类型：功利性道德和审美性道德。从道德形成的动力机制来看，前者依靠社会舆论、传统习惯的外在约束，属于消极型道德，后者依靠道德主体对美好人生境界的内在追求，属于积极型道德。在现实生活中，为了调整个人与他人、个人与社会和自然的关系，遵守功利性道德是必不可少的，而对于审美性道德的需要与追求是高尚的、永恒的、最具有普遍意义的"。① 中国近代教育家杨昌济认为，"美与真理一样能使人忘却苦痛"。② 大学生幸福观教育的一个重要内容，即要加强对于大学生道德情感的培养，激发其道德敬畏感和道德审美感，增强其责任感、使命感，这不仅是时代的迫切呼唤，具有重大社会意义，也是帮助大学生构建科学幸福观的必然要求。只有敬畏道德才能担当责任和使命，只有在承担责任和使命的过程中，才能找到自己的尊严和价值，才能体验高层次的精神幸福，实现个人幸福与社会幸福的辩证统一。大学生幸福观教育作为高校思想政治教育的重要内容，客观存在着重视知识传授轻视道德情感激励的现象，加之部分教育者自身道德情感素养不高，缺乏对道德情感的理解、沟通、感知、体验和表达能力等，这些都影响了当代大学生道德情感的发展，学生很难把道德知识内化为道德信念去追求。爱因斯坦在《我的世界观》中认为，个体的精神生活和物质生活都依靠着别人（包括生者和死者）的劳动，个体必须尽力以同样的分量来报偿。这就是一个社会人的"义"——责任感和使命感的充分体现。从构成幸福观的基本要素来看，幸福观体现着人们对幸福目标和精神依据的敬重、忠诚、向往等强烈的情感，只有当大学生对他人和社会迸发出真实而深刻

---

① 柴素芳：《论孔子的美育思想及其当代价值》，《河北大学学报》（哲学社会科学版）2005 年第 1 期。

② 吴洪成、李占萍：《从"善良之品性"到"道德人格"——杨昌济的德育理想探析》，《河北大学学报》（哲学社会科学版）2009 年第 1 期。

的道德情感时，才能在道德情感的驱动下采取合乎道德的手段去追求自己的幸福。因此，激发大学生的正向道德情感，使之"找回散失的善的本性"。[1]

汲取我国丰富的耻感教育思想精华，使之成为大学生幸福观教育的珍贵资源。一方面，要引导大学生认识耻感之于幸福的价值。我国有着丰富的耻感教育思想。孔子率先提出"行己有耻"思想，孟子继承并发扬之，把知耻视为做人的根本，指出"羞恶之心，人皆有之"。[2]"无羞恶之心，非人也"。[3]北宋周敦颐认为，人生之大不幸就是"无耻"，因为无耻乃是不仁的表现。朱熹对此解说道："知耻是由内心以生，闻过是得之于外。人须知耻，方能过而改，故耻为重。"（《朱子语类》卷94）欧阳修称廉耻乃"士君子之大节"（《欧阳修集》卷130）。清代学者龚自珍曾旗帜鲜明地提出过"教之耻为先"的教育思想，这一思想强调了道德的自觉精神，表达了朴素的道德主体性见解，蕴含耻感教育的价值。可见"耻"虽是人的负向道德情感，但"知耻"就转化为积极的道德情感，"知耻"不仅可以维护自身尊严，而且能引导人们通过正当途径追求幸福。"知耻"是构建科学幸福观的道德心理基础，比如一个唯利是图的人，"利"是其追求的目标和幸福的轴心内容，为达到这一目的往往不择手段，即使给他人和社会造成危害，也不会产生耻感、内疚感，反而会因自己利益的满足而产生所谓的"幸福感"。故以什么为幸福，是否具有正确的荣辱观，决定着一个人的幸福内容和实现幸福的手段，也就形成相应的幸福观。在此意义上，我们说"知耻"是大学生获得幸福的道德情感基础。另外，要引导学生学会慎独、内省和正己，这是大学生幸福观教育的必要指向。慎独是指一个人独处时也要按照道德规约行事。《中庸》指出，"君子戒慎乎其所不睹，恐惧乎其所不闻。莫见乎

[1] 程志华、聂民玉：《孔子道德教化思想的义理体系》，《河北大学学报》（哲学社会科学版）2011年第5期。
[2] 杨伯峻：《孟子译注》，中华书局，1988，第259页。
[3] 杨伯峻：《孟子译注》，中华书局，1988，第80页。

隐，莫显乎微，故君子慎其独也"。内省即从内心省察自己的思想、言行有无过失。这是儒家自孔子始就非常重视的道德修养方法，孟子将其发展为"存心"或"求放心"，宋明理学家则进一步将此方法发扬光大，比如程颐的"诚敬""致和""集义"，王守仁的"致良知"等。内省的价值在于，它可以激励人们朝着正确的方向前行，也可以纠正人们偏离的方向。在内省的过程中，有的人因内省不疚而心境坦然，就会获得内心的宁静、快乐乃至幸福感；有的人因心中有愧而惴惴不安、诚惶诚恐、失去幸福感。所以，古希腊哲学家德谟克利特认为"真正的幸福在于心灵的安宁"。所谓正己，就是要人们改过迁善、见贤思齐，最终达到"至善"的崇高境界。"己所不欲，勿施于人""己欲立而立人，己欲达而达人"是儒家提倡的修己、正己的道德情感，而今已成为具有普世价值的道德规范。这种正己利人是一种大爱，有这种大爱，人不但不会因为正己而感到受约束和委屈，反而会因良心无愧和行为的高尚而产生价值感、幸福感。在这个意义上讲，"一个人是否能够获得幸福及幸福程度的高低，不是单纯的因为他拥有生命，而在于他拥有怎样的生命"。①

大学生幸福观教育的基本原则

大学生幸福观教育是指以帮助大学生树立科学的幸福观为目标，以幸福的和谐状态为评价标准，使他们正确认知幸福、获得幸福和体验幸福的教育过程。在大学生幸福观教育实践中，教育者依据什么以及如何开展幸福观教育工作，均要遵循一定的教育原则。大学生幸福观教育原则是指在大学生幸福观教育过程中应遵循的法则或要求，这些法则要求既是对相关教育实践经验的总结，也是对大学生幸福观教育过程的规律

---

① 柴素芳：《"幸福——收入之谜"的心理诱因》，《河北大学学报》（哲学社会科学版）2011年第2期。

反映，是一般方法论与大学生幸福观教育具体方法相互转换的中介，具有方法论的性质，因而成为大学生幸福观教育实践的指南，决定着幸福观教育的内容、方法以及所要实现的目标。它不仅可以保障大学生幸福观教育的方向和性质，也可以增强大学生幸福观教育的科学性和实效性。大学生幸福观教育的原则至少应该包括以下三个方面。

一　主体性原则

主体性原则强调坚持主体在实践和认识活动中的地位和作用。大学生幸福观教育的主体性原则是指在大学生幸福观教育过程中要激发教育者与受教育者的主体意识，发挥双主体作用，以实现大学生幸福观教育的目标。

（一）坚持双主体的平等性

传统的灌输式教育有其自身的价值，但这种教育的最大弊端就是发挥了教师的主体性却忽视了学生的主体性，这种教育是教育的独白或传话，而非对话。在这种教育过程中，学生处于"无我"状态，他们不是以平等的身份参与对话，而只是听众，或是知识、思想的"接收器"而已。幸福观是人的一种精神存在，是人们对于幸福的认知态度，具有突出的个体性。故而在大学生幸福观教育中，教育者应把学生看成幸福的主体，使学生自主体验幸福的真义，生成对于幸福的独立思考。所以，坚持主体性原则的幸福观教育是指师生间"内心世界的敞亮，是对对方真诚的倾听与接纳，在相互接受与倾吐的过程中实现精神的相遇相通。在一定意义上，对话是对话双方打开思维大门相互投射、相互碰撞，生成新思想的过程"。[1]对话式的幸福观教育显示的是师生之间的平等性，也只有在平等的氛围中，幸福观教育才能与大学生对于幸福的渴求形成

---

[1]　刘济良:《价值观教育》，教育科学出版社，2007，第124页。

共振，学生才会将"要我如何"变成"我要如何"，这样的幸福观教育才能产生合力。

（二）尊重教育对象的差异性

心理学家认为，我们每个人的身上都带着一个"看不见的讯号"，即"让我感觉自己很重要"。这说明，每个人都有被尊重的渴望。在马斯洛的需求层次理论中，尊重的需求居于第四个层次，属于人的高层次的精神需求。大学生作为青年群体，有着强烈的被尊重的渴望。在笔者的调查中，大学生感觉不幸福的一个重要因素就是"没有尊严感"。因此，在大学生幸福观教育中，必须尊重学生的差异性，"应立足于尊重个体生命，关注个体生命的生存事实……而不是简单地用一种声音取代大家的声音"。[①] 当然，尊重学生幸福观的差异性并非任由学生追求自己所谓的幸福，而应遵从有利于自己且无害于他人的生命存在与发展这一基本前提，教育者必须引导大学生通过正当途径来实现自己的幸福目标。尊重学生幸福观的差异性，就要对学生采取因材施教的方法，有针对性地开展幸福观教育，增强幸福观教育的实效性。

（三）激发教育对象的参与性

苏联教育家苏霍姆林斯基说过："促进自我教育的教育才是真正的教育。"在大学生幸福观教育中，教育者要引导大学生学会自我教育，提高自我教育能力。所谓自我教育，是指在社会既定行为规范指导下，教育者通过发挥受教育者的主观能动性，使之自我调适、自我控制、自我发展，通过不断习得社会文化以适应社会生活的综合能力。在大学生幸福观教育中，同样需要将幸福观教育变为大学生的内在需求，实现由教育到学生自我教育的转化。"作为当代大学教育新模式中不可分割的一

---

① 刘铁芳:《生命与教化》，河南人民出版社，2004，第278页。

部分，大学生自我教育不但是在大学校园中发展自我主体性和创造性的必然要求，更是人的全面发展的要求和终身教育发展的客观需要"。[①]"如果将这种个体的自我教育再扩大到群体的自我教育，即集体的互帮互教，则更会形成一种巨大而持久的教育力量"。[②] 当然，强调学生自我教育并非等同于教育者对学生放任不管，教育者与自我教育始终是密切相连的。真正的自我教育必然是在教育者指导下进行的，教育者承担着为受教育者的自我教育把握方向的职责，要给大学生的自我教育创造广阔的空间。

二 整体性原则

所谓整体性原则，是指大学生幸福观教育不是一个孤立封闭的教育活动，而是一项系统的教育工程。因此，必须把大学生幸福观教育作为由多种教育力量密切配合、将多种教育内容科学整合、使全部教育过程有机联合的整体来抓。在大学生幸福观教育中，坚持整体性原则就是要对大学生幸福观教育问题进行综合分析和研究，从整体和普遍联系中准确把握大学生幸福观教育系统的运作和目标的落实，进而增强幸福观教育的实效性，主要包括以下三个方面内容。

（一）大学生幸福观教育主体的协作性

所谓大学生幸福观教育主体的协作性，是指家庭、学校、社会三方教育主体通力发挥作用，形成一条幸福观教育链，充分发挥教育的合力作用，从而促使大学生形成科学的幸福观。

家庭教育和学校教育是影响大学生幸福观教育最为关键的两个子系统，加强二者的联系与沟通，形成教育合力，具有非常重要的现实意义。

---

① 施一满、刘新庚：《转型时期大学生自我教育缺失原因探析》，《中国青年研究》2011 年第 5 期。

② 张耀灿、陈万柏：《思想政治教育原理》，高等教育出版社，2001，第 171 页。

一方面，家长，特别是父母，要担负起引导子女正确认知幸福和追求幸福的重任；另一方面，学校不仅要高度重视学校的幸福观教育工作，还要密切与家长的关系。目前，家庭和学校客观存在着忽视大学生幸福观教育的现象，表现为重知识教育、轻兴趣培养，重能力提高、轻素养涵育，重升学数量、轻幸福体验等。另外，也存在着家庭教育与学校教育缺乏密切沟通，致使家庭教育与学校教育"两张皮"的现象。究其原因主要在于，大多数大学生已成年，具备了一定的自我管理能力，且多数大学生所在的高校远离家庭所在地，家庭与学校不便于联系。所以，与中小学生相比，大学生的家长与学校及教师的联系相对较少，不利于及时引导他们构建科学的幸福观。当然，也有一些家长主动到学校与教师联系，了解学生在校的思想表现和学习、生活等情况，一些高校也通过家访、组织家长座谈会等多种途径，加强与学生家长的联系，及时了解学生的思想和心理状况，共同解决影响大学生人生发展的问题，促进他们的健康发展。

社会教育作为大学生幸福观教育的必要补充，对于大学生形成科学的幸福观有不可忽视的作用。继哈佛大学的幸福课程轰动全球以来，英国的幸福课程已经从娃娃抓起，我国也逐渐兴起旨在促进人类幸福的教育热潮。在中国香港，有中国幸福学研究院，这是目前全球唯一的一家专业研究华人幸福学的研究机构。在北京，有幸福学文化传播有限公司，它是影响中国人改善生命品质、提升幸福感的重要驿站。另外，我国各主流媒体也纷纷在幸福观教育中扮演重要角色，通过具体的正反事例、生动的艺术形象大力开展宣传教育工作，使幸福观教育得到全社会的普遍关注和重视，《幸福像花儿一样》《老大的幸福》等影视剧为人们构建科学的幸福观提供了可借鉴的经验。这些越来越浓厚的社会教育氛围虽然在一定程度上为大学生的健康成长和幸福观形成创造了有利条件，但与大学生对于幸福观教育的迫切需求相比，这些社会教育不仅是零散的，而且远离在校大学生的实际，所以，只有使社会的幸福观教育与学校的幸福观教育互动、互融、互补，才能取得更好的教育实效。

（二）大学生幸福观教育内容的全面性

大学生幸福观教育内容的全面性是大学生生命存在与发展的客观要求。追求大学生幸福观教育内容的全面性就是要以引导大学生尊重生命、珍惜生命、提高生命质量、体验生命幸福为逻辑起点。同时，人的生命是自然的生命，更是精神生命和社会生命，生命的价值只有通过社会劳动实践才能得以体现，也只有在社会实践中，人的本质力量才能真正释放。

大学生幸福观教育内容的全面性是大学生实现人生价值的必然要求。大学生作为"四有"新人，不仅要追求个体生命的存在与发展，还要促进社会的文明与进步，成为文化传承与发展的主力军。因此，他们的幸福不是单一的，而是多维的；不是止步于低层次需要的满足，而是趋向于高层次追求的；不是过一种依赖型寄生生活的，而是在创造幸福生活的过程中体现生命潜在价值的；不是自私自利"小我"奋斗的，而是胸怀天下"大我"书写的。为此，大学生幸福观教育应围绕这些内容全面展开，促使大学生在实现人生价值的过程中获得幸福。

大学生幸福观教育内容的全面性是马克思主义幸福观的客观要求。马克思主义幸福观主张生命是幸福的载体，需要是幸福的动力，劳动是幸福的源泉，幸福是物质幸福与精神幸福、个人幸福与社会幸福、创造幸福与享受幸福的有机统一，所以马克思主义幸福观是最科学、合理的幸福观，是有利于大学生生命存在与发展的幸福观。大学生幸福观教育应该以马克思主义幸福观为指导，构建新时期大学生幸福观教育的内容新体系，赋予大学生幸福观教育以时代新内涵，引导大学生珍惜生命，提升生命价值，积极投身于丰富多彩的社会生活。

（三）大学生幸福观教育活动的关联性

所谓大学生幸福观教育活动的关联性，是指大学生幸福观教育绝不是一种孤立的教育行动，而是与人文素质教育，尤其是思想政治教育密切关联。

把大学生幸福观教育与人文素质教育紧密结合。从表现形式上来看，幸福观是人对于幸福含义和实现幸福途径的认知态度，一个人的幸福观不仅依赖于客观物质条件，更与个人的思想、道德、文化、修养、情感等人文素质有关。在哲学家尼采看来，世上有两种教育：一是生存教育，即引导人们追求知识，获取尘世幸福，赢得生存竞争；二是文化教育，这种教育既非满足人的生存需要，也非追求尘世幸福，而是引导个体直面永恒的生命意义。此观点虽未涵盖教育的全部内涵，但注重文化教育，将教育的终极目标定位为对生命意义的追求，对今天的教育具有重要的启迪意义。当然，大学生幸福观教育还要与人文素质教育的其他内容和环节结合起来。如此，高尚而全面的人文素养就能使大学生形成健全美好的人格，使他们不仅懂得幸福真义、用理性和智慧追求幸福和感受幸福，而且最终成为和谐幸福的人。

把大学生幸福观教育与"三观"教育紧密结合。大学生幸福观是其世界观、人生观、价值观（以下简称"三观"）在幸福问题上的具体反映，引导大学生树立科学的幸福观必须与"三观"教育紧密结合起来。如果一个人的幸福观不科学，其人生观、价值观往往是错位的。持个人主义、享乐主义、拜金主义幸福观的人往往是其个人主义、享乐主义、拜金主义人生观的反映。当然，"教师要善于把大学生对'三观'理论的感性认识向理性的现实行动转化。只有当学生把树立科学'三观'作为一种内在渴求并化为积极的实践行动时，我们的教育才会有真正的实效性"。①

三　创新性原则

创新原本是经济学概念，由奥地利经济学家熊彼特首先提出，我们

---

① 柴素芳、李文生：《从感悟到行动——对河北省高校大学生思想道德状况的调查与分析》，《河北大学学报》（哲学社会科学版）2009 年第 5 期。

现在使用的创新概念，已从经济学的内涵扩展成一种思维方式和工作模式，成为推动社会及各项事业发展的强大动力。若使大学生幸福观教育卓有成效，就要秉持创新性原则，走出一条创新之路，主要表现在以下三个方面。

（一）体现教育的时代性

人始终通过创造性的劳动来推动社会发展、实现自身幸福。由于所处的时代不同，人类的劳动条件、劳动方式及劳动成果不同，因此人们的幸福认知不同，幸福观也不同，所以幸福观具有时代性，大学生的幸福观同样具有时代性。20 世纪 70 年代末，我国从"以阶级斗争为纲"进入"以经济建设为中心"的历史时期，恢复高考后的大学生把立志成才，报效祖国，奉献社会作为人生最大的幸福。20 世纪 80 年代中后期，社会经历了从"参军热"到"经商热"再到"办公司热"的变迁，大学校园"新读书无用论"盛行。因此，大学生幸福观经历了从偏爱政治到偏爱经济的转移，到 20 世纪 90 年代，大学生日趋冷静、理智、务实，他们开始用客观的眼光来观察社会，思考人生，追求幸福。[1] 至此，大学生幸福观经历了从感性到理性、从迷茫到清醒、从否定到建设的曲折发展历程。当前，大学生幸福观较以往更加务实和理性，大多数学生能够正确认知物质幸福与精神幸福、个人幸福与社会幸福、创造幸福与享受幸福的辩证统一关系。但是，有关研究表明，由于受西方文化思潮消极因素的冲击和市场经济负面因素的影响，"大学生价值观的主流虽然正确，但在价值观多元多样化背景下，部分学生的价值观也出现了一些问题"。[2]表现在幸福观方面，则是一些大学生幸福观发生了错位，出现了个人主义、享乐主义及拜金主义价值倾向。"社会主义核心价值体系是建设和谐

---

① 杨德广、晏开利:《中国当代大学生价值观研究》，上海教育出版社，1998，第 80 页。
② 葛荣霞、郭文玲:《加强大学生社会主义核心价值体系教育的实践与探索》，《河北大学学报》（哲学社会科学版）2009 年第 3 期。

文化的根本，建设社会主义核心价值体系是党的十七大明确提出的战略任务"。① 对当前大学生进行幸福观教育要体现社会主义核心价值体系的要求，用社会主义核心价值观作为大学生追求幸福的思想政治基础。脱离了这条主线，大学生幸福观教育就脱离了时代要求，脱离了全社会共同幸福的价值基础。

（二）遵循教育的规律性

认识教育规律，遵循教育规律是教育事业发展的必然要求，也是大学生幸福观教育必须遵循的原则。既要遵循教育规律，又要通过实践进一步丰富教育规律，因为所有教育活动都是在前人研究和实践基础上进行的，总要有所继承和借鉴，但这种继承和借鉴不是生硬地"拿来"，而是有所创新，这种创新是在继承基础上的新发展，是遵循教育规律基础上的新探索。

创新的教育内容必须具有科学性。所谓教育内容的科学性，是指大学生的幸福观教育内容，既要符合他们身心发展规律和人生发展的全面需要，又要与社会发展需要相契合。比如，教育者在尊重大学生个体需要的基础上，还要引导大学生正确认知物质条件、个人利益与幸福的非线性关系，使他们懂得真正的幸福不仅在于需要的满足，更在于需要是否合理、满足需要的手段是否具有道德意义，科学的幸福观应该是物质幸福与精神幸福、个人幸福与社会幸福、创造幸福与享受幸福的辩证统一。

创新的教育方法必须具有继承性。大学生幸福观教育方法的创新是适应当前国际国内形势深刻变化的客观需要，是适应新时期大学生幸福观变化的迫切需要，也是探求大学生幸福观教育规律的内在要求。比如，榜样教育是一种非常有效的传统教育方法，即"教育者通过榜样这一价值载体的人格形象，激励和引导学习者自我内化榜样精神品质，生成自

---

① 刘志奇、刘海燕：《"以人为本"视角下的青年思想政治教育》，《河北大学学报》（哲学社会科学版）2011年第4期。

我道德人格和创新行为方式的一种教育活动"。① 当然，大学生幸福观教育方法的创新不是玩花样、耍噱头，而是为了扎扎实实开展好幸福观教育工作，因此，教育方法的创新必须依据幸福观教育的基本规律、大学生幸福观的客观实际，借鉴前人在幸福观教育的方法、途径等方面积累的宝贵经验。

创新的教育手段必须具有合理性。随着时代的变迁，教育手段经历了从传统到现代的发展历程。无论是口头语言、书面文字等传统教育手段，还是电子视听设备和多媒体运用等现代教育手段，其作用都是不言而喻的。强调教育手段的创新，并非对传统教育手段的否定，而是对实现教育目标途径的合理探究。要根据大学生幸福观教育内容、教育对象以及教育方法选择合理的教育手段。

（三）增强教育的效能性

所谓效能教育，"就是在教育过程中，以能力为核心，以效率为目标，以效果为要求，最大限度地提高教育者实施教育的能力、效率和效果，最大限度地提高受教育者接受教育的能力、效率和效果，最大限度地提高各种教育资源在实施教育中的综合能力、效率和效果"。② 目前，我国的大学生幸福观教育仍处于探索和发展阶段，幸福观教育的重要性与实效性之间尚存在一定差距。因此，提高大学生幸福观教育的效能问题就凸显出来。提高大学生幸福观教育的效能性应着力把握以下三个方面内容。

以培养能力为核心。大学生幸福观教育的根本任务是引导大学生构建科学的幸福观，以指导大学生正确认知幸福和追求幸福的行动。若要圆满完成这一教育任务，不仅需要提高教育者的施教能力和受教育者的受教能力，而且需要提高在幸福观教育中对各种教育资源的综合运用能

---

① 袁文斌，刘普：《榜样教育的理论依据与心理机制》，《河北大学学报》（哲学社会科学版）2011年第1期。
② 查广云：《提高大学生思想政治教育创新性和实效性的几点探索》，《学校党建与思想教育》2008年第5期。

力。这三种能力越强，就越有利于完成教育任务，实现幸福观教育的目标，反之亦然。在大学生幸福观教育中，之所以要以培养能力为核心，这是由幸福的内涵决定的。从主观上来看，幸福表现为人的一种心理体验；从客观上来看，幸福是一种实践能力，包括创造幸福条件的能力和感悟幸福的能力，所以，提高这两种能力是保证大学生幸福观教育取得实效的关键，因而成为对施教者和受教者的共同要求。施教者要提高自身的幸福能力，充分发挥自身的幸福能力在幸福观教育中所具有的主体作用，进而促进大学生幸福能力的提高。受教者也要不断提高自身的幸福能力，积极创造获得幸福的各种主客观条件，提高自身感悟生活、体验幸福的能力，自觉担负起构建科学幸福观的使命。

以提高效率为保障。以往对教育效率的理解多在经济学的分析框架下进行，本文所指的教育效率是从教育学的意义上讲的，因此提高效率包括提高施教效率和受教效率两个方面。从施教角度看，教育者要全面了解大学生幸福观的历史变迁及现状，掌握丰富的幸福观教育理论，不断创新幸福观教育的内容、方法和手段，优化教育环境等；教育者之间的有机衔接、密切配合是节省教育时间、降低教育成本、提高教育效率的重要方面；调动教育者的工作积极性、主动性，增强其责任感，也是提高教育效率必不可少的环节。从受教育者角度来看，大学生幸福观的构建与其"三观"密不可分。引导大学生树立科学的"三观"是帮助他们构建科学幸福观的内在条件，是提高教育效率不可小觑的因素；在幸福观教育过程中，大学生的学习态度是否认真、幸福认知是否正确、获得幸福的手段是否合理等都是影响幸福观构建的重要因素。因此，使大学生增强学习的自觉性、主动性和创造性，以辩证的思维认知幸福，以道德的手段获得幸福是提高教育效率的重要保障。

以达到效果为目标。培养能力、提高效率的最终落脚点是达到良好的教育效果。大学生幸福观教育是施教者与受教者的一项合作工程，双方均为主体：施教主体和受教主体。只有当幸福观教育的内容、方式、手段被受教主体接受并内化为自己的价值诉求时，施教主体才有可能实现其教育目标，因为"获得知识和道德价值观都不是从环境中直接将知识内化，而是将知识与已有知识（Schema）联系起来，从内部通过各种活动及其创造、协调来建构知识，接受是接受者不断建构的过程"。[①] 由此可见，在大学生幸福观教育过程中，施教主体要精心设计幸福观教育内容，根据不同的受教主体特点，采取丰富多彩的教育形式来满足受教主体的合理需要，注重培养大学生积极的心理品质，为其正确认知幸福、创造幸福、体验幸福和传递幸福营建良好的心理环境，使大学生幸福观教育取得事半功倍的效果。

---

① 程丽丽、刘洋：《接受理论的接受主体因素对思想政治教育效果的影响》，《思想政治教育研究》2009 年第 6 期。

第六章
思想政治教育与幸福研究

　　教育与幸福密切相关。"纵观现实生活，我们不难发现，人敬畏生命的意识、感受幸福的能力、道德情怀的养成以及创造丰富的物质条件的能力、过有意义的生活等等都与教育密切相关，幸福可以通过有效的教育手段来获得。"[①] "有灵魂的思想政治教育"不仅培养学生成为"四有人才"，还应教会他们追求幸福，为学生的幸福生活奠基。

思想政治教育关涉幸福的三个维度[②]

　　思想政治教育作为塑灵魂、聚人心、育人德的根本性工作，是为大学生埋下真善美种子、扣好"人生第一粒扣子"的关键工作，肩负着引导大学生学习和践行习近平奋斗幸福观的重要使命。那么，思想政治教育如何关涉人的幸福？本文基于价值论、认识论、方法论三个维度探讨思想政治教育为何能与人的幸福相关、如何对人的幸福产生影响。

一　思想政治教育关涉幸福的价值论维度

　　幸福的价值终极性决定了教育关涉人的幸福，教育之于幸福是一种

---

① 柴素芳：《大学生幸福观教育论》，人民出版社，2006，第12页。
② 本文原刊于《思想教育研究》2019年第7期，与李颖合作。

应然追求，更是一种实然存在。思想政治教育是立德树人的灵魂工程，其最根本的问题是培养什么人、怎样培养人、为谁培养人。思想政治教育应站在培养社会主义建设者和接班人的高度，按照时代发展要求，体现新时代中国特色社会主义本质特征，在理论上凸显政治性、人民性，在实践中彰显科学性、亲和力，关涉学生幸福的生成。

（一）思想政治教育关涉个人幸福的价值

"人"是一切教育的出发点和归宿点。人以及人类社会所追求的目标就是幸福，人类发展史就是一部人们不断追求幸福的奋斗史。幸福是具有客观性的一种主观存在，尽管人们对幸福的理解各不相同，但人总是在追求更美好、更满意的生活状态。马克思认为，"在每个人的意识和感情中都存在着这样的原理，它们是颠扑不破的原则，是整个社会历史发展的结果，是无须加以论证的"，"例如，每个人都在追求幸福"。[①] 可见，对幸福的追求是人的天性，是人生活的价值追求和内在动力。面对哲学家、思想家对于"幸福"的追问与探讨，思想政治教育作为一项人为、为人的实践活动，直接指向人的精神世界，不断改造和建构人的主观世界。思想政治教育通过自由自觉的活动不断提升个人捕捉、把握和感受幸福的能力，对于人之幸福的实现可有所为、必有所为。幸福不仅是思想政治教育的题中之义，更是其价值追求，理应不断关怀人，将个体价值、尊严与幸福相联系，让每一个个体成为具有幸福品质、拥有幸福能力的人。

（二）思想政治教育关涉人民幸福的价值

思想政治教育是"一定的阶级、政党、社会群体，遵循人们思想品德形成发展规律，用一定的思想观念、政治观点和道德规范对其成员施加有目的、有计划、有组织的影响，使他们形成符合一定社会或一定阶

---

① 《马克思恩格斯全集》第42卷，人民出版社，1979，第373–374页。

级所需要的思想品德的社会实践活动"。① 中国共产党的思想政治教育是中国共产党将马克思主义理论与中国实际相结合形成的具有中国特色的思想政治教育理论，不仅具有鲜明的政治性、科学性，而且具有人民性。开展思想政治教育工作，就是要引导学生懂得：中国共产党自诞生之日起，秉持马克思主义为人民谋幸福的初心，经过百年的不懈奋斗，带领人民创造美好幸福生活，实现了中华民族从"站起来"到"富起来"再到"强起来"的历史性飞跃，使人民的获得感、幸福感、安全感更加充实、更有保障、更可持续。开展思想政治教育工作，就是要使学生认识到：实现中华民族伟大复兴的中国梦是创造人民美好生活的幸福梦，是国家梦与个人梦的辩证统一，内含"国家富强、民族振兴、人民幸福"三层要义，人民幸福是核心要义，国家富强、民族振兴的实践需要人人参与、人人创造、人人奋斗，每个学生都要以实现中国梦为价值目标，将个人幸福与人民幸福高度统一起来。

（三）思想政治教育关涉社会幸福的价值

思想政治教育关涉社会幸福主要体现在，教育者不仅要引导学生正确认识个人幸福与社会幸福的辩证关系，而且要强调，个人幸福属于小幸福，社会幸福属于大幸福，社会幸福高于个人幸福。正如马克思所讲："历史承认那些为共同目标劳动因而自己变得高尚的人是伟大人物，经验赞美那些为大多数人带来幸福的人是幸福的人。"② 有关研究及我国构建和谐社会的生动实践表明，社会的和谐状况与人民幸福程度密切相关，和谐社会不仅是个人获得幸福的关键条件，而且有助于增进社会成员的幸福。诺丁斯说："幸福与教育具有内在的一致性：幸福应当成为教育的目的，而好的教育增进个人与公共幸福。"③ 思想政治教育是关于人的学说，

---

① 张耀灿、郑永廷、吴潜涛等：《现代思想政治教育学》，人民出版社，2006，第50页。
② 《马克思恩格斯全集》第40卷，人民出版社，1982，第7页。
③ 班华：《现代德育论》，安徽人民出版社，2005，第10页。

怎样使人更加幸福是其应有之义，在激发人、关怀人的同时，更要规范人、培养人，通过发挥教育、启发、引导和规范的作用，将和谐社会的要求内化为个人思想道德和品行修养，促进社会治理的进一步完善，成为构建和谐社会的重要手段。

二 思想政治教育关涉幸福的认识论维度

思想政治教育之所以能关涉人的幸福，是因为它不仅是受教者正确认知幸福、在敬德守法的前提下获得幸福的重要保障，更是教育者奋斗新时代、创造幸福、传递幸福的重要途径。思想政治教育工作者作为人类灵魂的"工程师"，对学生幸福观的引导、人格品质的塑造起着不可替代的示范作用，他们认识的深度决定了思想政治教育和幸福观教育的高度，为此，应实现认知层面的"三个注重"。

（一）注重教师自身的品性修养

思想政治教育工作者若要成为学生幸福的领路人，必须首先自己成为有信仰、得人心、好德性的幸福之人，按照习近平总书记要求的"自律要严，人格要正"的标准"自育"和"自知"。每个学生身上都映射着教育者的影子，每名教育者无时无刻不在向学生"讲述"个人故事，"吾日三省吾身"成为教育者的真实写照。从自我认知来看，教育者于己之长，要善于经营，专注所长、发挥所长、善为所长，将长处打造为个人魅力；于己之短，要坦然面对，敢于"认短"、善于"补短"、勇于"舍短"，取悦接纳自己不是止步不前，而是为了多彩呈现，"五彩斑斓"恰恰体现了幸福的多维性。面对生活挑战，教育者于坦途顺境，要节制不惰，既不能沾沾自喜、得意忘形，也不能高枕无忧、坐吃山空；于艰难逆境，要乐观不馁，既不能缩手缩脚、消极退让，也不能知难而退、虎头蛇尾，让成长路上的起伏丰富幸福的内涵。对育人事业而言，教育者要将个人发展与职业幸福相统一，幸福育人、育幸福人，引导学生正确认知什么是有意义的人、有价值的人、幸福的人。教育者成长为有爱、善爱、可爱的育人者是学生正确认知幸福的最好示范。

（二）注重教育过程的实干创新

思想政治教育工作者不仅要有正确认知和良好德性，而且要将德性内化于心、外化于行，成为言传身教、知行合一的领路人。思想政治教育需要灌输，但不是强灌、漫灌，也不是约束学生"就范"，而是通过"滴灌"式教育启发唤醒学生，通过真抓实干、锐意创新的生动实践来引领学生，力求实现奋斗幸福观教育在理论深度与实践温度中的有机融合。一方面，思想政治教育者既要有真切的人文情怀、深厚的文化修养、宽广的理论视野，更要做真抓实干的幸福典范，以实际行动向学生证明"幸福都是奋斗出来的"，潜移默化地影响、感染和带动学生。另一方面，思想政治教育工作者更要有创新精神，成为锐意改革的幸福典范。每个学生都是有所差异的个体、都有各具特色的发展之路，这就需要教育者关注学生内在诉求，在改革创新中为学生树立榜样。河北大学思想政治理论课教师 2013 年创新开展微电影教学改革，多年来指导 4 万多名大学生拍摄微电影 7000 多部，促使大学生在实践中将所学理论内化于心、外化于行，不仅成为大学生树立奋斗幸福观的生动典范，也促使大学生在实践中创造幸福和体验幸福。

（三）注重教育情怀的坚守传递

思想政治教育工作者是传递幸福的有心人，要政治强、情怀深，在创造幸福和体验幸福的过程中用生命影响生命、用教育传递幸福，不断带动更多学生播种幸福能量。"千教万教，教人求真；千学万学，学做真人"，思想政治教育不是培养精致的利己主义者，而是培养学生感知幸福、创造幸福，进而实现个体幸福与社会幸福的和谐统一。幸福是在教育目的与教育过程的融合中传递的，幸福不能用概念表达、不能用公式衡量，幸福是一种心理体验，只有在育人过程中才能感知、实现。回望历史，西南联大诞生于枪林弹雨之中，拥有闻一多、费孝通等众多举足轻重的名师，正是教育者的风骨脊梁和使命担当培养出了"两弹一星"元勋邓稼先等一批大师，滚滚硝烟中的教育长征成为教育传递幸福的丰碑。展望未来，教育要培养具有高尚道德品质、渊博学识、强健体魄的学生，培养心系家国情怀、责任担当的学生，培养有作为、能担当民族复兴大任的学生。立足现实，思想政治教育需要一代又一代"坚守者"来传递梦想、传递幸福，这不仅在于教育者的真情坚守，更要求教育者心系责任、肩负使命、胸怀担当，在引导学生筑梦、追梦、圆梦这一创造幸福和体验幸福的过程中，不断实现传递幸福的育人梦。教育者历练为可亲、可敬、可学的育人者是学生不断传递幸福的强有力驱动。

三　思想政治教育关涉幸福的方法论维度

思想政治教育之所以能够对人的幸福有所作为，是因为思想政治教育在引导学生由"自在"转向"自为"的过程中，以幸福为价值指向开展幸福观教育，在关注与满足学生对"当下""目前"现实幸福适度追求的同时，培养和提升了学生对"未来""一生"长远幸福的创造能力。因而，幸福观教育要深刻把握思想政治教育规律，在方法论上立足主体需求驱动、发挥隐性教育功能、坚持问题意识导向，提供最直接、最现实的教育体验，让人人皆可幸福。

（一）立足主体需求驱动，引导学生追求物质幸福与精神幸福的统一

人的需要是人的内在本质，这决定了幸福的属人性，决定了幸福的内容，决定着幸福的不同层次。康德认为，"幸福是我们对所希望生活的一种理想，是依据理性和想象创造出来的。它基于经验性的期待或者偏好。这种理想部分源于我们的自然本性"。[①] 美国心理学家马斯洛把人的需要由较

---

① 李明洁、〔美〕艾伦·伍德：《我们怎样才能幸福：康德与今天的中国——艾伦·伍德教授访谈录》，《哲学分析》2015 年第 2 期。

低层次到较高层次排列，分成生理需要、安全需要、社交需要、尊重需要和自我实现需要五类，人类满足了较低层次的需要、获得了较低层次的幸福后，就会追求更高层次的需要、追求更高层次幸福的实现。开展幸福观教育要基于学生现实需求，循序渐进，切合生活实际、合乎社会发展，实现幸福观教育与学生有朝气、有活力、有目标的健康成长相契合。

合理引导学生的物质需要。物质需要是人得以生存、发展和创造的必要前提，物质幸福的实现是人实现幸福不可缺少的物质保证，直接制约和影响精神需要、精神幸福。马克思曾说："忧心忡忡的、贫穷的人对最美丽的景色都没有什么感觉。"[①] 可见，人对美好生活的追求需要有更多的物质获得，当人的生理、安全等基本物质需要无法满足时，幸福根本无从谈起。幸福观教育要合理引导学生的物质需要，既要理解和支持学生追求切合实际的物质需要，又要鼓励学生有更丰富的精神追求。一方面，要在环境条件上下功夫，改善基础设施，拓展教育融入生活中、融进环境里，满足学生正当合理的个性化、特色化物质需要。另一方面，要在理念认识上下功夫，引导学生正确认知物质与幸福的非线性关系。幸福不是个人享乐主义，单纯的感官刺激、物质享受只能够带来一时的快乐；物质需要满足不是幸福的全部，不能把幸福和物质享受画等号；物质获得不是越多越好，幸福与否不是单纯的物质满足来决定的。

正确引领学生的精神需要。人是理性的精神存在，追求精神自由和精神幸福能使人体验到更为持久、更为高级的幸福。马斯洛指出，"高级需要的满足能引起更合意的主观效果，即更深刻的幸福感、宁静感，以及内心生活的丰富感"。[②] 精神上的愉悦和情感上的满足有利于学生的健康成长，高尚的精神生活能带来个人价值的实现和人生意义的体现。因此，幸福观教育要激发三类需要，引领学生有更高的精神需要。第一，

---

① 《马克思恩格斯文集》第 1 卷，人民出版社，2009，第 163 页。
② 〔美〕马斯洛：《自我实现的人》，许金声译，生活·读书·新知三联书店，1987，第 163–164 页。

激发学生爱的需要，包括家庭之爱、社会之爱、国家之爱等，提升大学生爱的能力，获得因爱而生成的幸福生活。第二，激发学生的尊重需要，包括自我尊重、自我评价以及尊重别人，提升大学生的成就感和自信心，获得被尊重带来的幸福感、获得感。第三，激发学生自我实现的需要，包括实现个人理想、抱负及对于真善美至高人生境界获得的需要等，提升大学生实现价值的能力，获得高层次的幸福生活。

促进学生将物质需要和精神需要和谐统一起来。幸福是人的主体需要得到持续、稳定满足时呈现出的主观快乐体验。人的需求是有结构的，幸福亦是立体、多维、有层次的，既包括物质方面内容，也蕴含精神层面部分，幸福就是物质需要与精神需要得以实现的和谐统一，这恰恰体现出人向往美好生活需要的内在逻辑。马克思主义幸福观教育首先对人们追求物质生活所带来的幸福予以肯定，但更加强调高尚精神追求所带来的幸福，引导人们通过自由且全面的发展来实现幸福。物质需要是精神需要的基础，精神需要是以物质需要为基础，而又高于物质需要的更高层次的需要，幸福既不是把物质享受看作至高无上的享乐主义，也不是离开物质基础的禁欲主义。幸福观教育要在"平衡"上下功夫，处理好个体物质需要与精神需要的相互关系，实现物质幸福和精神幸福的和谐统一。幸福观教育要立足以主体需求为驱动，结合物质需要与精神需要的转化关系，既要摒弃牺牲人的正当物质需要、一味用精神需要唱高调的做法，也要反对那种只讲物质利益不讲理想抱负、只讲物质需要不讲精神境界的错误倾向。

（二）发挥隐性教育功能，引导学生领悟创造幸福与享受幸福的统一

人创造幸福的能力不是先天就有的，而是在后天的社会实践中培养锻炼而成的，大学生创造幸福的能力也需要在实践中去培养和提高。[①] 实

---

① 柴素芳、邵艳：《论大学生幸福观教育的目标》，《学校党建与思想教育》2013 年第 4 期。

践的观点是马克思主义哲学首要的、基本的观点，实践是人所特有的生存活动方式，是创造幸福的源泉。习近平总书记多次强调基层实践的重要意义，他指出"基层跑遍、跑深、跑透了，我们的本领就会大起来，我们的认识就会产生飞跃，我们的工作就会做得更好"。[①] 幸福源于实践，幸福观教育要发挥各类基层实践的隐性育人功能，引导学生参与劳动实践、开展创新实践、投身公益实践，实现幸福观教育与做有理想、有本领、有担当青年的社会要求相契合。

通过劳动实践促使学生体验劳动是幸福的源泉。劳动是幸福的源泉，劳动过程中洋溢着幸福，劳动成果里蕴含幸福，劳动实践具有强大的育人功能。当代学生动手能力差、缺乏劳动机会，开展幸福观教育要让劳动走进课堂，将劳动实践作为必修课，以劳树德、以劳强体、以劳增智、以劳育美，引导学生在自觉主动劳动实践中体验劳动的快乐与幸福，实现教育的"润物无声"。要注重培养学生热爱劳动的思想感情与劳动习惯，通过统一安排劳动课时，合理规划学生学习基本劳动知识、开展基本劳动实践，形成劳动实践"我能行""我先行"的氛围；通过开展综合技能展示，不断激发学生劳动实践兴趣，引导学生感受劳动光荣、珍惜劳动成果、体验劳动快乐。注重开发学生集动手、动脑为一体的潜能，通过开发劳动动手课程，引导学生掌握与专业实践相结合的技能；通过建设校内劳动课堂，指导学生开展与生活实际、社会实践紧密结合的劳动实践；利用校外社会资源，帮助学生对接、拓展劳动项目，从知识提升中得到满足、收获快乐。

通过创新实践促使学生体验创造性劳动的意义。劳动把人和动物从根本上区别开来，其中创造性劳动是最根本的力量，也是实现幸福的根本动力。幸福观教育要引导学生主动作为，开展创新实践，将创新意识、创新品质、创新精神和创新能力转化为创新行动。注重依托专业开展创新实践，专业是学生开展创新的优势，通过专业实验室、平台、基地开

---

① 习近平：《干在实处　走在前列》，中共中央党校出版社，2006，第534页。

展富有特色的活动，培养学生创新意识；通过开设学科竞赛、前沿讲座，培养学生将"理论转换为技术、将技术转换为产品"的创新实践能力。注重依托跨学科开展创新实践，创新型国家建设需要复合型高层次创新人才，通过协同创新平台建设，联合学界、业界建设多学科、多功能的综合性跨学科课程平台和科研平台。注重依托大数据开展创新实践，互联网、大数据等信息技术正在改变着大学生的思维发展和学习生活，将新理念、新技术融入创新活动方方面面，运用大数据分析精准对接活动的供给侧与需求侧，提升创新活动精准度，让大学生在共享互联网发展成果上有更多获得感。

通过公益实践体验实现自身价值的获得感。公益实践是服务社会、服务他人的自愿性活动，有利于学生在实现自身价值过程中感知幸福。幸福观教育要坚持在公益实践中培育学生、凝聚学生，引导学生深入人民群众、深入社会发展、深入现实生活，在为公益实践奉献中实现自身价值、感悟幸福真谛。注重在公益实践中释放学生的朝气能量和青春活力，通过长期开展回馈社会的志愿服务活动，引导学生献爱心、做服务，延展教育宽度；通过定期开展助贫、助困、助老、助学、助医等公益活动，引导学生找共鸣、获价值，加强教育深度。在帮助他人过程中引导学生实现个人价值，以价值实现获得个体愉悦和满足，帮助学生实现创造幸福与享受幸福的统一；在服务社会过程中引导学生传递幸福正能量，以成就获得体现个体意义和价值，帮助学生实现创造幸福与传递幸福的统一；在为公益实践奉献过程中引导学生树立正确的世界观、人生观、价值观，坚定学生自觉为祖国、为人民奉献的理想信念。

（三）坚持问题意识导向，促进学生实现个体幸福与社会幸福的统一

凡是脱离现实问题的思想政治教育注定都是空洞无力的，当前"美好生活"不仅成为越来越重要的风向标，也成为大学生强劲的需求潮流，

新时代"为何奋斗幸福？""奋斗什么幸福？""如何奋斗幸福？"正在成为大学生思想生活的新引领。基于此，幸福观教育要以时代问题为导向，引导学生实现从"理念认同"到"整体代入"的转变，实现幸福观教育与学生融入国家强、民族兴、中国梦的伟大实践相契合。

以国家自豪感的培育回答为何奋斗。国富才可民强，国家强大是人民幸福的根本保障，国家富裕成为个体幸福的坚强后盾。改革开放以来中国创造了令世人瞩目的巨大成就，特别是党的十八大以来，一些领域实现了由"跟跑"到"并跑"再到"领跑"，每个人都腰杆更直、底气更足，每个人都向往更加美好的生活，都深知奋斗的意义。幸福观教育要以国家自豪感培育回答为什么奋斗的问题，将中华民族的悠久历史、优秀文化植根于学生内心，引导学生知国、爱国、报国，不断坚定"四个自信"，形成强烈的国家认同感和民族自豪感。将国家自豪感培育与党史国史教育相结合，为青春奋斗立根，课堂要建在全面的、实事求是的历史回望之中，内容有民族危难时刻的抛头洒热血、和平建设时期的扎根大地无悔奉献、国家崛起之时的舍小家顾大家等中国好故事，沿历史脉络引导学生少一些急功近利，多一些远大抱负。将国家自豪感培育与世情国情教育相结合，为青春奋斗立志，课堂要建在真实的、生动鲜活的社会体验之中，将自然与人文巧妙结合，通过农业现代化的感慨、科技现代化的震撼、大国工匠的自豪、精准扶贫倾情倾力的投入等实事，以现实走向引导学生少一些及时行乐、多一些家国情怀，为国家富强、人民幸福注入力量。

以历史使命感的培育回答奋斗什么。为民族谋复兴、为人民谋幸福是中国共产党人的初心与使命，这是国家的进步，亦是青年人的机遇，需要一代代接续奋斗，为青年明晰了奋斗目标。青春是塑造品性、奋斗梦想的重要时间段，幸福观教育要以历史使命感培育回答奋斗什么的问题，让理想信念坚定学生的使命担当，让源自内心的使命感点亮青春奋斗。将历史使命感培育与社会主义核心价值观践行相结合，为青春奋斗立魂，社会主义核心价值观是当代中国精神的集中体现，以社会主义核心价值观自觉校正人生追求和价值取向，将"小我"奋斗投身于"大我"幸福之中。将历史使命感培育与开阔国际视野相结合，为青春奋斗立标，青春的发展必然要面向世界、拥抱世界，看差距短板、学先进经验的同时用中国声音不断诠释中国智慧、贡献中国方案、传递中国力量，引导学生在交流互鉴中增强合作、在发展共建中和谐共享，为幸福奋斗注入世界力量。

以社会责任感的培育回答如何奋斗。新时代是奋斗者的时代，幸福不能从天而降，只有依靠奋斗才能实现，当代青年不仅是时代的见证者、受益者，更要成为参与建设的主力军、推动者。党的十九大报告明确提出两个"奋斗十五年"的战略安排，为青年明晰了奋斗路径，幸福观教育要以社会责任感培育回答怎么奋斗的问题，激励学生从"个人创富"到"国民创福"，以青春之我来建设青春之国家、青春之民族、青春之事业。将社会责任感培育与践行中国梦相结合，为青春奋斗立行，中国梦开启了人人皆有梦、人人能追梦、人人可圆梦的幸福时代，大学生作为中坚力量，要将青春梦与国家发展、人民幸福紧密相连，以理想信念指引行动担当，让个人梦想在追求中国梦中得到升华。将社会责任感培育与工匠精神培养相结合，为青春奋斗立身，工匠精神体现了对完美和极致的追求、折射出人生态度，创新时代呼唤工匠精神，青年学生需要传承工匠精神，以精益求精创造美好生活，用苦心探索筑就青春梦想。

劳动教育与时代新人的培育 [①]

2020年3月，中共中央、国务院印发的《关于全面加强新时代大中小学劳动教育的意见》中指出，劳动教育是中国特色社会主义教育制度的重要内容，直接决定社会主义建设者和接班人的劳动精神面貌、劳动

---

① 本文原刊于《中国高等教育》2021年第9期，与蔡亚楠合作。

价值取向和劳动技能水平，并明确指出当前我国青少年劳动教育取得的成效与存在的问题，要求把劳动教育纳入人才培养全过程，贯通大中小学各学段，贯穿家庭、学校、社会各方面。新时代大学生肩负着实现中华民族伟大复兴的重任，加强大学生劳动教育具有重大意义。

一　马克思主义关于劳动教育思想的重要论述

马克思、恩格斯提出教育与生产劳动相结合是提高社会生产的一种办法。工业革命的发展使科学技术的重要作用日益凸显，甚至成为提高社会生产水平的重要手段。然而科学技术和生产不会自动联系起来，它们之间需要一个中间环节，教育便是这个中间环节。教育可以培养出既有科学知识，又会先进技术的现代劳动者。因此，把教育与生产劳动相结合，可以把生产劳动提高到现代科学所要求的水平，进而提高社会生产力水平。

马克思、恩格斯提出了教育与生产劳动相结合不仅是提高社会生产水平的一种办法，更是造就全面发展人的唯一途径。脑力劳动和体力劳动的分离和对立是阻碍人全面发展的重要因素，机器大工业的发展虽使人终身从事一种职业的旧分工方式瓦解、脑力劳动和体力劳动相对立的局面得以打破，但这并非资本主义大工业生产的主观意愿，因此，唯有坚持教育与生产劳动相结合，才能长久地打破这种对立的局面，进而促进人的全面发展。最后，针对无产阶级及其子女难以享受教育的现实困境和资产阶级儿童不事生产的有害教育，马克思、恩格斯将教育与生产劳动相结合的思想进一步深化，提出教育与生产劳动相结合是改造社会最强有力的手段之一。在他们看来，童工制度使工人阶级及其后代的片面发展达到了顶端，因此，他们希望通过教育与生产劳动相结合的方式，为无产阶级及其后代争取限制工作日与教育权，以抵制资本主义的剥削，改造资本主义制度。

马克思、恩格斯不只是在理论上提出教育与生产劳动相结合的思想，也在实践上提出了教育与生产劳动相结合的方式。针对如何实现教育与生产劳动相结合这一问题，马克思在《给临时中央委员会就若干问题给代表的指示》中指出："技术教育，这种教育要使儿童和少年了解生产各个过程的基本原理，同时使他们获得运用各种生产的最简单的工具技能。"① 恩格斯在《反杜林论》中指出："在社会主义社会中，劳动将和教育相结合，从而保证多方面的技术训练和科学教育的实践基础。"② 由此可知，马克思和恩格斯都主张通过综合技术教育的方式，一方面对劳动者进行劳动技能的教育，另一方面对劳动者进行劳动原理的教育。这样的结合方式既可以使工人阶级及其后代在了解生产原理和劳动工具使用的过程中推动社会生产的发展，又可以有效地避免资本主义大生产使得工人阶级及其后代片面性发展的弊端。

列宁同样强调教育与生产劳动相结合的重要性，他从科技发展的高度深刻阐述了教育与生产劳动相结合的重要性。在实践上，列宁同样主张实施综合技术教育，综合技术教育是马克思、恩格斯所确立的教育与生产劳动相结合的具体形式，只不过列宁根据苏维埃建设的实际情况，对开展综合技术教育的内容、目标等方面提出了具体的要求。除此之外，列宁将教育与生产劳动相结合的思想进一步付诸实践。在其著作《共青团的任务》一文中，列宁提出了著名的"星期六义务劳动"，可见在列宁看来，青年团员不能仅仅停留在学习和阅读共产主义的理论书籍上，还要利用业余时间参加各种义务劳动，将所学的知识和实践锻炼有机结合起来。

教育与生产劳动相结合是马克思主义教育思想的一条基本原理，也是中国共产党人一以贯之的教育原则。基于不同的时代特征，他们先后赋予教育与生产劳动相结合思想不同的内涵，并提出了许多具有鲜明时代性的教育方法。

---

① 《马克思恩格斯全集》第 16 卷，人民出版社，1965，第 218 页。
② 《马克思恩格斯全集》第 3 卷，人民出版社，1975，第 165 页。

二 源远流长的中华优秀传统文化中蕴藏着丰富的劳动教育思想

中华优秀传统文化博大精深，学习和掌握其中的各种思想精华，对树立正确的世界观、人生观、价值观很有益处。中华民族是热爱劳动的民族，源远流长的中华优秀传统文化中蕴藏着丰富的劳动教育思想。因此，学习和借鉴其中的思想精华对新时代大学生树立正确的劳动价值观大有裨益。

为了重构社会秩序和道德规范，儒家、墨家、法家提出了不同的劳动教育思想。孔子主张劳动与教育相分离，他指出"君子谋道不谋食"，即君子只需用心求道，不用考虑生活的问题，也无须学习耕田种地之事。孟子对孔子"劳动与教育相分离"的思想深表赞同，并在此基础上提出了"无君子莫治野人，无野人莫养君子"的思想。孟子认为"君子"应该专门学习治理"野人"之道，而"野人"应该专门从事农事劳动以供养"君子"。在诸子百家中，墨子作为主张知识和生产实践相结合的第一人，提出了许多脍炙人口的劳动教育思想，其中最具有代表性的观点是"士虽有学，而行为本"，在墨子看来学习理论知识不是最终目的，将这些理论知识与劳动相结合，应用于实际行动当中才是根本。这与今天所倡导的理论和实践相结合的思想在本质上是一样的。法家则立足于战争和经济的需要，鼓励"耕战"，提出坚持全民皆农、以农养战的思想，认为应该教育广大劳动人民学习社会政治法令和对"耕战"有用的实际知识，以保证兵农有足够的劳动力。虽然鼓励对劳动人民进行教育的直接目的是进行战争，但也从侧面反映了法家学者看到了劳动与教育相结合的重要性。

作为新时代的青年大学生，他们的劳动价值观、劳动态度以及劳动技能直接关系到祖国的未来和民族的希望。因此，加强新时代大学生劳动教育具有重要的历史和现实意义，不仅有利于培育时代新人、完善高校思想政治教育，也有利于实现中华民族伟大复兴的中国梦。

三 加强新时代大学生劳动教育有利于培育时代新人

新时代培育时代新人需要加强德育、智育、体育、美育及劳动教育。而本文所主张的新时代大学生劳动教育不仅具有德智体美"四育"不可替代的独特育人价值——提升学生的劳动素养，也具有树德、增智、健体、育美的综合育人价值。一方面，通过劳动的内容教育，帮助大学生树立正确的劳动观点、积极的劳动态度以及良好的劳动习惯等，以提升大学生的劳动素养。另一方面，通过劳动这种形式的教育，大学生能在身体力行中树立高尚的品德、增长智力、锻炼身体以及培养审美能力。因此，新时代大学生劳动教育有利于培育德智体美劳全面发展的社会主义建设者和接班人。

加强新时代大学生劳动教育有利于拓宽高校思想政治教育路径。大学思想政治教育包括思想政治理论教育和日常思想政治教育两个重要的方面。劳动教育作为完善高校思想政治教育的必然要求，而思想政治理论课是思想政治理论教育的主渠道，当前，高校加强劳动教育，使其与思想政治理论课同向同行，形成协同效应，可以更好地提高高校思想政治教育的针对性。一方面，有利于提升思想政治理论教育的针对性，另一方面，有利于拓宽日常思想政治教育的路径。劳动教育是联系知识和实际的纽带，辅导员是大学生日常思想政治教育的主要力量，高校辅导员可以通过劳动教育这种方式，使学生将所学习的理论知识应用到劳动实践当中，并从中发现问题、解决问题，完善自己。因此，劳动教育有利于拓宽高校思想政治教育的路径。

新时代加强大学劳动教育有利于实现中华民族伟大复兴的中国梦。国家富强、民族振兴、人民幸福是中国梦最本质的要求，而国家富强、民族振兴、人民幸福中国梦的实现也需要青年一代的辛勤劳动。新时代是创新发展的时代，中国速度向中国质量的转变、制造大国向制造强国的转变、中国制造向中国创造的转变离不开创新，在激烈的国际竞争中赢得主动离不开创新，人民生活的智能化、便捷化离不开创新。而创新离不开创造性劳动，创造性劳动是创新的源泉。所以，实现国家富强、民族振兴、人民幸福的中国梦离不开青年一代的创造性劳动。而无论是辛勤劳动、诚实劳动还是创造性劳动，都离不开对大学生的劳动教育。作为时代新人主体的青年大学生应该接过奋斗的接力棒，用劳动托起中国梦。因此，新时代大学生劳动教育有利于实现中华民族伟大复兴的中国梦。

四　加强新时代大学生劳动教育的内容要求

新时代大学生劳动教育是以新时代大学生为教育对象开展的劳动教育。与以往劳动教育相比，新时代大学生劳动教育具有显著特点。新时代大学生劳动教育应以全面提升大学生的劳动素养为目标，并对大学生劳动价值观、劳动技能、劳动态度、劳动习惯等方面的教育提出新的具体的要求。新时代劳动教育要采用一些新技术新手段，以提高新时代大学生劳动教育的针对性和实效性。新时代大学生劳动教育应在坚持以往劳动教育内容的基础上，展现出劳动教育的新内涵和新要求。

在劳动价值观教育方面，新时代大学生劳动教育应该在坚持以往劳动价值观教育的基础上，更加突出劳动幸福观教育和劳动使命观教育。劳动价值观是劳动者对劳动的根本看法，它不仅决定着劳动者的价值判断和行为选择，也影响着他们劳动习惯和劳动态度的养成。因此，在地位上，大学生劳动价值观教育应置于劳动教育的首要地位；在内容上，大学生劳动价值观教育应该引导大学生充分认识劳动对于国家发展和个人成长的重要意义，深刻理解体力劳动和脑力劳动相结合的伟大意义，切实改变轻视体力劳动和体力劳动者的错误心态，并由衷地尊重和认同一切劳动，真正明白辛勤劳动的光荣，并从内心深处热爱劳动。但基于新时代大学生劳动价值观教育的新目标——使"劳动最光荣、劳动最崇高、劳动最伟大、劳动最美丽"的观念内化于心、外化于行，新时代的大学生劳动价值观教育还需要在上述劳动价值观教育的基础上，更加突出劳动幸福观教育和劳动使命观教育。一方面，目前我国社会主要矛盾已经转化为人民日益增长的美好生活需要和不平衡不充分的发展之间的矛盾。在新时代，相较于物质文化需求，人们对美好生活的需求更加广泛、更加迫切。另一方面，新时代大学生劳动教育不仅要让大学生懂得劳动的意义，更要让他们明白为什么要劳动。在当今政治、经济、文化等发生巨大变化的新时代，理应对青年大学生进行劳动使命观教育，使他们担负起民族复兴的使命和任务，在面对重大疫情、灾害的危急时刻，在实现"两个一百年"奋斗目标和中华民族伟大复兴中国梦的紧要关头，报效国家、奉献社会。

在劳动技能教育方面，新时代大学生劳动教育应该在坚持以往劳动技能教育的基础上，更加强调创造性劳动技能的培养。在新时代建设中国特色社会主义现代化强国，实施创新驱动发展战略，都离不开创造性劳动。因此，在鼓励以创造性劳动实现伟大梦想的新时代，大学生劳动技能教育也应顺势而新，在教育的过程中应更加强调创造性劳动技能的培养，而劳动技能教育包括劳动技术的教育和劳动能力的培养两方面。新时代注重创造性劳动技能的培养，一方面要求教育主体将科学知识和技能融入专业课教学之中，另一方面要创造更多的实践形式以培养大学生的创新能力，培养更多的专业技能过硬、自主创新能力高超、满足时代发展需求的新型劳动者。

在劳动态度教育方面，新时代大学生劳动教育应该在坚持以往劳动态度教育的基础上，大力培养大学生精益求精的劳动态度。劳动态度即劳动者在长期劳动实践的基础上形成的一种对待劳动的情感倾向。热爱劳动不仅是我国的传统美德，也是我国劳动教育特别重视培养的劳动态度。因此，针对时代发展的要求和新时代大学生的特点，新时代大学生劳动教育除了一以贯之地进行热爱劳动的劳动态度教育以外，也更加强调精益求精劳动态度的培养。劳模精神和工匠精神传递的不仅是一种甘于奉献的精神，更是一种精益求精的态度。因此，新时代培养大学生精益求精劳动态度，需要教育主体在教育的过程中弘扬劳模精神和工匠精神，最终把大学生培养成为在工作和学习中尚巧求精、执着耐心、专注品质的匠心青年。

基于新生代农民工幸福感提升的成人教育策略研究 [①]

党的十八大以来，随着改革开放的推进，农村劳动力大规模进城务工，进而形成了"农民工"这一特殊的社会群体。由于代际更替，1980年之后出生的外出农民工被称为"新生代农民工"或"第二代农民工"。目前，新生代农民工已在我国经济社会发展进程中发挥着主力军的作用。然而，由于新生代农民工受教育程度和劳动技能偏低，其经济地位、政治地位、社会地位难以提升，幸福感也相对较低。2011 年中央一号文件提出要"着力采取有针对性的措施，解决新生代农民工问题"。可见，新生代农民工幸福感偏低不仅是个人问题，也是社会问题。毋庸置疑，在知识经济时代，教育是提升人力资本、增强幸福感的有效途径。为此，成人教育理应在新生代农民工幸福感的提升中发挥越来越大的作用。

一　新生代农民工的幸福感现状及影响因素

幸福乃人生的终极目标，人们的一切努力都是为了获得幸福。但一个人能否获得幸福以及幸福感如何，既与其所处的时代、社会环境等外在因素有关，也与其自身的幸福能力密切相连。幸福能力是人们在社会化进程中获得的，教育作为一种人性化的社会实践，是帮助人们提高人力资本、转变经济与社会地位、提升幸福能力、增强幸福感的有效途径。"所谓幸福感就是人们根据所内化的社会规范对自己生活质量的整体性和肯定性的评估，是人们在对自己生活各个方面进行全面评价基础上而产生的积极

[①] 本文原刊于《河北大学成人教育学院学报》2013 年第 4 期，与沙占华合作，被人大复印报刊资料《成人教育学刊》2014 年第 4 期全文转载。

性情感"。[1] 近年来，新生代农民工的幸福感逐渐成为社会关注的热点问题。广东省省情调查研究中心 2011 年发布的《广东省居民个人生活状况与主观幸福感调查报告》显示，广州市居民幸福感得分为 73.90 分，广州市农民工的幸福感得分为 68.23 分，新生代农民工的幸福感得分更低，为 68.04 分。[2] 中国人民大学心理学系和工众网 2012 年联合发布的一项调查结果显示，在调查的 20 个城市里，泉州、青岛、长沙 3 个城市的农民工幸福感排在前 3 位，3 个城市的新生代农民工幸福感分别排在第 1、2、4 位；广州、北京、上海农民工的幸福感分别排在第 13、14、18 位，3 个城市的新生代农民工幸福感分别排在第 11、17、18 位；杭州农民工幸福感排名第 7 位，但杭州新生代农民工幸福感排名降至第 15 位。[3] 以上调查数据表明，农民工的幸福感低于城市居民，新生代农民工的幸福感更低。具体而言，影响新生代农民工幸福感的因素主要有以下几个方面。

（一）收入水平

1974 年，理查德·伊斯特林等人的研究表明，在解决了温饱问题基础之上，收入和幸福感不再是线性关系。相对于发达国家而言，我国国民经济收入仍处于较低层次，收入水平依然是影响人们幸福感的重要因素，直接决定个人在生存和发展方面的选择和控制力的强弱。"调查显示，2011 年新生代农民工的整体收入偏低。他们平均月收入为 1747.87 元，仅为城镇企业职工平均月收入（3046.61 元）的 57.4%；也比传统农民工月均收入低 167.27 元"。[4] 相对于城市居民，新生代农民工的收入水平较低，加之物价水平的上涨、城市生活成本的提高和工资拖欠等多重因素的影响，新生代农民工的收入水平明显居于弱势地位，缺乏幸福感提升的物质基础，成为他们追求幸福生活的主要障碍。

---

[1]　王建民：《幸福感的社会性及其中国语境》，《光明日报》，2007 年 11 月 27 日。
[2]　黄应来：《新生代农民工幸福感略低于传统农民工》，《南方日报》，2011 年 5 月 1 日。
[3]　郭少峰：《农民工幸福感北京排名》，《新京报》，2012 年 4 月 25 日。
[4]　陈荞：《新生代农民工平均月薪 1747 元》，《京华时报》，2011 年 2 月 21 日。

（二）工作和生活环境

工作和生活环境是影响幸福感的因素之一，和幸福感获得呈正相关。新生代农民工和老一代农民工相比，由于没有在农村受苦的经历，他们更希望拥有良好的工作环境和生活环境。然而，他们大多从事着脏、苦、累、差的工作，劳动时间较长，闲暇时间较少。由于收入低、房租高，他们多是居住在单位提供的宿舍，或租住在城中村和搭建的简易棚屋中，环境卫生状况堪忧，食品安全没有保证，业余生活单调匮乏。虽然当地政府增加了针对新生代农民工的文化服务供给，但由于收入水平低、工作时间长、劳动强度大等原因，他们往往没有时间和精力参与更多的文化活动，总体上还是选择消费低又能得到休息的方式，如选择在宿舍看电视、打牌或用手机上网聊天等，生活满意度不高。

（三）社会融入状况

社会融入状况与新生代农民工的归属感密切相关，影响到他们的幸福感。新生代农民工有融入城市的强烈愿望，但由于制度、身份、素质等方面的原因，他们被城市居民接纳的程度较低，城市居民对他们的评价过低，素质低下、粗俗无礼、自由散漫、违法犯罪等甚至成为农民工的代名词。"城市社会对农民工形象的贬低性记忆，进而转化为城市居民对农民工形象负面的'评价图式'，且日益内化为城市群体的价值信念"。[1] 这种排斥和歧视，导致新生代农民工被边缘化，反过来使他们的自卑感增强，形成自边缘化，降低了他们对城市生活的满意度和幸福感。

（四）自我发展能力

自我发展能力是指新生代农民工融入城市过程中自身必须具备的能

---

[1]　熊辉：《群体偏见、污名化与农民工的城市融入》，《民族论坛》2008 年第 3 期。

力，包括就业能力、政治参与和利益表达能力等。自我发展能力的强弱，体现了新生代农民工的人力资本水平，直接影响到其幸福感。目前，新生代农民工的自我发展能力偏低，缺乏搜寻工作、胜任工作和创业的能力，这就决定了他们就业能力较低，只能胜任那些对知识技能要求不高的脏、苦、累、差的工作。此外，新生代农民工普遍缺乏政治参与和利益表达能力，影响了他们在城市的政治地位，决定了他们的劳动报酬在分配格局中的位置以及利益实现的程度均处于不利地位，从而影响他们的幸福感。

（五）学习能力和文化程度的影响

与老一代农民工相比，新生代农民工受教育程度提高，更容易接受新鲜事物，对精神文化生活的期望值也更高。但是，相对于社会整体而言，新生代农民工受教育程度还处于偏低水平，他们的文化知识和技能水平远远跟不上现代化建设的需求，又缺乏继续学习的文化基础、精力、时间和经济条件，导致人力资本受限，经济收入、工作和生活环境、社会融入、自我发展和合法维权等皆会受到影响，从而影响到幸福感。夏晶等人对武汉市 13 个劳动密集型工业园的新生代农民工幸福感问卷调查显示，"74% 以上的新生代农民工表示希望接受专业技能培训，93% 以上希望通过阅读等来获得法律知识和文化知识，38% 以上希望能够接受再教育"。[①] 可见，多数新生代农民工渴望通过接受成人教育改变自身现状，提高个人素质，从而更好地就业和融入城市，享有平等的政治权利，实现物质和精神上的幸福。

二　新生代农民工幸福感的提升对成人教育的诉求

在影响新生代农民工幸福感的诸多因素中，除收入水平低、工作和

---

① 夏晶、王婉娟、夏季：《新生代农民工幸福感的影响因素分析》，《湖北工业大学学报》
2011 年第 6 期。

生活环境差、社会融入存在障碍以及政治参与能力不强等客观因素外，也与新生代农民工自身人力资本投资不足密不可分，这就对成人教育提出诉求。成人教育应立足影响新生代农民工幸福感的因素，着力提高他们创造幸福、体验幸福的综合能力，为获得幸福创造有利条件。

（一）提高新生代农民工的就业与创业能力以增强幸福感

对于新生代农民工而言，人力资本决定着他们的就业能力，在一定程度上影响着他们的职业稳定性和收入水平，进而影响着他们的城市生活满意度和幸福感。调查显示，"农民工的受教育程度与其幸福感呈明显的正相关关系，小学及以下层次，初中层次，高中（中专、中技）层次和大专及以上层次农民工的幸福感得分分别为 63.33 分、66.62 分、67.36分和 70.35 分，学历越高，幸福感越强"。[①] 目前，绝大多数新生代农民工仅有初中和高中的受教育程度，而且"他们所受劳动技能方面的教育较少，劳动素养偏低，对新兴技术的掌握几乎是空白，在就业市场上极易处于劣势"。[②] 新生代农民工就业与创业能力低下的现状要求成人教育树立长远和战略性的眼光，将新生代农民工的职业技能培训作为重点工作加以落实，解决他们的技能素质不适应劳动力市场需求这一突出问题。以培养生产和服务一线的技能型、操作型人才为目标，根据不同行业、岗位和工种设置不同的培训内容，尽最大努力满足新生代农民工强烈的教育与培训需求。切实解决阻碍新生代农民工接受成人教育的各种障碍，使他们学到与就业密切相关的专业技能知识，从而拥有一技之长，掌握就业与创业知识、技能、技巧，谋求更广阔的发展空间，从事稳定而体面的工作，获取更高的收入和实现职业阶梯式的晋升，从而为过上幸福的生活奠定物质基础。

---

① 黄应来：《新生代农民工幸福感略低于传统农民工》，《南方日报》，2011 年 5 月 1 日。
② 刘奉越：《成人教育在促进新生代农民工社会流动中的使命》，《职教论坛》2006 年第19 期。

（二）提升新生代农民工的城市适应能力以增强幸福感

马克思主义认为，人的本质属性在于其社会性。新生代农民工能否很好地适应城市生活，不仅直接影响着他们的职业发展前景，也制约着他们幸福感的提升。新生代农民工虽然户籍在农村，长期生活在农村，但他们是有梦想的年轻一代，追求城市现代化的生活方式。调查显示，新生代农民工存在着城市适应问题，在融入城市的过程中处于弱势地位，他们虽向往城市生活，但对城市生活并不适应，加之城市居民对他们身份认同程度低，导致其容易产生心理失衡、社会不公的情感体验，从而影响他们对城市的归属感和满意度。为此，成人教育要加强对新生代农民工的文化适应教育与疏导工作，帮助他们掌握城市生活的基本要求，顺利实现对城市文化的接受与认同。加强对公民权利义务、行为规范、城市生活常识和规则等知识的教育，使新生代农民工习得城市社会所需要的知识、技能、生活方式、价值观念、心理意识，自觉采取符合城市社会要求的行为，达到完全融入城市市民阶层的目的。① 通过引导新生代农民工内修素养、外塑形象、正视不足、自立自强，能够增强他们对城市的归属感和认同感，在积极参与城市建设的实践中不断提高社会适应能力，彰显自身价值，赢得市民的尊重与认可，进而提升幸福感。

（三）提升新生代农民工的政治参与能力以增强幸福感

有序的政治参与是新生代农民工融入城市的重要保障，享有平等的参与政治活动的权利是新生代农民工提升幸福感的重要前提。客观而言，新生代农民工对国家政治的关注度较高，具有较强的政治参与意识，但由于受到政治、经济、文化和自身素质等多方面条件的限制，他们对相关的法律并不熟悉，对政治参与的途径了解不足，缺乏相应的政治参与

---

① 张卫枚:《农民工融入城市过程中的文化适应》，《城市问题》2012 年第 8 期。

和利益表达能力，从而影响他们幸福感的提升。新生代农民工主要是城市中的低收入者和弱势群体，要增强其政治参与能力，提高他们的自身素质是前提。因此，为满足新生代农民工的政治参与需要，成人教育应加强教育培训，让他们学习相关的法律知识，了解自身的政治权利，逐渐改变"政治性贫困"和"政治边缘人"的现状，使他们拥有对自身发展的话语权。当他们的合法权益受到侵害时能运用法律武器保障自己的权益，从根本上抑制非制度化政治参与，避免社会出现不稳定的因素。新生代农民工通过学习解放思想，树立民主平等意识，大力提高自身的政治参与能力，以他们的政治影响力积极影响政府（或单位）的决策。例如新生代农民工通过参选人大代表以表达自身诉求和维护自身利益，参与城市公共事务的管理，在所在社区、企业的发展以及关系切身利益的公共政策的制定中发表看法并受到肯定，像城市市民一样得到尊重，享有同样的参政议政权利，真正做到流动而不流失话语权。

三　提升新生代农民工幸福感的成人教育策略

（一）重视幸福观教育

"由于每个人所处时代、文化背景、生活境遇以及世界观、人生观、价值观等方面不同，人们对幸福的理解及追求幸福的方式大为不同，这便形成了各具特色的幸福观"。[①]幸福观有科学与非科学之分，只有科学的幸福观才能指导人们正确认知幸福、合理追求幸福、真正体验幸福。因此，成人教育不能忽视幸福观教育，应认识到对新生代农民工开展幸福观教育的重要性，具体应做到以下几点。

转变传统的成人教育对幸福观教育的忽视现状，加大幸福观教育的比重。幸福和教育是密切关联的，幸福观教育是人们成长、发展与人生

---

① 柴素芳:《全国七所高校大学生幸福观现状的调查与分析》,《思想理论教育导刊》2012年第 1 期。

幸福的需要，能够帮助人们认知幸福、体验幸福。"一种好的教育就应该极大地促进个人和集体的幸福"。作为促进成人全面发展的重要途径，成人教育要转变传统观念，重视幸福观教育，肯定幸福观教育的地位和作用，把幸福观教育作为成人思想政治教育的重要目标。

把幸福观教育作为成人教育的重要内容，培养新生代农民工对幸福的正确定位。新生代农民工外出打工是为了追求幸福的生活，但他们所理解的幸福是比较偏颇的，例如有的认为多挣钱就能获得幸福，有的认为尽情享乐就是幸福，甚至有的希望一夜暴富获得幸福。因此，需要将幸福观教育纳入成人教育的范畴，使新生代农民工明晰要想实现自身的幸福必须要通过勤劳的双手获得，引导他们依靠充实的劳动创造物质幸福和精神幸福，同时创造的过程就是新生代农民工自身价值实现的过程，也是感受幸福、体验幸福、实现幸福的过程。

通过幸福观教育，帮助新生代农民工确立理性的幸福目标。人的需求具有层次性，幸福也具有层次性，幸福目标的实现具有渐进性。教育对于幸福而言还有一个决策的功能，也就是通过幸福观教育，能够使主体做出适合自身所处客观条件的理性选择，消除不恰当的欲望，确立理性的幸福目标。"假如一个人不会调节自己的欲望，而是让欲望无限膨胀的话，就会像精卫填海，欲海难平，永远不会找到幸福……在现今社会，最不缺少的就是人们对物质的欲望，最贫乏的是人们克制自己欲望的勇气和行动"。[1] 部分新生代农民工对幸福的理解不全面，致使他们在追求幸福目标方面存在好高骛远的现象，目标的难以实现又会加重他们的挫败感，导致幸福感降低。因此，要通过成人教育，提升新生代农民工的综合素质和判断力，使他们在实践中努力奋斗的同时，确立理性的奋斗目标，使幸福目标与自身才智和所处的环境相一致，在此基础上，通过不断努力提升自身的幸福层次。

---

[1] 柴素芳：《"幸福——收入"之谜的心理诱因》，《河北大学学报》（哲学社会科学版）2011 年第 2 期。

（二）加强职业技能培训

如前所述，新生代农民工幸福感的提升与其收入水平密切相关，提高自身的职业技能水平则是提高收入水平进而融入城市的重要条件。因此，要力求通过成人教育提高新生代农民工的职业技能，加强职业技能培训使他们拥有一技之长，提升其在就业市场的竞争力和自主创业能力，从而获得满意的职业和收入。

职业技能培训内容要符合新生代农民工个人需要，并紧紧围绕社会、市场、企业和社区对专业人才的需求，注重实用性。在考虑新生代农民工的学习特点和要求的基础上，设置易学易会且易于操作的技术技能，如烹调、家用电器维修、家政服务等，既符合市场需求，又有利于实现成人教育的最终目标——为新生代农民工创造幸福生活奠基。

大力拓展职业技能培训层次。随着我国产业结构快速升级，各行各业对劳动者职业技能的要求不断提升，职业技能培训要在优化传统职业培训项目的基础上，致力于转变新生代农民工主要集中在服务业、建筑业等劳动密集型产业且发展滞后的现状。通过提升职业技能培训层次，加大技术含量高的职业技能培训，例如多媒体技术、计算机网络技术等现代科学技术，变生存型培训为发展型培训，满足新生代农民工日益增长的个人职业发展需求，提升职业生涯的幸福指数。

通过创业教育提升新生代农民工创业能力。就业是民生之本，创业是民富之源，对新生代农民工进行创业技能培训，从创业理论、创业项目和创业技术等方面为其提供支持，增强其对创业的认识并树立创业信心，提升具有自主创业意愿的新生代农民工的创业技能，为实现自主创业梦想提供平台，激发他们追求自我实现和长远发展的内在活力。

（三）提高新生代农民工的人文素养

新生代农民工长期生长在农村，大多没有接受过完整的正规教育，科学文化知识水平总体偏低，走向社会以后，更缺乏学习深造的机会和条件，普遍存在眼高手低、缺乏敬业精神、道德水平偏低等问题，导致城市居民、用人单位对他们的认可度较低，新生代农民工融入城市的道路难免曲折和漫长，也直接影响他们的幸福感提升。幸福感的提升与个人的社会融入和个体价值的实现有关，通过开展成人教育加强文化知识、法律常识和思想道德教育，提高新生代农民工的人文素养，是提升他们幸福感的有效举措。

对新生代农民工进行科学文化知识教育。一是重视科学文化知识的教育，发挥成人教育的补偿作用，在提升他们学历的同时完善知识结构并形成体系；二是加强文化传统、基本理念和精神的教育，帮助新生代农民工拓宽知识面，掌握工作和生活中的艺术，促进个人与社会的互相认同，形成一种无形的力量带动新生代农民工品味幸福。

加强伦理道德和法律常识教育。新生代农民工在市场经济利益的驱使下，容易产生道德滑坡、违法犯罪的隐患，这是他们通往幸福之路的潜在障碍，因此要通过成人教育培养新生代农民工树立正确的世界观、人生观和价值观。具体而言，要在教育内容的设置上加大思想政治和法律常识课程的比重，并通过社会各界的宣传引导，塑造新生代农民工的道德品质、遵纪守法和明辨是非的能力。

关注新生代农民工的心理健康，丰富他们的精神文化生活，提升精神修养。在对新生代农民工知识技能的教育培训中，要了解和关注他们的情感变化，引导他们树立积极乐观的生活态度，例如通过举办社区知识讲座、体育或歌唱比赛等形式，增强新生代农民工之间的沟通交流，发挥同辈群体的效力，在互动中抑制消极情感进而体验幸福。

（四）发挥政府、社区、企业及高校的合力

新生代农民工幸福感的提升是一个系统工程，涉及新生代农民工生活和工作的方方面面，这就决定了对新生代农民工的成人教育是一项长

期而复杂的工作，需要政府、社区、企业及高校等加强合作，发挥协同合力全方位地推动新生代农民工幸福感的提升。

教育作为一种准公共物品，政府无疑是第一责任主体，因此在资金方面应该加大投入，制定开展新生代农民工教育的长期规划，采取切实有效的措施整合教育培训资源，明确社区、企业、高校各自的职责；完善新生代农民工权益保障的法律法规，积极制定成人教育发展规划，探索适合新生代农民工的教育模式，鼓励和支持社会各界广泛参与办学，共同致力于新生代农民工幸福感的提升。

新生代农民工是城市中的弱势群体，社区要致力于推进和谐社会建设和社会平等，就要注重对新生代农民工的教育服务工作，为新生代农民工的教育发展创造有利条件。充分发挥社区教育的整合功能，通过丰富多彩且贴近新生代农民工生活实际的社区活动和举办周末培训班、夜校等方式，营造良好的学习氛围，整合所有成员对社区的归属感，这是新生代农民工获得城市生活幸福感的必然要求。

企业作为新生代农民工的工作单位，应勇于担当社会责任，既要致力于解决新生代农民工"就业难"的问题，为他们提供合适的岗位，又要主动加强与高校、社区的联系，为他们创造实训的场所，还要创设和谐温馨、积极向上的工作氛围和企业文化，培养和提高新生代农民工对组织的认同感。

高校要充分发挥师资和教学资源等优势，积极开展针对新生代农民工的各类形式的学历教育和非学历教育，并加强与社区教育和企业用工的衔接，例如开展订单式培训，推动新生代农民工获得学历、掌握技能，顺利实现就业，满足他们自我发展的学习需要，这也是提升他们幸福感的有效途径。

（五）推进市民化教育

新生代农民工流动到城市的目的就是要成为"城市人"，参与城市管理并享受城市服务。但要想真正融入城市，成为真正意义上的城市市民，新生代农民工必须要从思想观念和行为方式等方面进行转变。由于新生代农民工从农村流动到城市，对城市生活和工作的基本情况了解有限，因此有必要开展社会常识教育，推动他们市民化进程，使他们又好又快地融入城市并找到归属感，实现留在城市、成为城市的一分子的目的，幸福感也会随之提升。

通过政府供给、社会捐赠等形式，成立市民化教育机构，以省情市情、社交礼仪、安全生产、卫生习惯等为主要内容，对新生代农民工进行城市生活常识教育，规范他们的言行举止。例如常州、青岛等地通过开设"新市民学校""新市民之家"等市民化教育机构，配备丰富的学习资源，有力地推进了新生代农民工的市民化进程。

加强宣传和引导，提升新生代农民工对城市生活规范的认知度。由于新生代农民工的受教育水平有限，采用形象且直观的图片传单、视频宣传片等传播方式能够取得更好的效果。例如，可以借鉴上海市针对外来人口开展的"上海新市民教育工程"，免费发放《来沪须知》《上海市计划生育指南》等书籍资料对新生代农民工进行城市生活引导。通过社会各界的宣传教育，提高新生代农民工对城市生活基本要求的认识，掌握城市生活的方法与艺术，自觉遵守城市生活的公共规范，从"形"上融入城市。

加强新生代农民工与城市居民的交流与联系，增进彼此间的理解和认同。新生代农民工之所以难以被城市居民接纳，与双方缺乏沟通且疏于交往密不可分。成人教育在内容设置上应适当渗透有关新生代农民工的知识，宣传他们在城市建设和社会经济发展中的突出贡献，转变城市居民对新生代农民工存在的偏见。此外，企业和社区也要组织开展各种文体活动和户外拓展训练，帮助他们增进友谊、弱化边缘感，从而提升新生代农民工被城市居民接受和认可的幸福感。

高校思政课微电影教学研究

2022 年 7 月 25 日，教育部等十部门联合颁布《全面推进"大思政课"建设的工作方案》，其中提到"鼓励师生围绕思政课教学内容创作微电影等"。"大思政课"的本质在于实践性。2013 年河北大学教师在"思想政治理论课社会实践"课程中开启了微电影教学模式，为 2017 年以来教育部连续 7 年举办"我心中的思政课"全国高校大学生微电影展示活动提供了一定参照。河北大学微电影实践教学模式是讲深、讲透、讲活高校思想政治理论课的一种有益方式，是引导当代青年学生走进当代中国马克思主义、21 世纪马克思主义的一条绿色通道，是青年大学生进行自我教育的一种有效途径。河北大学针对这种教学模式的改革开展了系列理论研究工作，形成系列研究成果，力求探究思政课微电影教学的规律性，为进一步提升这项改革的实效性提供有益思考。

第七章

高校思政课微电影教学的
美育功能研究

2019年教育部印发的《关于切实加强新时代高等学校美育工作的意见》指出，学校美育是培根铸魂的工作，提高学生的审美和人文素养，全面加强和改进美育是高等教育当前和今后一个时期的重要任务。[1]虽然高校美育工作的主阵地在艺术教育、专业艺术教育和艺术师范教育三个重点领域，但高校思政课教师与三个重点领域的教师共同肩负着"以美育人、以美化人、以美培元，培养德智体美劳全面发展的社会主义建设者和接班人"[2]的重任。与其他艺术形式相比，微电影具有较强的大众性、感染性，因此成为高校开展审美教育、净化人们心灵和塑造健全人格的有效载体。

高校思政课微电影教学美育功能三论[3]

微电影作为互联网时代的一种全新的媒体表现形式，因具有微

---

① 中华人民共和国教育部：《关于切实加强新时代高等学校美育工作的意见》（教体艺〔2019〕2号）。
② 中华人民共和国教育部：《关于切实加强新时代高等学校美育工作的意见》（教体艺〔2019〕2号）。
③ 本文原刊于《思想教育研究》2020年第6期，与程雪敏合作，被人大复印报刊资料《高校思想政治理论课教学研究》2020年第5期全文转载。

时长、微制作、微投资的特点而深受大学生喜爱，因此具有三大美育功能。

一　以美怡情，提升审美素养

"审美素养是指人们所具有的审美情趣、审美能力、审美理想等各种审美因素的总和，既体现为对美的接收和欣赏能力，又体现为对审美文化的鉴别力和创造力"。[①] 河北大学思政课微电影教学是对理论教学的延展，是教师在实践教学中组织学生拍摄影片、再将优秀影片反哺理论教学的教学活动，体现为"学生拍电影"和"教师用电影"两个模块，即微电影主题源于理论课堂、学生根据所学内容在实践课堂拍摄影片、教师将优秀影片反哺到理论课堂，由此形成了以微电影为载体的两大课堂有机融通的美育模式，具有以美怡情、提升大学生审美素养的美育功能。

（一）通过思政课微电影教学满足大学生的审美需要

审美需要是人的一种高级精神需求。从审美角度来说，思政课微电影教学是一种艺术化的审美教学过程，可以满足大学生的审美需要。面对复杂多元的审美文化，大学生往往有自己独特的情感体验，其审美需要也更加丰富多元。随着社会生产力的飞速发展，人们进入了无人不"微"的时代，一些大学生已经没有足够的耐心认真读一部长篇小说、欣赏一幅世界名画，他们更愿意通过"微文化"去感知世界。作为"微文化"的一种表现形式，微电影可以通过凝练的审美意境传达深厚的情感和思想，是大学生认识自我、关注社会和认识世界的重要方式。思政课微电影教学可以通过各种新媒体平台扩大影响力，深入学生的学习生活中，推动美育的大众化、日常生活化，为大学生带来创造美、传递美的深刻体验。在思政课微电影教学过程中，每个学生都是理论学习者、微

[①]　郑勤砚：《以审美素养和创造力为核心的美术教育》，《美术观察》2017 年第 4 期。

电影创作者和成果推广者，每个学生都可以将自己对"真、善、美"的体验传达给更多的人，逐渐形成浓厚的审美文化。与传统的教育方式相比，思政课微电影教学把内涵丰富、格调高昂、思想深刻的教学内容注入微电影作品，形象地再现历史或记录现实，让大学生在生动又充满丰富情感的艺术世界中受到美的熏陶，以放松的心态去感悟微电影所蕴含的审美意境与课程意蕴，从而引导学生充分认识到：人不仅有低层次的物质需要，更要有政治、道德、文化、审美等高级需要，微电影教学恰恰能够使大学生在多维度获得高层次的审美体验，满足高层次的审美需要。

（二）通过思政课微电影教学提升大学生的审美能力

"我们都在天空下大地上度过自己的人生，但并非所有人都能感受到水中游鱼的快乐与天边浮云的悠闲，领悟到阶前劲草的勃勃生机及窗外南山的蕴结，体察到先贤的贫贱不移和英雄的威武不屈。因为，敏锐的审美耳目、充沛的审美情感和健康的审美灵魂，需要培养和陶冶"。① 由此可见，人要有一定的审美能力，审美对象才可以通过人的感官进入人的审美境界。由于微电影艺术的融入，思政课微电影教学的方方面面都散发着美的气息，对于提升大学生的审美能力具有重要意义。审美能力是指人们感受、鉴赏和创造美的能力。一方面，思政课微电影教学通过微电影艺术，将主题思想、人物形象等与思政课教学内容结合，让学生在欣赏微电影的过程中利用多感官从色彩、画面、声音等因素中感受到视听之美，还能从电影的主题、故事情节、人物品格等因素中领悟精神之美，从而提高大学生对美的敏感性和判断力。另一方面，学生在拍摄微电影的过程中，需要按照教学内容、审美需求和大学生个性发展特征来创作，把人的本质力量表现为可供人审美欣赏的具体感性形式和生动

---

① 吴为山：《以美育提升人文素养筑牢文化自信》，《光明日报》，2019年2月1日。

形象，从而培养大学生创造美的能力。在思政课微电影教学过程中，大学生通过微电影艺术进行审美感知、审美体验和审美创造，由此深化了大学生的审美感受，激发了大学生的审美情感，从而提升了大学生的审美能力。

（三）通过思政课微电影教学激发大学生的审美理想

"就个体而言，从审美感受的产生到审美理想的形成，是一个由感性到理性发展的过程，具有鲜明的个性特征，但同时又具有明显的时代性、社会性"。[①] 审美理想虽然表现为人的主观期望，但根本上源于人的审美实践，与其民族的审美文化、个人的审美体验和人格品性有着密不可分的关系。思政课微电影教学有助于激发大学生树立崇高的审美理想。一般来说，当人们陶醉于大自然的美景中，沉浸于艺术作品的意境时，很容易获得审美的高峰体验，激发人们的审美理想。在对微电影艺术进行制作、欣赏的审美实践活动中，大学生不仅可以从中获得对社会、历史、人生的审美感悟，而且能够从不同层面了解国家、社会和各个民族的生活面貌，基于对真善美的需要和追求，主动接受并认同微电影作品背后的审美理想和人文精神，从而提升自我认知能力。思政课微电影教学过程中的审美理想教育，往往在潜移默化中对大学生产生影响，这种审美理想教育有助于学生以美的规律和理想去改变世界，有利于提升大学生在创造和建设新的物质文明和精神文明方面的热情和能力。例如，河北大学学生创作的微电影《桥》围绕一个普通的三口之家的故事展开，运用剪纸定格动画的新型互动形式，用简单的场景变换突出表现了改革开放在通信领域的发展成果。这部影片能够让学生在创作与欣赏影片的过程中，深刻感知改革开放的巨大成就，更加珍惜如今来之不易的美好生活，激发学生的使命感和责任感，引导学生将个人发展与时代发展相融

---

① 周芳：《思想政治教育审美研究》，人民出版社，2012。

合，树立为中国特色社会主义事业奋斗终生的崇高理想。因此，思政课微电影教学可以通过制作和欣赏微电影触动大学生心灵并唤醒其内在情感，通过感悟微电影蕴含的审美理想影响大学生的观念和行动。

二　以美立德，塑造健全人格

"纵观历代中国社会，无不将生活化、道德化的艺术作品作为人格培养的基本手段"。[①] 思政课微电影教学不仅给学生带来审美体验，而且具有以美立德、塑造健全人格的美育功能。

（一）通过思政课微电影教学激发大学生的爱国情感

有研究表明，微电影教学能够"生动诠释'马克思主义为什么行、中国共产党为什么能、中国特色社会主义为什么好'等重大理论问题，激发大学生'爱党、爱祖国、爱人民'的深厚情感，更加坚定'四个自信'，提升大学生学习思政课的获得感、幸福感"。[②] 思政课微电影教学将爱国主义、民族精神、革命精神等主流意识融入微电影的拍摄与欣赏之中，确认了一种普遍认同的价值观，可以最大限度地激发大学生的爱国情感。比如，河北大学学生创作的微电影《太行新风貌》，让学生亲眼看见了在习近平总书记的指引下，河北阜平革命老区脱贫致富奔小康的新风貌，从而更加深入地理解、支持国家方针政策的实施；微电影《打虎上山》是一部反腐题材的作品，让学生感受到党中央"有贪必肃、有腐必反"的决心；微电影《星火》展现了党和军队为了保护人民，在蒙山沂水浴血奋战的故事场景，让学生深刻体会到爱党爱军的沂蒙精神和"红嫂"精神。可见，通过思政课微电影教学，学生可以深刻领悟到：在中国共产党的领导下，红军不畏艰险的理想美；抗战时期，全体中华儿

---

① 吴为山：《以美育提升人文素养筑牢文化自信》，《光明日报》，2019 年 2 月 1 日。
② 柴素芳、姜旭：《微电影：引导大学生践行"奋斗幸福观"的有效载体》，《思想理论教育导刊》2020 年第 2 期。

女同仇敌忾的志气美；社会主义建设时期，人们众志成城的担当美；改革开放以来，人们勇于创新的奋斗美；进入新时代，全国人民同心共筑中国梦的自信美。"爱国，是人世间最深层、最持久的情感，是一个人立德之源、立功之本"。① 思政课微电影教学激发了学生的爱国情感，使之更加坚定道路自信、理论自信、制度自信和文化自信，坚定了为祖国的发展贡献一分力量的决心。

（二）通过思政课微电影教学引导大学生的价值取向

大学生正处于走向独立、成熟的人生过渡时期，其价值取向容易受到多元文化的冲击。当前，社会上一些微电影作品为了吸引眼球、追求利益，随意触碰人们的道德伦理底线，无端的暴力、恶搞的画面扭曲了大学生对时代的记忆。思政课微电影教学克服了一些微电影缺少科学理论指导和美学精神支撑的弊端，是大学生精神价值的聚集地和理想信念的放射点。因此，思政课微电影教学为大学生创造了向上向善向美的学习环境，教师通过微电影传播社会主义核心价值观等美的思想和观念，进而引导学生树立正确的价值取向。学生在制作和观赏蕴含社会主流价值观念的微电影时，往往会被微电影作品中的崇高精神、高尚品质、健全人格所感染，使他们在美的教育氛围中领悟到包含在微电影教学过程中积极向上的价值观力量，在主动的学习思考中，逐步促进其人格的自我完善与道德品质的塑造。例如，河北大学学生创作的微电影《第一粒扣子》，通过讲述一名优秀的新闻工作者的成长经历，展现了当代大学生牢记习近平总书记的嘱托、扣好人生第一粒扣子、树立正确价值观的重要性；微电影《思想启示录》，讲述了一个大学生在"思想道德与法治"课教师引导下积极参加贫困地区的支教，深刻领悟了给予、奉献的幸福。参与拍摄的苏远同学感悟道："我们是新一代大学生，肩负着中华民族伟

---

① 习近平：《在北京大学师生座谈会上的讲话》，《人民日报》，2018 年 5 月 3 日。

大复兴的历史重任，一定要敢于担当，不负韶华。"可见，思政课微电影教学可以通过欣赏和制作优秀、健康、积极的微电影，传递社会主义核心价值观，以审美的方式在潜移默化中引导大学生形成正确的价值取向。

（三）通过思政课微电影教学提高大学生的品德修养

在思政课微电影教学过程中，学生拍摄的微电影主题均来自思政课教材，作品传达的思想内涵凝聚着中国一代代仁人志士对真善美的不懈追求，彰显了他们的智慧、思想、情感，是理想与美的统一。思政课微电影教学过程并非教师简单的说教，不是告诉学生需要做什么不能做什么，而是在完成理论教学之后，于实践教学中指导学生制作与课程相关的微电影，将理与情相结合，将理性思考变成一个个具体的形象，以精美的画面、鲜明的主题、深刻的警示、善意的规劝引发学生自我思考，使大学生在美德的熏陶中潜移默化地提高自身的品德修养。如河北大学学生创作的微电影《春天里》通过讲述一个年轻打工者的奋斗故事，说明纵然人生几多风雨，但一时的挫折，从不会击垮勇敢的追梦者。与其苟延残喘，不如纵情燃烧！让人生在平凡中出彩，奋斗的人生，才是精彩的人生！微电影《初心》通过讲述一位初入社会的新闻学专业大学生的故事警示人们：面对职场潜规则时一定要坚守初心，脚踏实地地走下去！虽然影片故事情节非常简单，但主题深刻，能够引发学生对真善美的思考，激发大学生的道德情感。"当学生把道德作为自己的审美需求去崇尚和追求时，我们的道德教育就会产生事半功倍的效果"。[1] 由此可见，思政课微电影教学可以把人们所向往的美好的社会现象、道德关系、行为规范融于微电影作品中、融入大学生的社会实践中，使学生能在愉快地欣赏和创作微电影时，重新审视、规范自己，结合自身实际审视和调整自己的行为准则和人生方向，最终养成良好的道德习惯和道德品质，

---

① 柴素芳:《论孔子的美育思想及其当代价值》,《河北大学学报》(哲学社会科学版) 2005 年第 1 期。

提高大学生的品德修养。综上所述，以家国情怀、社会主流思想、大学生立志成才等为主题的思政课微电影作品往往能反映很多社会现象，其中包含了很多美好的道德精神，也包含了很多社会问题。比起单纯的说教，思政课微电影教学对大学生的人格塑造能够发挥"滴灌式"的"润物无声"的教化作用，使大学生在学习过程中更加深刻认识微电影所包含的社会主义核心价值观等思想之美，从而实现以美立德、塑造健全人格的功能。

三　以美启智，培养创新能力

思政课微电影教学的实践过程是以学生为主体来创作或欣赏微电影的过程，在这个过程中，学生从自身的审美需求出发，以欣赏的态度进行创作，进而从微电影教学实践过程的美中得到智慧的启迪，促使大学生扩展了知识领域、培养了创新思维，因而具有以美启智、提升创新能力的美育功能。

（一）通过思政课微电影教学扩展大学生的知识领域

知识水平是培养人们创新能力的基础。思政课微电影教学的实践过程有助于扩展大学生的知识领域。一方面，教师将学生拍摄的微电影作为案例进行教学时，不仅使学生从唯美的画面中感受到形式美和思想美，还能使学生在观看微电影时学习相关理论知识。比如，"毛泽东思想和中国特色社会主义理论体系概论"课教师运用微电影《孤岛蓝鲸》讲授生态文明建设的重要意义，引导学生践行习近平生态文明思想；"思想道德与法治"课教师运用微电影《铃铛响了》，讲授守法与幸福的辩证关系，引导学生在遵守法律的前提下追求幸福。另一方面，学生在创作剧本、亲身拍摄思政课微电影的过程中，既要以思政课内容为核心，也要遵循微电影本身的审美特征和大学生的审美取向，还要学习后期的剪辑、配音、字幕等制作技术。思政课内容、拍摄技术与艺术的融会贯通等一系列问题的解决，使大学生不断拓展了自己的知识领域。如微电影《胜利即正义》的小组成员谈感悟时说："虽然我们的拍摄技巧还很生疏，不够专业，但我们都是抱着十二分的热情去尽力做好这件事。这部短短的影片，让我们收获了知识技巧和能力。"由此可见，思政课微电影教学可以通过让大学生制作和欣赏微电影的教育形式，拓展他们的知识领域，为培养大学生的创新能力打下坚实的基础。

（二）通过思政课微电影教学培养大学生的创新思维

创新思维是创新的源泉，是人的创新能力的重要表现。思政课微电影教学的实践过程可以发展学生的具体形象思维和抽象逻辑思维，进而培养大学生的创新思维，使其能够更好地进行思考、辨析、创作等活动。在思政课微电影教学过程中，连接教学者与学生的是微电影，教师把微电影呈现给学生，首先让学生看到的是各种各样色彩、景象、人物等具体视觉形象，然后再让大学生自由想象。因此，思政课微电影教学所展现的令人喜爱的色彩画面、具体的人物形象等是培养大学生形象思维最好的方式。另外，思政课微电影教学还有助于培养学生的抽象逻辑思维。在思政课微电影教学活动中，大学生对微电影进行感知、创作之后，会更加积极主动地思考，用理性严谨的思维去分析、挖掘微电影背后的精神内涵，提高大学生的抽象逻辑思维能力。因此，思政课微电影教学可以将学生的形象思维与抽象思维有机地结合起来，激发学生涌现出敏捷的才思、创新的精神、丰富的创新性思维，从而强化学生的创新意识，提升他们的创新能力。比如，微电影《来自星星的柴老师》是学生将"思想道德与法治"课中人生观、价值观和幸福观内容与韩国电视剧《来自星星的你》巧妙结合的佳作，该片中"都教授"变成了"德法"课教师，讲授"个人幸福与社会幸福"的辩证关系，影片结尾用都教授一句"我是柴老师的学生"点题，这种幽默巧妙的表现形式充分说明，学生不仅理解了教材内容，而且提升了创新思维，该影片受到观赏者的普遍喜爱。

（三）通过思政课微电影教学提升大学生的创新能力

视觉艺术的生命力主要在于创新性。思政课微电影教学要求学生紧跟时代、文化、艺术的发展，以新颖的、具有独特魅力的微电影作品去突出思政课教学内容的核心要素，有利于提升大学生的创新能力。思政课微电影教学的实践为大学生提供了发挥想象力、激发潜在创新力的机会。一是题材视角的创新。思政课教学内容极其丰富，选择拍摄视角是影片质量的关键。因微电影时长较短，不宜选择复杂的故事，故以小见大是选择视角的关键。如河北大学学生通过拍摄《裸殇》，揭示校园贷给大学生造成的危害；通过拍摄《二十分之一的幸福》号召大家正确认识与对待乙肝病毒携带者这个群体，保障他们的人格和生存权利，形成和谐、良好的社会氛围。二是拍摄和制作方式的创新。学生用独特的构思、出色的创意来表达对国家优秀文化的热爱，对社会改革变迁的感受，对人生与社会问题的思考，对美好生活的向往，对人类命运的关心等，从而形成含有审美价值和思想政治教育主题的创新设计。如拍摄《可乐的一天》，学生通过"公益动画"的形式呼吁人们尊重生命、爱护动物。一名小组成员说："思政课微电影教学的实践活动，为我们拓展了想象的空间，提升了大家协同创作和动手的能力。"微电影《同学，你好》的小组成员感悟道："经历了拍摄的种种，我体会到了团队协作的力量和创新动手的乐趣。"事实上，无论是何种主题的微电影创作，都可以融入学生喜闻乐见的卡通形象，做到更加生动形象，起到更好的教育效果。因此，思政课微电影教学不仅激发了学生对理论知识、社会生活的关注，而且能激发学生的想象力，调动学生积极主动的思维，对于提升大学生的创新能力具有重要作用。

综上所述，高校思政课微电影教学作为一种创新的实践教学模式，通过微电影的形式来"包装"思政课的教育内容，使思政课微电影教学模式具有鲜明的审美性质和美育功能。思政课微电影教学"以美怡情、以美立德、以美启智"的美育功能，对于提升大学生的审美素养，塑造大学生的健全人格，培养大学生的创新能力具有重要意义。在新的历史条件下，探究思政课微电影教学的美育功能，是落实《国务院办公厅关于全面加强和改进学校美育工作的意见》中"挖掘不同学科所蕴含的丰富美育资源""围绕美育目标，形成课堂教学、课外活动、校园文化的育人合力"①精神的重要举措，是以微电影为载体、让思政课插上艺术翅膀、更好地实现思政课"立德树人"目标的创新实践。

高校思政课微电影教学美育功能的实现路径 ②

美育又称美感教育。学校美育是指教育者通过培养学生认识美、体验美、欣赏美和创造美的能力，使其具有美的理想、情操、品格和素养。"党中央国务院高度重视学校美育工作。学习贯彻习近平总书记关于学校美育工作重要指示精神，坚决落实，谋划部署新时代学校美育工作的改革发展，是教育系统各单位的重要工作"③。高校思政课微电影教学是指教师在实践课堂指导学生根据教学内容撰写剧本、制作影片并将优秀影片反哺理论课堂的一种教学模式，具有"以美育人、以美化人、以美培元"的美育功能，这种美育功能的实现至少包含"提升思政课教师的审美素养、丰富思政课微电影教学的美育内涵、加强大学生的自我美育、学校提供教学保障"四个方面的路径。

一　提升思政课教师的审美素养

思政课教师在微电影教学美育功能实现过程中的主导地位是毋庸置疑的。虽然审美是大学生的普遍需要，但是审美素养不会自发产生。由

---

① 《国务院办公厅关于全面加强和改进学校美育工作的意见》（国办发〔2015〕71号）。
② 本文原刊于《保定学院学报》2020年第5期，与程雪敏合作。
③ 陈宝生：《做好新时代学校美育工作》，《光明日报》，2019年5月7日。

于家庭教育、成长环境等因素不同，大学生会产生不同的审美选择，这些选择有时会偏离正确的审美方向，这就决定了教师必须对大学生进行审美选择的指导。2019 年 3 月 18 日，习近平总书记在学校思想政治理论课教师座谈会上指出："办好思想政治理论课关键在教师，关键在于发挥教师的积极性、创新性、能动性。"[①] 教师担负着"传道、授业、解惑"的使命与责任，是实现育人目标的关键。教师要想在思政课微电影教学中做到以美育人，就必须提升自身的美育素养，给学生以直接的教育和感召，以此增强思政课微电影教学的美育效果。提升教师的审美素养，需要教师努力学习，丰富知识，积极参加审美实践活动，在实践中得以发展。

（一）提高教师对美育重要性的认识

将微电影作为思政课美育的新载体是思政课教师具有创新意义的改革举措。思政课微电影教学中美育功能的发挥好坏，首先取决于思政课教师对美育重要性的认识是否到位，这是思政课教师以微电影为载体唱响立德树人主旋律的关键。

在思政课微电影教学实践中，教师与学生的心理会产生相互影响。只有教师在微电影教学过程中将审美愉悦功能发挥到最大，学生才能从中产生审美感受。这种影响力表面上是微电影教学的艺术魅力和强大精神感染力的表达，实际上，如果教师没有一定的审美素养和正确的价值引导，微电影教学的美育功能是无法得到真正实现的。这说明教师对美育重要性的认识是微电影教学美育功能实现的重要通道。习近平总书记在全国教育大会上指出："要全面加强和改进学校美育，坚持以美育人、以文化人，提高学生的审美和人文素养。"[②] 思政课教师应该深入学习贯彻

---

① 习近平：《习近平主持召开学校思想政治理论课教师座谈会强调用新时代中国特色社会主义思想铸魂育人贯彻党的教育方针落实立德树人根本任务》，《人民日报》，2019 年 3 月 19 日。

② 习近平：《习近平在全国教育大会上强调：坚持中国特色社会主义教育发展道路培养德智体美劳全面发展的社会主义建设者和接班人》，《人民日报》，2018 年 9 月 11 日。

习近平总书记的重要讲话精神，正确认识美育对大学生成长成才的重要
意义，围绕新时代对思政课及美育的新要求，与时俱进，将美育作为提
升思政课亲和力、针对性的突破口，把学生培养成为德智体美劳全面发
展、能够担当民族复兴大任的时代新人。

（二）提升教师的审美能力

在指导学生制作微电影或筛选优秀影片作为教学案例的过程中，思
政课教师需要把对微电影作品的"情感再度体验"作为审美情感生成的
重要环节。教师通过对微电影作品的内容、思想、价值的凝练，形成自
我的归纳和理解，再呈现在学生面前。其中，对于微电影作品的归纳和
理解的准确性与教师个人的审美能力息息相关，教师的审美体验能力越
强，最终的表达也越准确，甚至能散发出超越微电影教学本身的强大
魅力。因此，发挥思政课微电影教学的美育功能，必须提升教师的审美
能力。

审美能力的高低，一般与审美主体的知识水平呈正比。只有一个有
知识的人，才可能更加敏锐地发现美、感受美，进而借助情感和想象达
到对美的理解。所以，提升教师的审美能力水平必须加强学习，提高教
师对美育的理解和解读能力。一是教师要阅读一些美学理论的书籍，充
分利用一切条件积极参加培训，丰富美学知识，提高审美素养，增强美
育能力。通过学习美学理论，正确认识美的本质、特征、内容和形式，
准确把握美与人的发展关系、美与社会实践的关系。在学习中要特别注
意掌握马克思主义的立场、观点和方法，将马克思主义的美学理论与自
己的审美实践相结合，掌握审美鉴赏的基本原则，提升自己的审美能力。
二是教师要进行关于审美对象的学习。审美是人的一种精神活动，"在客
观上要求审美主体掌握关于审美对象的丰富知识"[1]。教师要主动了解自然

---

[1]　周芳:《思想政治教育审美研究》，人民出版社，2012，第136页。

美的内涵和特征，能够带领学生领会自然美；要能够了解、解释社会发展的基本规律，理解社会美；还要了解思政课微电影教学美的表现方法和特点，充分享受它给人带来的审美体验，从而使自己审美心理结构中各种因素得到锻造，提升自己的审美能力。

教师作为思政课微电影教学的实践者，也是实现思政课微电影教学美育功能的保障者，只有努力提升思政课教师自身的审美素养，使其兼有"教育艺术家"和"思想艺术家"的品格，坚持思想性原则，把握审美性特征，才能在思政课微电影教学过程中以榜样的力量去陶冶学生的情感、培养他们对美的不懈追求，从而凸显思政课微电影教学的感化作用，发挥其美育功能。

二　丰富思政课微电影教学的美育内涵

（一）彰显教学目标的美

把握思政课微电影教学的美育内涵，体现在教学目标上，就是要彰显思政课微电影教学的审美导向，突出思政课微电影教学的美育立场和美育价值。习近平总书记在给中央美术学院老教授的回信中指出："做好美育工作，要坚持立德树人，扎根时代生活，遵循美育特点，弘扬中华美育精神，让祖国青年一代身心都健康成长。"[①] 由此可以看出党和国家对当前大学生培养的殷切希望，对大学生的发展及其审美素养培养的重视，这是思政课教师在微电影教学中开展美育工作、提升大学生审美素养的重要指针。

要从美育的视角找准问题。教育者要从美育的角度，对教学过程中需要解决的问题进行筛选。思政课微电影教学要吸引学生，发挥其美育功能，必须要重视学生的审美趣味、个性与追求，使学生从情感、认

---

① 习近平：《习近平给中央美术学院老教授回信强调：做好美育工作弘扬中华美育精神让祖国青年一代身心都健康成长》，《人民日报》，2018 年 8 月 31 日。

知等方面自觉地接受教育。要用学生喜爱的生动形象、具有感召力的话语、丰富的意境将思政课所要教授的内容传达出来，用美的特质赢得学生的关注，吸引他们的注意，为思政课微电影教学目标的达成奠定基础。

要按美育的要求确定目标。新时代大学生不仅要具备崇高的理想信念、优良的品德修养和渊博的学识，还应具有卓越的审美素养，在知识、行为、体质、人格、审美、感知、精神等方面得到全方位的发展。因此，要实现思政课微电影教学的美育功能，必须将提升学生的审美修养、塑造学生的和谐人格重视起来，从审美性和思想性相结合的高度，以具体的审美能力、审美理想的培养代替笼统的思想意识的培养。唯有如此，才能真正实现思政课微电影教学的美育功能，促进大学生德智体美劳的全面发展，为国家和社会培育出品德高尚、情趣高雅、精神充实、人格健全的新时代人才。

（二）挖掘教育内容的美

实现思政课微电影教学的美育功能，不仅需要思政课微电影教学具有美和艺术的因素，更要以思政课内容为核心，紧紧把握社会主流价值观，把握党在新时代的主要任务和目标，深入挖掘教育内容的美，这样才能使思政课微电影教学在实现美育功能的过程中更具思想性和价值性。

思政课微电影教学的教育内容要坚持马克思主义的立场、观点和方法，帮助青年一代感受中国特色社会主义道路之美、理论之美、制度之美、文化之美，把爱国主义、集体主义、社会主义作为教育内容的主旋律，积极带动和影响大学生培养国家认同和政治认同意识，传播和彰显符合时代要求的、社会所崇尚的审美价值，从而使学生进一步形成高度的国家认同感、政治认同感。比如，河北大学学生创作的微电影《打虎上山》作为反腐题材作品，体现了党中央"有贪必肃、有腐必反"的庄严承诺。《孤岛蓝鲸》以动画形式展现保护环境主题，通过蓝鲸在旅途中的各种遭遇，说明了人类破坏自然的恶果，旨在警示人们要保护海洋、珍惜我们共同生活的家园。《涿鹿、高阳、固安在京津冀》展示了京津冀协同发展战略的实施给涿鹿、高阳、固安三地发展带来的新机遇、新面貌。

思政课微电影教学的教育内容必须体现真、善、美的思想，高扬社会主义核心价值观的旗帜。真、善、美是人们在社会实践中形成的人与人、人与社会、人与自然之间和谐关系的标志。在思政课微电影教学中，只有包含真、善、美和社会主义核心价值观的教育内容，才能感化学生的心灵，引导他们的价值取向，实现思政课微电影教学完善人格的美育功能。现在网络上的微电影作品在内容上大多是积极健康的，但也存在不少庸俗无聊的低级趣味之作，这些微电影对学生精神文化的提高是毫无意义的。习近平总书记指出，"广大文艺工作者要高扬社会主义核心价值观的旗帜，充分认识肩上的责任，把社会主义核心价值观生动活泼、活灵活现地体现在文艺创作之中，用栩栩如生的作品形象告诉人们什么是应该肯定和赞扬的，什么是必须反对和否定的，做到春风化雨、润物无声"[①]。大学生是思政课微电影教学中的欣赏者和特殊的"文艺创作者"，要发挥思政课微电影教学对大学生的美育功能，微电影主题必须既反映现实生活、内容健康、弘扬社会主旋律，又带有美感、使人愉悦、充分满足学生的精神需求。

思政课微电影教学的教育内容要传承和弘扬中华美育精神，深入挖掘地域特色文化。将当地民俗风情、文化特色融入思政课微电影教学内容之中，使学生对当地的优秀文化产生独特的情感共鸣，进而激发学生爱家乡、爱祖国的情感。比如，河北大学学生的微电影创作:《匠心》以河北省易水砚为主题，描写了传统制砚艺人对于传统文化的热爱和传承;《星火》讲述了山东沂蒙地区涌现出的"红嫂"精神，说明了逝去的只是

---

① 习近平:《在文艺工作座谈会上的讲话》,《人民日报》, 2015 年 10 月 15 日。

硝烟，不灭的是红色精神；《匠心独运写意人生》介绍了保定三宝之一的铁球刻花技艺，展示了铁球刻花的发展历程，呼吁全社会共同关注非物质文化遗产。因此，挖掘思政课微电影教学的内容美，能够在大学生的意识和情感上提升他们对中华民族优秀传统美德和审美价值的亲近感和认同感，增强对中国特色社会主义事业的归属感和使命感。

（三）增强教学过程的美

要在思政课社会实践中增强微电影教学的审美体验。要通过拍摄微电影的实践活动带领学生走出课堂，增强大学生对自然美、社会美和艺术美的审美体验。另外，还需要给大学生提供机会和平台进行审美创造，激发他们对于审美创造的热情。在实践活动中，学生对于审美创造有着极强的积极性，他们希望有一个展示自己的舞台，凭着自己对美的理解、崇尚，从身边的事例着手创作微电影。要引导大学生在微电影创作中融入历史元素、社会元素、生态元素，使他们在思政课微电影教学实施过程中，既增长知识又陶冶情操，既体验生活又提升境界，从而发挥微电影教学的美育功能。

要在思政课教学过程中合理运用微电影这一艺术形式，将思政课内容与大学生审美情感和爱美天性结合起来。思政课微电影教学要贴近实际、贴近生活、贴近大学生，必须从现实出发，重视学生的个性特点、情趣和对美的追求，尊重学生的现实需要，以生动的形象、具有感召力的话语、丰富内涵的意境调动学生的积极性和主动性，即用美的特质去赢得学生的高度关注。"倘若思政课不能让学生产生激情和美感，不能在思想上产生共鸣和认可，那么学生就无法真正接受理论"[1]。因此，思政课微电影教学必须在课堂上充分调动学生的兴趣，并以情感的愉悦性、感染性、舒适性营造美的课堂氛围，以艺术的形象性启发大学生的创新思

---

[1]　柴素芳、沙占华：《微电影：高校思想政治理论课教学的新载体——以河北大学微电影教学法为例》，《思想教育研究》2015 年第 10 期。

维，对学生晓之以理，动之以情。唯有如此，才能使学生真正受到启迪、接受教育。如果在思想政治理论课中，学生欣赏的微电影平淡无奇，缺乏情感意象，就难以使他们产生情感共鸣，从而无法实现思政课微电影教学的美育功能。

三　加强大学生的自我美育

实现思政课微电影教学的美育功能，不仅需要教师的积极引导与支持，更需要大学生的自觉参与和配合。大学生既是思政课微电影教学的教育对象，又是学习的主人，应该充分发挥其主观能动性，积极主动地进行自我美育。大学生自我美育是指学生主体将自我视作教育者和教育对象，依照美育的要求，对自身进行自我认识和自我调适，提升自己的审美素养。因此，加强大学生的自我美育是完善自我人格和提升审美素养的关键途径，也是实现思政课微电影教学美育功能的必要条件。大学生的自我美育是一种有目的的自我教育活动，在思政课微电影教学活动中，一方面要根据大学生自身的审美兴趣灵活展开，另一方面需要充分发挥大学生的自主性和积极性。

（一）培养健康的审美兴趣

审美兴趣是自我美育的前提，如果一个人没有审美意识和审美兴趣，再美的事物也不能引起他的注意。从大学生的角度来说，实现思政课微电影教学的美育功能，有赖于他们的审美兴趣。如果无法引起学生对于美的注意力，思政课微电影教学的美育功能终将难以实现。

思政课微电影教学的目的就是通过微电影的艺术形式，让学生产生审美体验，领悟人生，得到精神上的满足。审美兴趣决定学生的审美倾向，深刻影响着学生对于微电影等审美文化的选择。因此，大学生应充分认识思政课微电影教学的美育功能，端正学习态度，自觉学习美学知识，在拍摄和欣赏微电影的过程中，多关注社会问题，学会辨别是非，自觉抵制不良社会风气的侵袭，学会分辨美丑，明白真正的美不是追求另类装扮，不是奢侈攀比、哗众取宠，而是源于内心对真、善的追求，对个人及社会崇高理想的不懈追求。不仅如此，大学生应深刻认识微电影中所包含的思政课内容，自觉把握主流价值观的精神要领，紧跟党和国家发展的步伐，不断以马克思主义理论、习近平新时代中国特色社会主义思想武装自己的头脑，树立健康的审美兴趣。"美不自美，因人而彰"。事物的美需要人们自己去发现、感知，微电影教学的美也需要大学生自己去体会。大学生要学会去伪存真，在学习过程中发现美、感受美，养成良好的审美习惯和健全人格，注重积极向上的审美兴趣的培育。只有拥有健康的审美兴趣才能发现思政课微电影教学美的意蕴，实现思政课微电影教学的美育功能。

（二）发挥大学生的主体作用

实现思政课微电影教学的美育功能，要发挥大学生在教学过程中的主体作用，使大学生以主人翁的精神在教学活动中实现"自我教育、自我管理、自我服务"，积极参加到思政课微电影教学的活动当中。一方面，要增强大学生对思政课微电影教学的主观需要。要促使大学生自觉地参与思政课微电影教学活动，在编写剧本时深刻领悟思想政治教育内容，从而了解国情、认识社会、增长才干，表现出对真理和信仰、理想与目标的追求，树立崇高的审美理想和为社会主义现代化建设服务的精神。在拍摄微电影过程中，会涉及色彩、构图、故事逻辑、思想内涵、影视剪辑等各方面的内容，大学生要主动学习各种知识，增强创新意识和团队协作意识，提升综合能力。另一方面，大学生要善于通过网络平台进行自我教化。思政课微电影教学，无论是热衷于艺术审美的大学生，还是热衷于社会生活的大学生，都可与其产生关联，受到它的影响。思政课微电影教学建构起来的教育平台利用微电影的审美特征吸引大学生徜徉其中。带有主流价值思想的微电影势必对大学生的世界观、人生观和价值观起到积极的引导作用。同时，这种观看、分享的积极性是完全自觉的、自愿的，形成了一种自我教化的过程。

四 学校提供教学保障

实现思政课微电影教学的美育功能，离不开学校对思政课微电影教学提供的保障。学校不仅应从政策、资金方面加大对思政课微电影教学的支持力度，不断整合微电影教学活动中的美育资源，为大学生的全面发展提供平台，还应为思政课微电影教学营造美的校园文化氛围，创造美的网络空间，使大学生在美的环境中审视自我、发展自我，为实现思政课微电影教学的美育功能打下坚实的基础。

（一）加大支持力度

学校要将美育看作实现教育现代化的一项重要任务，正确认识思政课微电影教学所具有的美育功能，加大对思政课微电影教学的支持力度。

学校要加强顶层设计，为开展思政课微电影教学维度的美育工作提供有利条件。河北大学党委及学校相关职能部门非常重视思政课微电影教学改革工作。河北大学教务处自 2006 年起将"思想政治理论课社会实践"作为独立的课程，占 2 学分，34 学时，每年面向大二年级学生开设。2013 年开始探索微电影教学改革模式，让学生以艺术方式学习思政课，在接受马克思主义理论与思想政治教育的同时，又接受了审美教育。学校投资 120 万元建立了"融媒体与新时代高校思政课微电影创新平台"，为大学生提供了创造美、体验美、享受美的舞台。河北大学宣传部、团委、学工部等每年与马克思主义学院共同举办思政课微电影大赛，为学生展示思想、提升能力、创造美好的大学生活提供了重要条件。

马克思主义学院要创新工作机制，积极推进思政课微电影教学维度的美育工作。2017 年"河北大学思政课微电影教学改革研究中心"，2019 年河北大学"幸福微影社"相继成立，与艺术学院、文学院、中央兰开夏传媒与创意学院合作，将实践探索与理论研究结合，指导学生在实践中培养审美情感、审美情趣、审美能力。

（二）营造美的文化氛围

高质量的校园文化活动，对大学生有着强烈的吸引力和凝聚力，是对大学生进行审美教育的重要渠道。通过微电影创作活动，可以丰富大学生的校园文化生活，进一步促进校园精神文明建设。首先，要发挥第二课堂的审美教育作用，鼓励学生通过手机、DV 等工具拍摄生活的点点滴滴，展现丰富多彩的校园文化生活，记录美好青春、传递幸福阳光。比如在全校范围内打造微电影教学衍生的精品文化活动，通过举办全校性的思政课微电影比赛，定期举行微电影展播活动、微电影社团交流会，组织学生与专业老师进行面对面的交流与互动等。提升学生对微电影作品美的认识，创新微电影创作思路与方法，提升思政课微电影教学美育的影响力，使思政课微电影成为校园美育文化传播的一种重要载体。其次，将思政课微电影教学活动与国家重大节庆日、纪念日、重大事件等相结合，使思政课微电影教学深度融入校园文化建设，形成具有审美功能的校园文化，使生活在其中的每一个人都受到教育和熏陶。最后，打造学校与学部、院系的品牌活动，注重活动的传承性、教育性和审美性，扩大优秀微电影作品的展播渠道，让学生发现身边的美和感动，从而在学生群体中开展与思政课微电影教学相关的校园文化活动，为实现思政课微电影教学的美育功能培育文化土壤。

（三）创造美的网络空间

当前，网络空间已成为当代大学生新的生存空间，对大学生的生活、学习、思维以及价值观念等产生着深刻的影响，既给思政课微电影教学带来了挑战，也为其创造了巨大的发展空间。在网络空间中，既有与主流文化价值取向一致的微电影作品，也存在一部分内容低俗的微电影作品。那些"问题微电影"的存在和传播，会严重影响大学生的审美观念。因此，高校可以在校园网上建立思政课微电影展播平台、制作微电影 App 等，充分利用学校中心网站、论坛、微信、微博等平台对主流微电影作品和学生创作的优秀作品进行推广、传播和评论。要充分利用信息化手段，发挥网络空间优势，探索成立思政课微电影教学资源共享联盟，整合各地各高校的优质思政课微电影教学经验，扩大优质思政课微电影教学资源的覆盖面，努力拓展思政课微电影教学的全新环境。同时，要完善相关方面的规章制度，加强网络文化的规范管理与制度管理，在高校中形成美的思政课微电影教学的网络空间，引导大学生在自身与网络的良性互动中健康发展，使网络成为实现思政课微电影教学美育功能的新空间。

第八章
以微电影为载体的高校思政课研究

"传统的思想政治理论课教学侧重理论灌输，缺乏实践认知；强调教师的主导性，而忽视了学生的主体性……微电影实践教学作为新媒体环境视域下思想政治理论课的新载体和新形态，既不是简单的政治宣讲，也不是传统的理论灌输，而是思想政治理论课的一种生动的实践表达，实现了高校思想政治理论课的思想课、政治课、道理课的有机统一"。①东北大学马克思主义学院院长田鹏颖教授对思政课微电影实践教学的分析，既有理论高度，又有理论深度，为我们进一步总结微电影实践教学的经验与规律，提供了重要指导。

微电影：高校思政课教学的新载体②
——以河北大学为例

2015 年 7 月，中宣部和教育部印发《普通高校思想政治理论课建设体系创新计划》（以下简称《创新计划》），深刻阐述了办好高校思政课的重要性和艰巨性，提出了实施《创新计划》的目标是培育推广理论联

---

① 田鹏颖：《高校思想政治理论课实践教学新探索——关于"微电影"教学模式的若干思考》，《河北大学学报》（哲学社会科学版）2022 年第 5 期。
② 本文原刊于《思想教育研究》2015 年第 10 期，与沙占华合作，被人大复印报刊资料《高校思想政治理论课教学研究》2016 年第 1 期全文转载。

系实际、富有吸引力感染力的多种教学方法。努力把思想政治理论课建设成为学生真心喜爱、终身受益、毕生难忘的优秀课程。《创新计划》的重点建设内容是充分发挥课堂教学的主渠道作用和实践教学、网络教学的有效补充作用。高校思政课教师应认真领会、落实《创新计划》精神，创新教学方法，将课堂教学、实践教学和网络教学有机融合，实现《创新计划》目标。笔者多年的教学改革实践证明：以微电影为教学新载体，是一条值得探索的提升思政课实效的新路径。

一　微电影：高校思政课教学新载体产生的时代背景

随着互联网和信息技术的迅猛发展，微博、微信、微电影以不可挡之势"微"风蔓延，中国进入了"微"时代。目前，学界对于微电影的概念尚无统一的界定，在笔者看来，微电影是相对于电影而言的一种艺术形式，其"微"在于：微时长（短时播放）、微制作（制作周期短）、微投资（投资少、成本低）。微电影不仅包括剧情片，也包括纪实性、广告性的视频短片。凭借微电影的"三微"特点，普通人亦可成为编剧、导演、演员、制片人等，让酷爱时尚的年轻人可以通过微电影这一艺术载体表达思想、传播文化、体验美感。

作为影视文化的一种新样式，微电影具有重要的校园文化的引领作用。"纵观全球，一些发达国家高度重视影视文化软实力建设，引领有术，借助媒介传播力、艺术感染力与文化向心力，凝聚民众，增进文化认同"。[①] 比如，《大长今》《来自星星的你》等韩剧在我国乃至亚洲热播，使观众对韩国的风土民情、生活方式和文化价值有所了解。微电影艺术是文化传播的重要方式，既有审美作用，又有教育意义，因此备受追求时尚的大学生推崇。2011 年以来，国际大学生微电影节、华语大学生微电影节、中国大学生微电影节等频频亮相，大学生们纷纷将自编、自导、

---

① 胡智锋、杨乘虎：《引领力：中国影视文化软实力的核心诉求》，《光明日报》，2015 年 6 月 29 日。

自演的微电影在微信、微博、优酷等网站中分享，大学校园亦步入微电影时代，微电影以其艺术感染力对大学生的文化价值发挥引领作用，使大学生在创造美和体验美的过程中得到精神的陶冶。

大学生微电影热给高校思政课教学改革带来了新契机。目前，从某种程度而言，思政课存在价值性与实效性脱节的现象，其中，极具价值的教学内容未能通过有效的载体被学生认可，致使学生学习积极性不高、参与度不高是重要原因之一。思政课犹如大学生健康成长与全面发展所必需的营养丰富的精神食粮，教师只有像技艺高超的厨师一样烹调出美味佳肴，才能吸引学生品尝一道道精神大餐，进而汲取其中的营养。因此，思政课教师组织学生拍摄微电影并将优秀作品运用到教学中，与时代合拍，与年轻大学生的需求吻合，接地气、可操作，能够发挥微电影的美育功能，润物细无声地开展思想政治教育，因而成为思政课教师值得探索的教学新路径。

二 微电影：高校思政课教学新载体形成的价值依据

"高校思政课教学载体，是指在高校思政课教学过程中承载并传递教学信息，能为教学主体所操作并与教学客体发生联系的一种物质存在方式或活动方式"。[①] 在这里，教学主体指高校思政课教师，教学客体指高校大学生。教学载体丰富多样，并随着时代变迁而不断增加新的形态。微电影之所以能够成为高校思政课教学新载体，是因为它兼具文化载体、活动载体、传媒载体等综合功能，对于提升高校思政课教学质量具有重要的价值。

（一）微电影具有文化载体的功能

教育是文化传承的重要方式，教育的原则是"通过现存世界的全部

---

① 韦廷柒、赵金和：《高校思想政治理论课教学载体建设探析》，《思想理论教育导刊》2011 年第 4 期。

文化导向人的灵魂之本源和根基"。①《创新计划》明确指出："思想政治理论课是巩固马克思主义在高校意识形态领域指导地位，坚持社会主义办学方向的重要阵地，是全面贯彻落实党的教育方针，培养中国特色社会主义事业合格建设者和可靠接班人，落实立德树人根本任务的主干渠道，是进行社会主义核心价值观教育，帮助大学生树立正确世界观、人生观、价值观的核心课程。"可见，思政课承担着通过中国特色社会主义文化为大学生塑造灵魂、引领思想的重任。为更好地完成这一重任，合理选择、创新使用思政课文化载体至关重要。所谓思政课文化载体，是指在思政课教学中，教师为实现教育目标而运用的能够负载和传递一定的教育信息，发挥着连接师生、促进双方交互作用的教育活动形式。就内容而言，思政课文化载体包括物质文化、制度文化和精神文化三个层面。物质文化载体包括爱国主义教育基地、祖国大好山河等。制度文化载体包括国家的法律、制度等。精神文化载体包括影视、音乐、舞蹈等。在形式上，思政课文化载体可分为企业文化、校园文化、社区文化、家庭文化等。②微电影在内容上属于精神文化，在形式上属于校园文化，突出体现了校园文化载体的精神涵育功能，其主要价值主要体现在以下几点。

有利于增强思政课的磁性和魅力。思政课微电影主题紧紧围绕教学而设计，教师通过微电影使深刻、严肃的教育内容以通俗、生动的艺术形式表达出来，与大学生的精神需要和接受心理贴近，隐性教育的优势得以发挥，显性教育的劣势得到弱化，使学生由"要我学习"转为"我要学习"。

有利于提高学生的综合素质。微电影剧本首先由学生来写，再由教师指导修改，学生要经历一个理解教材和其他大量资料，再从艺术审美的视角创作剧本的过程，通过拍摄、剪辑、配乐、加字幕等过程，学生学习了很多电影专业知识，提高了创新能力、协作能力，既接受了精神

① 〔德〕亚斯贝尔斯：《什么是教育》，生活·读书·新知三联书店，1991，第3页。
② 骆郁廷：《思想政治教育原理与方法》，高等教育出版社，2011，第174页。

洗礼，也在实践中磨砺了意志，体验着创造的幸福，促进了大学生全面发展。

有利于大学生践行社会主义核心价值观。社会主义核心价值观是贯穿于思政课的主线，对大学生的思想和行为发挥着重要的引领作用。目前，国内大多数微电影以恋爱等现代都市题材为主题，以轻松愉悦为目的。但弘扬社会主义核心价值观，引导大学生将个人梦与中国梦、个人幸福与他人幸福有机融合的微电影还很少见。可见在高校，微电影作为一种新的育人载体，其文化引领作用还远未发挥出来。因此，以微电影为教育载体对于大学生弘扬社会主义核心价值观具有重要的现实意义。

（二）微电影具有活动载体的功能

所谓思政课活动载体，是指为实现思政课教育目标，以大学生为主体，通过开展各种教学活动，寓教育内容于活动之中，使大学生在潜移默化中受到教育。微电影作为思政课活动载体之一，有着重要价值。

有利于教师将课堂教学与实践教学有机融合。当前，思政课教学实效性不强，是因为课堂教学与实践教学、网络教学脱节。比如，在课堂教学中，部分教师理论讲授多是空洞说教，缺乏阐释力和吸引力，加之教学的实践性不足，致使学生听得多，参与得少，其主体性、积极性未能有效发挥，故学生的到课率、抬头率较低。在实践教学中，很多高校采取了学生利用暑期开展社会调研、完成调研报告的形式。但部分学校缺少实践教学专项经费，致使教师组织学生开展实践教学的条件受限，不能亲身参与社会实践过程并对学生具体指导，难以保障学生的调研成果质量，未能达到巩固理论知识、用理论知识解决现实问题的实践教学目标。另外，在课堂教学中，教师面临着与手机"争夺"学生的困境，即使是上专业课，即使是优秀教师，也难以确保学生上课不走神。因为相较于课堂授课内容，互联网不仅信息量大，而且内容丰富、鲜活，对学生极具吸引力。因此，倘若教师不创新教学方法、载体，"提高育人质量"就会成为空谈。笔者的教学实践表明，微电影是连接课堂教学、实践教学、网络教学的活动载体。在课堂教学和实践教学中，教师均可根据教学内容精心设计微电影主题，组织学生创作、拍摄、制作微电影，再将优秀微电影作为教学案例运用到课堂教学中，还可以将微电影上传到网上分享。欣赏自己和同学的作品使大学生备感亲切，充满正能量的主题促使大学生思考人生。最后，教师从理论高度对学生的微电影活动进行点评，使学生将理论学习与实践体验有机结合，在这种方式下，教学效果自然提升。

有利于大学生将接受教育与自我教育有机融合。在传统的思政课教学模式中，师生是授与受的关系，这种教育模式存在三个盲区：一是生活上的盲区——脱离丰富多彩、复杂多样的现实生活，脱离学生的现实需要。二是操作上的盲区——教师的说理教育未能给学生带来学习的愉悦感。三是考评上的盲区——考评高分的未必是道德素质最高、综合能力最强的学生。叶圣陶先生早在 20 世纪三四十年代就对此教育模式提出过质疑，并提出"教是为了不教"的理念，意在说明学生自我教育的价值。微电影教学恰恰是强化学生自我教育的活动载体，教师在指导学生完成微电影的过程中，思政课教学就成为社会主义文化的传承、习得、创造的社会实践活动，这个活动就是学生自我教育的活动。创作微电影具有三种功能：一是导向功能。即通过微电影教学活动，引导大学生自觉地将个人需要与社会需要、个人价值与社会价值、个人幸福与他人幸福有机统一起来，促使他们自觉地担当责任，肩负使命。二是评价功能。微电影教学活动，使大学生通过影片理性地思考现实问题，通过实践过程发现自身优势与不足，进而合理地选择人生方向。三是激发功能。通过微电影教学活动，激发大学生的道德情感，增强他们对中国特色社会主义理论体系的认同感，提高他们认识问题、分析问题和解决问题的能力，为实现中国梦做出更大的贡献。

有利于将显性教育与隐性教育有机融合。显性教育与隐性教育方式各有利弊，如果将二者相对立，既不符合唯物辩证法规律，又不利于实现教育目标，因此，将二者有机融合，取长补短，是提高教学质量的必然要求，微电影教学正是使两种教育方式有机融合的重要活动载体。比如，在理论教学活动中，显性教育相对突出，容易出现"三多三少"问题，即"教育者的理论灌输多，与受教育者的有效沟通少；教育者主导作用发挥的多，受教育者主体作用发挥的少；教育内容关注社会需要多，关心受教育者个体需求少。"① 如果将微电影融入教学中，就会改变这一现象，转变为：教育者依据理论内容指导学生设计微电影主题及呈现方式，受教育者在理解理论的前提下设计微电影，制作微电影，进而理论教学因为有了微电影实践活动而鲜活起来，隐性教育"润物细无声"的价值得以体现，实践教学因此有了理论支撑，微电影内涵有了深度和高度。

（三）微电影具有传媒载体的功能

传媒载体指承载、传递信息的物质形式，主要包括报纸、杂志、影视等。2015 年 9 月，国务院办公厅颁发《关于全面加强和改进学校美育工作的意见》（以下简称《意见》），明确要求各级各类学校要开设丰富优质的美育课程（主要有音乐、美术、舞蹈、戏剧、戏曲、影视等），"把培育和践行社会主义核心价值观融入学校美育全过程……培养造就德智体美全面发展的社会主义建设者和接班人"。高校思政课是落实《意见》的重要渠道，教师充分运用微电影这一新的传媒载体对于实现美育目标具有重要价值。

有利于思政课与美育有机融合。美育是培养人的审美观念、审美能力的实践活动，与思政课关系极为密切，思政课涵盖美育的内容、目标，美育体现着思政课的价值追求。倘若思政课不能让学生产生激情和美感，不能在

---

① 柴素芳:《大学生幸福观教育论》，人民出版社，2013，第 204 页。

思想上对理论产生共鸣和认可，那么，学生就无法真正接受理论。微电影作为新载体也是美育的新形式，它反映了大学生的审美需要，深受学生喜爱。学生在教师指导下参与微电影教学的过程，就是一个认识美、创造美、体验美的过程，就是一个思考人生、锻造品格、提升能力的过程。

有利于理论教学与网络教学有机融合。微电影教学主要采取两种教学方式，即自谋出路与借船出海。"自谋出路"是指教师组织学生创作微电影，并将优秀作品运用到课堂教学中。这种教学方式具有体验式教学特征，教师引导学生在"做中学"，引领大学生感知和领悟生活，并在实践中验证所学理论。"借船出海"是指教师根据教学内容需要，在网上精心选择适合的微电影作为课堂教学案例，发挥优秀微电影的文化育人作用，这种教学方式具有案例教学特征，是一种寻找理论与实践结合点的有效的教学方式，适应学习者建构知识、接受知识的内在认识秩序，符合人在社会化进程中不断增强和发挥自身主体性的客观规律。在理论教学中，教师使用的优秀微电影来自网络，教师可以根据教学内容需要任意选取微电影作品作为案例，既丰富了教学资源，也鲜活了教学内容，满足了学生的艺术审美需要，因而激发学生的学习兴趣。在理论教学的实践环节及实践教学中，学生完成的优秀微电影反映了学生的审美价值，体现学生的审美情感，上传网络后，学生通过点击率、好评等体验自身的价值感、幸福感。

三 微电影：高校思政课教学新载体的实践价值

河北大学微电影教学法的实施源于2013年暑期的实践教学。多年来，教师指导学生完成许多部作品。这些微电影种类繁多，题材丰富，思想性强，反映了大学生的精神风貌、对信仰的追求和社会主义核心价值观的理解，反映了大学生对中国城乡经济、社会、文化发展过程中的重大现实问题的关注与思考，取得了较好的教学效果和社会反响。

（一）对学生而言，微电影教学激发了兴趣，提升了实效

思政课成为大学生真心喜欢的课。把微电影引入思政课教学中，教师根据教学内容设置主题，学生在微电影拍摄前，结组对拍摄主题进行深入细致的了解，这就使学生由过去被动接受理论变为主动学习和掌握理论，求知欲望增强，提高了学生学习理论课的积极性和主动性。

思政课成为大学生终身受益的课。开展微电影教学的主要目的不是追求作品的数量和艺术效果，因为多数学生缺乏专业知识和技能，微电影教学的着眼点在于组织学生拍摄微电影，使其将理论内化为品格、锻造为能力：在编写剧本时，学生们通过查阅大量资料，从艺术审美的视角感受思想政治理论的价值与魅力；拍摄、制作影片时，学生们不仅从故事中一次次接受着精神洗礼，也在实践中学会了合理分工、精心策划与密切配合，磨砺了意志，体验着创造的幸福。学生在"做"中学做人、学做事，较好地实现了思政课的育人目标。

（二）对教师而言，微电影教学创新了载体，拓展了路径

广大思政课教师具备强烈的爱岗敬业精神，为了提升育人质量都在兢兢业业进行教学改革，教改创新之花开遍全国。然而，毋庸讳言，思政课教学质量还有待进一步提高，尤其是面对当前国内外复杂多变的现实环境，思政课作为"事关中国道路拓展延伸、中国力量积聚勃发、中国气派凝结彰显的立德树人'主渠道'"[①]，筑牢高校意识形态"主阵地"的重任更加突出。因此，大胆创新教学载体，积极拓宽教学改革新路径是必然选择。微电影作为一种新载体，将思政课教学的科学性与微电影的艺术性及学生的参与性有机统一，大学生在新颖愉悦的活动中素养得

---

① 《信仰有根基，课堂有意思》，《光明日报》，2015年1月19日。

到全面提升，使社会主义核心价值观教育接地气，因而是值得推广的教学范式。

（三）对高校而言，微电影教学塑造了品牌，扩大了影响

微电影发展符合国家文化大发展的趋势与潮流，特别是微电影的"三微"特点，便于大学生参与并提高其创新能力、实践能力，河北大学微电影教学为增强思政课的针对性和实效性提供了有益启示，也产生了较为广泛的影响。

一是数十多家媒体先后报道。主要有：2014 年 3 月 27 日河北电视台《新闻联播》节目以《柴素芳：播散幸福阳光的使者》为题报道；2014 年 8 月 4 日《光明日报》以《用"仰望天空"和"触摸大地"的收获改进教学》为题报道；2015 年 1 月 5 日《中国教育报》以《一场微电影与思政课的幸福相遇》为题报道；2015 年 1 月 19 日《光明日报》以《信仰有根基，课堂有意思》为题报道；2015 年 3 月 9 日《中国教育报》以《扩，教育质量向上的空间》为题报道；中国社会科学网、新华网、河北广播网等也多次报道。

二是思政课微电影教学改革成果以多种方式在全国推广。《高校"思政课"微电影教学方法运用研究》入选 2014 年《高校思想政治理论课教学方法改革项目择优推广计划》，《小切口，大立意——河北大学社会主义核心价值观教育"四新"模式》入选教育部《社会主义核心价值观教育典型案例》。柴素芳教授参与北京科技大学、北京航空航天大学等主办的"全国高校思想政治教育'实践育人'研讨会"，全国高校"培育大学生社会主义核心价值观与高校思政课教学方法改革研讨会"，并多次交流思政课微电影教学经验，得到有关领导、专家和同行的认可。2015 年广西壮族自治区教育厅组织 30 多所高校思政课骨干教师、福建农林大学马克思主义学院领导及教师来到河北大学探讨微电影教学改革工作。以上这些都是微电影教学方式的影响力，实践证明，思政课微电影教学是提

升思政课育人质量的新路径，因此，高校应鼓励教师把这一思政课教学的新载体进行推广和认真实践。

微电影：引导大学生践行"奋斗幸福观"的有效载体 ①

党的十八大以来，习近平总书记提出了关于奋斗与幸福的许多重要论断，比如"幸福都是奋斗出来的" ②"奋斗本身就是一种幸福" ③"做新时代的奋斗者" ④ 等，形成了与马克思主义幸福观一脉相承又独具魅力的奋斗幸福观，奏响奋斗的新时代旋律。习近平总书记在庆祝中华人民共和国成立 70 周年大会上的讲话中四次提到"奋斗"，强调"70 年来，全国各族人民同心同德、艰苦奋斗，取得了令世界刮目相看的伟大成就"，强调"团结全体中华儿女，继续为实现祖国完全统一而奋斗"，强调"继续为实现'两个一百年'奋斗目标、实现中华民族伟大复兴的中国梦而努力奋斗"，⑤ 彰显着我党为中华民族谋复兴、为中国人民谋幸福的初心和使命。在继往开来的新时代，引导大学生践行"奋斗幸福观"具有重大价值，而思想政治理论课教师以微电影为载体引导大学生践行"奋斗幸福观"更是一种有益尝试。

一　为何引导大学生践行"奋斗幸福观"

"奋斗幸福观"是"习近平新时代中国特色社会主义思想的重要组成部分，是马克思主义中国化、时代化和大众化的最新成果。体现了习近平

---

① 本文原刊于《思想理论教育导刊》2020 年第 2 期，与姜旭合作。
② 习近平：《在北京大学师生座谈会上的讲话》，人民出版社，2018，第 12 页。
③ 习近平：《在北京大学师生座谈会上的讲话》，人民出版社，2018，第 12 页。
④ 习近平：《在北京大学师生座谈会上的讲话》，人民出版社，2018，第 13 页。
⑤ 习近平：《在庆祝中华人民共和国成立 70 周年大会上的讲话》，《人民日报》，2019 年 10 月 2 日。

新时代中国特色社会主义思想从政治话语方式向大众话语方式的转换，是全体中国人民获得幸福和过上美好生活的观念指引和行动指南"。① 因此，引导大学生践行"奋斗幸福观"具有重要意义。

"奋斗幸福观"是对马克思主义实践观的继承和发展，强调"幸福都是奋斗出来的"，为大学生指明了获得幸福的根本途径。"奋斗幸福观"坚持马克思主义实践观，强调"幸福不会从天降""撸起袖子加油干"，将实践作为实现幸福目标的现实的、具体的物质性力量，揭示了幸福的来源在于奋斗的实践。党的十九大报告中提到"奋斗"30次，比如"不忘初心，牢记使命，高举中国特色社会主义伟大旗帜，决胜全面建成小康社会，夺取新时代中国特色社会主义伟大胜利，为实现中华民族伟大复兴的中国梦不懈奋斗""永远把人民对美好生活的向往作为奋斗目标""以党的坚强领导和顽强奋斗，激励全体中华儿女不断奋进，凝聚起同心共筑中国梦的磅礴力量！"② 等，这些关于"奋斗"的论述内含着中国共产党带领人民谋求幸福生活的奋斗情怀与奋斗历程。中国共产党成立百余年、中华人民共和国成立70多年、改革开放40多年的历史，就是一部中华民族从"站起来"到"富起来"再到"强起来"的奋斗史。党的十八大以来，中国共产党带领人民"解决了许多长期想解决而没有解决的难题，办成了许多过去想办而没有办成的大事，推动党和国家事业发生历史性变革"，③ 这些辉煌成就的取得离不开奋斗；在中国特色社会主义新时代，我国社会主要矛盾转化为人民日益增长的美好生活需要和不平衡不充分的发展之间的矛盾，这一矛盾的解决离不开奋斗；决胜全面建成小康社会，到本世纪中叶，建成富强民主文明和谐美丽的社会主义现代化强国，更离不开奋斗。70多年来，中华民族、中国人民走过了

25000 多天的"长征路"。2019 年 10 月 1 日，以国庆大典为新起点，中华民族复兴、人民幸福未来的"长征路"更需要奋斗。因此，引导大学生践行"奋斗幸福观"，有利于激发其奋斗精神，培养其奋斗意志，使其将个人梦与中国梦、个人幸福与人民幸福有机统一起来，为其实现人生价值和幸福目标提供理论指南。

　　"奋斗幸福观"是对马克思主义劳动观的继承和发展，强调"奋斗本身就是幸福"，为大学生获得幸福提供了动力源泉。"奋斗幸福观"坚持马克思主义劳动观，充分表明对劳动精神和劳动价值的高度认同。"马克思、恩格斯最初所说的人的全面发展，并不是指人在德、智、体、身心各方面都得到发展，而是指人的劳动能力的全面发展。具体来讲是使人的生产劳动才能得到充分的发展"。[1]中国共产党人继承和发展了马克思主义"教育要与生产劳动相结合"的教育思想，1958 年 9 月，《中共中央、国务院关于教育工作的指示》中明确提出，"党的教育工作方针，是教育为无产阶级的政治服务，教育与生产劳动结合"。[2]在中国特色社会主义新时代，劳动不仅是大学生神圣的权利和义务，而且是他们创造生命奇迹、展现人生价值、获得人生幸福的必然需要，因为"幸福总是在积极的劳动和有意义的生活中实现。人只有在劳动和奋斗中才能不断挖掘自己的潜能，满足主体的需要，提升生活的质量，并获得精神层面的充盈与满足，体验到个人生命价值存在的获得感，感受到生活意义彰显的愉悦感，享受到个人主体力量实现的幸福感"。[3]新时代的大学生不仅要充分享受、高度珍视劳动权利，而且要主动跟上时代步伐，积极承担劳动义务，努力塑造劳动精神，提升劳动素质。因此教师要着力引导大学生践行"奋斗幸福观"，为其创造更多的劳动机会，使之把奋斗升华为幸福，成为自信乐观、精神充盈的劳动者，在实现中国梦的劳动中收获

---

①　胡君进、檀传宝：《马克思主义的劳动价值观与劳动教育观——经典文献的研析》，《教育研究》2018 年第 5 期。

②　《建国以来重要文献选编》第 11 册，中央文献出版社，1995，第 490 页。

③　陈华洲、赵耀：《"奋斗幸福观"的时代价值》，《湖北日报》，2018 年 9 月 1 日。

多重意蕴的幸福生活。

"奋斗幸福观"是对马克思主义幸福观的继承与发展，强调新时代是奋斗者的时代，为大学生扣好"人生第一粒扣子"、创造出彩人生发出了冲锋号角。马克思主义幸福观的鲜明特性是人民性，中国共产党自成立之日起，就将"为人民谋幸福"作为初心和使命。"奋斗幸福观"是习近平总书记立足中国特色社会主义进入新时代的伟大实践而提出的，既饱含"奋斗为了人民、奋斗依靠人民"的深切情怀，又是对当代中国面临的一系列重大幸福问题做出的回应；既为人民幸福描绘了美好生活愿景，又为人民幸福设计了"施工图"。新时代，大学生不仅面临着建功立业的大好人生机遇，而且面临着"天将降大任于斯人"的时代使命。当前，部分大学生追求"佛系"生活，主张"有也行、没有也行，凡事随缘、不计输赢"。一些人张口闭口谈"佛系"，不是因为喜欢，而是因为消极，是对现实状况的无力。他们没有成就，不愿努力，却表现为不愿与人争高低。倘若把"佛系"作为偶尔的一种自嘲或者自我减压方式，也有一些积极意义，倘若作为一种恒久的人生态度，一定弊大于利。因为持"佛系"心态的人最终会因缺乏奋斗有为的进取精神而制约其人生发展，大学生在朝气蓬勃的年纪就该拼搏。只有奋斗的人生才称得上幸福的人生。因此，教育者要引导大学生践行"奋斗幸福观"，使他们将"小我"升华为"大我"，积极有为地投入新时代发展的洪流中，在大风大浪中勇立潮头，到达幸福彼岸。

二 微电影何以成为大学生践行"奋斗幸福观"的载体

微电影之所以能够成为思想政治理论课教师引导大学生践行"奋斗幸福观"的载体，是因为它具有文化载体、传媒载体和实践载体的功能。

微电影是大学生践行"奋斗幸福观"的文化载体。大学生践行"奋斗幸福观"的文化载体，是指在对大学生进行"奋斗幸福观"教育过程中，教师为实现教育目标而运用的能够负载和传递奋斗幸福观教育信息、促进师生交互作用的教育活动形式。《中国互联网发展报告2019》显示，截至 2019 年 6 月，中国有网民 8.54 亿人，互联网普及率达 61.2%。^① 大学生无疑是互联网的原住民，属于"新新人类""数字青年"，是典型的"网一代"。在当今这个微博、微信、微电影等无"微"不至、无人不"微"的时代，高校思想政治理论课教师理应踏上微时代的列车，充分发挥微文化的育人作用。"微文化育人是以移动互联网为平台，以微博、微信、微电影、微视频等传播的微文化来感染、影响人的思想和行为的一种育人活动"。^② 微电影属于微文化的一种形式，在微时代的背景下应运而生，成为新的文化时尚和潮流，深受大学生喜爱，具有"于细微处见精神"的育人特色，对于大学生践行"奋斗幸福观"具有重要的文化涵育功能。微电影具有"三微"特点，即"微"时长（5～10分钟）、"微"投资（几乎是零投资，多数学生用手机拍摄）、"微"制作（耗时短，用绘声绘影等软件编辑）。一部微电影诞生的过程，就是学生被微文化涵育的过程。一方面，学生只有深刻理解"奋斗幸福观"的理论内涵、实践本质和时代价值，才能写出有深度的剧本，所以，学生查阅资料、撰写剧本的过程就是理解和展现"奋斗幸福观"主题的过程。另一方面，大学生克服重重困难拍摄和制作微电影的过程，就是扎实践行和体验"奋斗幸福观"的过程，就是创造幸福文化和享受幸福文化的过程。

微电影是大学生践行"奋斗幸福观"的传媒载体。大学生践行"奋斗幸福观"的传媒载体是指承载和传递"奋斗幸福观"教育信息的物质形式，主要包括报纸、杂志、影视等，微电影属于影视类的微传媒载体。在传媒载体的诸多功能中，教育功能是特别重要的功能。微电影育人的价值不仅体现为学生在实践中的成长与收获，而且体现在优秀影片的再利用过程中。教师用微电影之"瓶"装"奋斗幸福观"教育之"水"，进而生动有效地滋润大学生心灵之"田"。通过微电影这一传媒载体，生动诠

---

① 《中国互联网发展报告 2019：中国网民规模达 8.54 亿》，新浪科技，http://tech.sina.com.cn/i/2019–10–20/doc–iicezzrr3530232.shtml，2019–10–20/2019–10–20。

② 骆郁廷、马丽华：《论微文化育人》，《思想教育研究》2018 年第 1 期。

释"马克思主义为什么行、中国共产党为什么能、中国特色社会主义为什么好"等重大理论问题，激发大学生"爱党、爱祖国、爱人民"的深厚情感，更加坚定"四个自信"，提升大学生学习思想政治理论课的获得感、幸福感。当教师把"奋斗幸福观"主题的微电影作为案例进行教学时，一方面，"课堂说教"转为"情景体验"，提升了学生对课程的喜爱与尊重程度，增强了学生的学习兴趣。另一方面，教师将微电影与课程内容相结合，与"奋斗幸福观"相结合，这种润物细无声的"滴灌"，促使学生在欣赏影片的过程中得到激励、引领，进而促进大学生构建"奋斗幸福观"。

微电影是大学生践行"奋斗幸福观"的活动载体。大学生践行"奋斗幸福观"的活动载体是指在教学过程中，教师寓教育内容于活动之中，使大学生在实践活动中接受"奋斗幸福观"教育。以微电影为载体引导大学生践行"奋斗幸福观"，旨在引导大学生根据教学内容开展微电影创作实践，通过学生自编、自导、自演、自制微电影的实践活动，既增强学生对思想政治理论课知识点的理解，又促使学生从艺术审美的视角感受思想政治理论课的价值与魅力。由于多数参与微电影教学的学生并非来自艺术专业，他们的创作过程一定会充满各种各样的挑战，故当"奋斗幸福观"教育与微电影相遇之时，学生们即可在活动中学习如何克服困难解决问题，享受成长的快乐并最终收获幸福果实。学生们不仅从作品中接受了精神洗礼，而且在活动中学会了合理分工与密切配合，磨砺了意志，切实体验"幸福都是奋斗出来的""奋斗本身就是幸福"，并通过作品弘扬社会主义核心价值观，从而思想政治理论课较好地实现了育人目标。

三 如何以微电影为载体引导大学生践行"奋斗幸福观"

河北大学思想政治理论课微电影教学改革至今已 11 年。就师生而言，微电影教学均为新生事物，压力与挑战并存，这种改革本身就是师生践行"奋斗幸福观"的过程，就是微电影教学从"星星之火"燃成"燎原之势"的过程，就是一个通过微电影创作、运用和推广实现"奋斗幸福观"教育目标的过程。

从创作微电影的视角来看。2013年暑期的实践教学中，笔者团队创作了首部微电影《幸福阳光》。该片描述了主人公窦豆克服重重困难追求梦想、获得幸福的奋斗故事。一方面，学生们通过查阅资料了解幸福理论，另一方面，他们跟随老师来到唐山滦南县洼里村"感动中国人物"高淑珍的"爱心小院"开展幸福观调研，调研中的部分场景成为影片主题思想升华的关键点，成为窦豆幸福观发生变化的转折点。同学们从高淑珍的事迹中感受到了"幸福是奋斗和奉献出来的"。这部影片的创作成功点燃了思想政治理论课微电影教学的星星之火。2018年，微电影教学改革五周年之际，《幸福阳光2》诞生，主题为"让青春之花绽放在祖国最需要的地方，幸福都是奋斗出来的"。该片将以河北大学微电影为载体的"奋斗幸福观"教育推向新阶段，成为引导大学生自觉地将个人需要与社会需要、个人价值与社会价值、个人幸福与他人幸福有机统一起来的重要载体。

从运用微电影的视角来看。在"思想道德与法治"课中，教师运用《幸福阳光》讲解奋斗者的幸福故事，运用《饭局》讲解诚信道德与奋斗幸福的关系，运用《铃铛响了》说明法律与幸福的辩证关系。在"马克思主义基本原理"课中，教师运用《追梦》说明幸福的实现要把尊重客观规律和发挥主观能动性有机统一起来，运用《拼桌恋人》告诉学生幸福的实现是前进性与曲折性的辩证统一。在"习近平新时代中国特色社会主义思想概论""毛泽东思想和中国特色社会主义理论体系概论"课中，教师运用《孤岛蓝鲸》揭示生态文明建设与人民幸福生活的关系，运用《以爱为家》讲解习近平总书记到阜平调研精准扶贫、给人民带来幸福生活的感人故事，运用《赵大爷的小金库》反映当代农村社会主义精神文明建设过程中的"凡人善举"与精神幸福。在"中国近现代史纲要"课中，教师运用《曙光》讲述革命老区阜平城南庄的革命历史，运用《冉庄记忆》呈现保定市清苑冉庄地道战革命历史，运用《关爱老兵》致敬抗战老兵，教育引导大学生懂得国家和平、人民幸福离不开中国共产党和老一辈无产阶级革命家的浴血奋战、艰苦奋斗。在"形势与政策"课中，运用《逐鹿南海》《打虎上山》等影片阐释捍卫祖国主权和领土完整、加强反腐倡廉建设与人民幸福的密切关系。

总之，新时代是奋斗者的时代，以微电影为载体引导大学生践行"奋斗幸福观"不仅是必要的、可行的，而且是切实有效的。以微电影为载体的"奋斗幸福观"教育永远在路上，并具有无限美好的发展前景。

微电影：加强大学生党史学习教育的有效载体

习近平总书记指出："学习党的历史，是坚持和发展中国特色社会主义、把党和国家各项事业继续推向前进的必修课，这门功课不仅必修，而且必须修好。"[①] 大学生是赓续党和人民事业的先锋力量，开展大学生党史学习教育意义重大。深入学习贯彻党的十九届六中全会精神，引导大学生学党史、强信念、跟党走，是高校思政课教师的神圣责任与使命，只有不断创新才能提升大学生党史学习教育的亲和力与实效性。本文着重论述以微电影为载体加强大学生党史学习教育的优势与挑战、思考与实践、效果与价值。

一 以微电影为载体加强大学生党史学习教育的优势与挑战

党史是大学生成长最好的"营养剂"，把党史学习教育贯穿到高校思政课"三大教学"（理论教学、实践教学、网络教学）中意义重大。伴随新媒体时代的到来，微电影逐渐成为高校思政课教师开展大学生党史学

---

① 习近平：《在党史学习教育动员大会上的讲话》，《党建》2021 年第 4 期。

习教育的有效载体。实践证明，以微电影为载体开展大学生党史学习教育，既具有突出的优势条件，也面临着一定的现实挑战。

（一）以微电影为载体加强大学生党史学习教育的优势条件

微电影具有"微时长、微制作、微投资"的优势，为大学生自编、自导、自演、自制党史学习教育主题的微电影提供了有利条件。"微时长"是指微电影时间短。与传统电影相比，微电影的内容和剧情相对简单，只要在较短的片长承载完整的党史学习教育内容即可，学生投入的时间成本会大大降低。"微制作"是指微电影制作流程简单、制作周期较短。在实践中很多学生使用手机进行拍摄，再利用"绘声绘影""爱剪辑"等软件进行后期剪辑，弥补了非影视专业大学生制作技术的短板，可谓"人人有手机，人人可创作"。"微投资"是指创作微电影的经济投入较少。微电影是新媒体时代草根文化的载体，"与大制作电影相比，微电影的投资是小巫见大巫，它不用考虑档期等因素"[1]，还可以借助电脑、手机 App 等解决拍摄和剪辑过程中的经费开销问题，突出了微电影的大众性和自主性。总之，微电影的"微时长、微制作、微投资"优势有利于大学生广泛参与党史主题的微电影创作，促使大学生用艺术方式学党史、悟初心、担使命，进而提高大学生党史学习教育的吸引力、感染力及亲和力。

微电影具有"微传播、微欣赏、微激励"的优势，为高校思政课教师开展党史学习教育提供了有效载体。所谓微传播，是指与传统电影相比，微电影的传播具有速度快、方式多、范围广、效果强等鲜明特征，为高校思政课教师开展党史学习教育提供了传播载体。作为高校思政课实践教学的"新宠儿"，微电影"微"而"快"的独特性增添了育人实效，具体表现为：思政课教师可运用微电影的"微传播"优势，借助网

---

[1]　李进书：《微电影：媒介文化的新宠》，《河北大学学报》（哲学社会科学版）2012 年第 5 期。

络媒体和移动媒体迅速有效地开展党史学习教育，有利于提升党史学习教育的灵活性与广泛性。所谓微欣赏，是指利用"微传播"，通过"微媒介"，欣赏包括微电影在内的"微文化产品"，为高校思政课教师开展党史学习教育提供欣赏载体。新媒体时代，"短效阅读"与"短时视听"深刻改变了大学生的接受方式，微电影简短清晰的叙事、鲜活有趣的表达更符合大学生的欣赏心理需求。高校思政课教师不仅要用深刻、广博的党史学习教育理论武装大学生头脑，还要引导大学生将热爱党的情感升华为对党忠诚的信念。在这一过程中，微电影作为一种独特的媒介手段，拉近了思政课教师与大学生之间的距离，思政课教师可通过微电影的"微欣赏"优势，走进大学生的心灵并唤醒其热爱党的内在情感，帮助大学生以艺术方式感受党史学习教育的价值与魅力。所谓微激励，是指在微媒体平台上，通过各种激励方法，激发网民的积极性和主动性，从而促使其朝某一预定目标努力①，为高校思政课教师开展党史学习教育提供了激励载体。大学生在实践教学中自主创作剧本、拍摄影片、后期剪辑的过程，就是他们自我激励、自我教育的过程；思政课教师在理论教学和网络教学中运用党史学习教育影片的过程，就是引导大学生学党史、强信念的过程。电影虽"微"，但全面、综合、实效的育人效果得以体现。

（二）以微电影为载体加强大学生党史学习教育的现实挑战

当前，在高校思政课教学中，以微电影为载体开展大学生党史学习教育尚处于探索阶段。由于师生大多没有创作微电影的专业基础和实践经验，故如何将党史学习教育内容转化成微电影剧本、如何将微电影剧本转化成党史学习教育影片以及如何高效运用学生创作的优秀影片均面临着一定的挑战。

---

① 骆郁廷、马丽华：《论微文化育人》，《思想教育研究》2018 年第 1 期。

将党史学习教育内容转化为微电影剧本面临挑战。剧本质量是影响微电影质量的基础性、关键性的因素。不好的剧本绝对拍不出好的影片，一部电影的命运几乎要由剧本来决定。对于非文学、非影视专业的大学生而言，他们撰写剧本面临的挑战表现在：第一，选择能驾驭的微电影主题有难度。党史学习教育内容广泛，学生们创作剧本既要与时代接轨，又要与思政课教材相融。比如，根据党史中的重要时间节点，剧本应具有时代性、价值性；根据思政课教材内容，剧本应具有政治性、典型性。这就要求学生把握时代、读懂教材，对党史学习教育内容进行深度挖掘，撰写能够反映时代特征、契合教学内容的微电影剧本。第二，呈现党史学习教育的深刻思想有难度。中国共产党100多年的筚路蓝缕和创基立业留下了宝贵的精神财富，大学生在剧本中刻画党史学习教育的艺术形象时，离不开自身对于党史人物的理解与评价。因此，如何呈现影片深刻思想、设计剧情发展脉络，对于没有创作经验的大学生而言无疑是一种挑战。

将微电影剧本转化为党史学习教育影片面临挑战。一部微电影能够成为精品，其中的艺术性与技术性必不可少。对于绝大多数大学生而言，他们并未受过专业训练，因此，将微电影剧本转化为党史学习教育影片面临挑战。第一，大学生缺乏表演经验。鲜明的艺术形象是微电影的"灵魂"，对于多数大学生而言，由于他们未受过专业的表演训练，在表现党史人物形象时缺乏镜头感，表演不自然，故在影片呈现中缺少了艺术与欣赏的韵味。第二，大学生缺乏拍摄经验。在拍摄微电影时，绝大多数学生没有系统学习过拍摄技术，导致影片出现声音时大时小、光线忽亮忽暗、镜头来回抖动、画面清晰度低、环境噪音大等问题，影响了影片的画面品质。第三，大学生缺乏剪辑经验。剪辑是影响影片质量的关键因素，由于多数大学生不了解声画关系、景别运用、蒙太奇等专业剪辑知识，故难以将技术性与艺术性、电影细节与整体效果相结合，增加了党史学习教育影片的创作难度。

　　将党史学习教育影片运用到教学中面临挑战。党史学习教育影片创作完成后，思政课教师运用优秀影片开展党史学习教育才是影片价值的实现与升华，但将党史学习教育影片运用到教学中却面临着三大挑战：第一，在理论教学中，思想政治理论课包含丰富的党史学习教育内容，挑选主题贴近、叙事清晰、思想深刻的党史学习教育影片作为优秀案例辅助理论教学，是提升党史学习教育亲和力与实效性的有益探索，但不少高校缺乏对党史学习教育影片的运用评价机制，如何选用优秀影片辅助党史理论教学给思政课教师带来挑战。第二，在实践教学中，部分高校缺乏协同机制，缺少创作微电影、观赏微电影的高端技术与媒体设备，难以形成微电影为载体的育人合力，使思政课教师以微电影为载体开展大学生党史学习教育面临着"单曲独奏"的现象。第三，在网络教学中，部分高校尚未形成完备的网络教学体系，无法依托先进的教学平台高效运用党史学习教育影片，削减了党史学习教育影片的创作价值和传播范围。

二　以微电影为载体加强大学生党史学习教育的思考与实践

　　微电影作为一种极具创造性的艺术形式，它能够凭借审美与认知、情感与技巧的交杂融合，生成具有审美价值和社会价值的"微文化产品"，成为高校思政课教师加强大学生党史学习教育的创新载体。2013年以来，笔者团队教师指导 4 万多名大学生创作微电影 7000 多部，其中有关党史学习教育主题的影片约占三分之一，实践特点如下。

（一）教师主导与学生主体的良性互动

　　习近平总书记在学校思想政治理论课教师座谈会上提出了"八个统一"，精准总结了思政课教育教学规律，是新时代思政课创新发展的行动指南，其中包括坚持主导性和主体性相统一。笔者团队以微电影为载体的大学生党史学习教育，既充分发挥了教师的主导作用，又鲜明地彰显了学生的主体地位，实现了教师主导与学生主体的良性互动。

1. 教师的主导作用

教师是整个教学活动的设计者与指导者。教师的重要职责是"传道""授业""解惑"，通过传授知识而达到"授业"的基本目标，但"授业"不是最终目的，而是"传道"与"解惑"的途径和要求，"传道"与"解惑"才是"授业"的内在本质和深层目标。在高校思政课教学中，教师不仅要把党史学习教育理论传授给学生，还要以"坚持真理、坚守理想，践行初心、担当使命，不怕牺牲、英勇斗争，对党忠诚、不负人民"[1]的伟大建党精神引导大学生，使之把青春奋斗融入党和人民的伟大事业中。笔者团队按照"立德树人"的课程目标，以微电影为教学载体，对大学生潜移默化地开展党史学习教育，学生通过创作影片和观看影片，将党史学习教育理论内化于心、外化于行。在此过程中，教师发挥着主导作用，具体表现在：通过微电影教学，教师成为大学生党史学习教育教学的设计者。微电影教学作为加强党史学习教育的实践形式，若要取得良好育人效果，实现育人目标，离不开思政课教师精心设计、安排部署教学各个环节。笔者团队以党史学习教育为教学目标，创新设计出微电影为载体的实践教学方案，主要内容有：一是明确课程目标，包括知识目标、能力目标、育人目标。二是设计党史主题，与五门思政课教学内容契合。三是精心设计教学环节，动员发布，即根据理论教学重点确定微电影主题，在教务系统发布通知；培训指导，即建立"影视教师—思政教师—学生"三级培训制度；实践互动，即学生拍摄、制作影片，开展师生互动、生生互动和线上线下互动；总结评价，即过程评价和结果评价；整理共享，即成果择优汇集，线上线下共享。在这一系列的教学设计中，思政课教师的主导作用得到充分发挥，为创新党史学习教育

---

[1]《中共中央关于党的百年奋斗重大成就和历史经验的决议》，《人民日报》，2021年11月17日。

方法、提升党史学习教育实效奠定良好基础。

通过微电影教学，教师成为大学生党史学习教育教学的指导者。夸美纽斯曾指出，"教者就是指导者，学习者就是被指导者"。[①] 河北大学学生创作党史学习教育微电影的初心，并非为了拍摄高精尖的艺术作品，而是以微电影为载体实现育人目标。教师指导学生结成 3~8 人实践小组后，学生按照分工开展实践，并在规定时间内先后提交微电影剧本、影片，教师多次审阅剧本和影片后，提出修改意见，学生多次修改剧本和微电影，学生在规定时间内提交微电影、花絮、个人总结、工作照片等成果，教师最后评定成绩。在约两个月的实践教学中，学生按照教学方案、在教师指导下完成学习任务。多年实践证明，教师的主导作用发挥越充分、指导学生越精准，越能促进学生的成长。

2. 学生的主体地位

学生真正成为思政课实践教学的主人。教育学领域有两大学习方式："接受性学习"和"探究性学习"，研究表明，新时代的教育者更青睐用"探究性学习"的方式来引导受教育者，因为"探究性学习"的主体把自己作为教育对象，学习方式以探索研究为主，更利于培养受教育者的实践能力、创新意识和创造精神。笔者团队以微电影为载体加强大学生党史学习教育，注重学生主体作用的发挥，具体表现为：一是自主选择思政课实践教学方式。学生可以自主选择创作微电影或撰写调研报告作为结课成果。11 年来，选择拍摄微电影的学生占 90% 以上，这是以微电影为载体创新开展党史学习教育的重要前提。二是在探索与创新中得到启迪和提升。思政课微电影不同于一般微电影的特征，更加突出了学生的主体性、原创性与实践性。在教学过程中，教师的指导是基础条件，学生的自我发力才是关键因素。为高质量完成微电影教学任务，学生们积极发挥主体作用，不断探索、大胆创新，创造出"把人体当三脚架""自

---

① 〔捷〕夸美纽斯：《大教学论：教学法解析》，任仲印译，人民教育出版社，2006，第 293 页。

行车摇臂"等新奇的摄像方式，自我效能感获得不断提升。从表层看，学生们在艰辛快乐的自主学习过程中得到综合能力的提升；从深层看，学生们创作剧本、表演剧情、剪辑制作的过程，已成为他们激发爱党情怀、坚定爱党信念、推进爱党行动的过程。

（二）理论阐释与实践探索的互融互通

高校思政课是一门理论与实践融合的课程，包括理论教学与实践教学两个主要板块。理论教学注重教学内容的思想性、学理性与深入性，实践教学注重教学内容和教学方法的应用性、针对性与现实性。理论教学是实践教学的理论依据和内在参照，而实践教学则是回溯、带动与激活理论教学的有益补充。笔者团队以微电影为载体推进大学生党史学习教育，"主战场"是在实践教学，但这个环节并非孤立存在，而是与理论教学互融互通。

通过理论阐释与实践创新实现教学目标。在理论教学中，思政课教师不仅要将党史的基本史实、重要问题和深刻思想讲清楚、讲透彻、讲准确，还要通过实践教学帮助大学生内化党史学习教育理论，培养其真挚的爱党情怀。笔者团队在理论课堂深入讲授党史理论，使大学生对党史的基本问题进行初步认知与理解，为其在实践教学中创作党史学习教育微电影奠定了理论基础；在实践教学中，大学生把思想深刻、格调高昂、内涵丰富的党史学习教育理论注入微电影作品之中，形象地再现党史并观照现实生活，促使其在鲜活有趣又充满丰富情感的艺术作品中接受党史学习教育的熏陶，实现了对党史学习教育理论的内化与超越；回到理论课堂，教师选择学生原创的优秀影片作为案例辅助理论教学，增强了党史学习教育的吸引力与亲和力，促使大学生不断加深对党史基本问题的理解，帮助其真切感受中国共产党的思想伟力和人民情怀。以微电影为载体加强大学生党史学习教育，解决了理论教学和实践教学两大课堂脱节的问题，实现了以实践巩固理论知识、用理论知识解决现实问题的实践教学目标。党史学习教育理论因微电影教学而鲜活生动，隐性教育"润物细无声"的价值得以体现，微电影实践教学有了党史学习教育理论的支撑，影片便有了深度和高度。

通过实践探索与理论研究深化教学改革。新媒体时代的到来，是微电影教学法产生的重要契机。笔者团队以微电影为载体创新开展大学生党史学习教育，是对高校思政课传统实践教学形式面临困境反思的结果，是破解传统实践教学中存在的组织难度大、经费不足及效果评价难等困难的新举措，是老师们在理论与实践的反复融通中探索出的极具创新性的教学方法。一是依托"融媒体与新时代高校思政课微电影教学基地"（虚拟仿真实践基地）开展党史学习教育体验式教学。该基地于2020年初成立，旨在使学生不出校园便可"走进"延安、遵义、井冈山等全国49个党史学习教育基地，通过先进的影音设备，运用虚拟的仿真技术提高视觉、听觉的感受，使学生身临其境般的接受党史学习教育。二是依托"河北大学思政课微电影教学改革研究中心"开展理论研究。教师们不仅带着情怀开展微电影为载体的党史学习教育实践活动，而且基于多年的深入思考进行理论研究，形成国家级课题、学术专著、学术论文、调研报告等系列理论研究成果，尤其是2020年"思想政治理论课社会实践"课获批国家级一流本科课程、2022年"思想政治理论课社会实践虚拟教研室"获批国家级虚拟教研室建设试点项目，彰显了思政课微电影实践教学的价值性、可行性、创新性和推广性，也为团队深入推进微电影为载体的党史学习教育搭建了新的发展平台。

（三）教育内容与教育形式的双向建构

党史学习教育是高校思政课的重要教学内容，是高校思政课教师实现为党育人、为国育才这一价值目标的必然要求。笔者团队运用微电影方式推进大学生党史学习教育，实现了教育内容与教育形式的双向建构。

党史学习教育内容依托微电影的形式呈现，增强了党史学习教育内容的活力与魅力。大学生正处于人生的"拔节孕穗期"，需要通过党史学习教育帮助其感悟共产党人的初心使命、培养为人民服务的奉献精神。但由于受到思维方式、认知能力、成长环境等诸多因素的影响，部分大学生在理解某些党史内容时存在一定难度，有的学生难以有效感知党史学习教育内容的深刻内涵，直接制约着党史学习教育的效果。笔者团队以微电影为载体开展大学生党史学习教育，一方面，能够让大学生在生动有趣的拍摄实践中学党史、悟初心，促使大学生不断加深对党史基本问题的理解，帮助其真切感受党史的真实性与深刻性，不断增强党史学习教育的理论魅力，引领大学生实现对党从"情感认同"到"信念认同"再到"行动认同"的有序转换。另一方面，以微电影为载体的党史学习教育，是用一种"体验式""互动式"的教育形式让大学生主动参与其中，这种方式不仅满足了思政课教师在探索中创新的内在要求，而且回应了党史学习教育在推进中加强的现实呼唤；不仅充分调动了大学生接受党史学习教育的主动性与创造性，而且增添了党史学习教育的吸引力，提升了党史学习教育的亲和力与实效性。

微电影形式承载党史学习教育内容，使微电影有了理论意蕴与思想温度。微电影作为一种艺术形态，以其生动性、直观性、便捷性和导向性等显著特点，为思政课教师开展大学生党史学习教育提供了有效载体。思政课教师需要找准引领党史学习教育潮流的关键点，将党史学习教育的基本问题、科学理论、信念与情怀注入微电影作品之中，通过主题深刻的影片让大学生产生党史学习教育的情感共鸣，以此达到思想启迪和行为引导的作用。目前，越来越多的高校大学生通过创作微电影学习思政课。2017年以来，教育部社科司连续举办了7届"我心中的思政课"全国高校大学生微电影展示活动，百余所高校推送千余部作品，诞生了《青年毛泽东》《茶水》《百年变迁》《不忘初心》《共振》等约300部党史学习教育主题优秀影片。笔者团队在实践教学中组织学生创作党史学习教育内容的微电影，将党史学习教育理论的政治性和学理性注入微电影作品之中，为微电影注入了党史学习教育的"灵魂"，凸显了微电影的政治思想高度。党史学习教育影片作为党史学习教育内容的艺术转化形态，是通过艺术的形式、美学的语言、生活的再现将深刻的党史学习教育理论"拍"出来，是理论教学的有机延续，是形象化的艺术表达，凸显了党史学习教育影片的思想温度。实践证明，以微电影为载体开展大学生党史学习教育，是将思政小课堂同社会大课堂相结合，引导大学生立鸿鹄志、做奋斗者的有效途径。

三 以微电影为载体加强大学生党史学习教育的效果与价值

孩提时代，我们还未懂得中国共产党团结带领中国人民反抗侵略斗争、建立中华人民共和国的伟大光荣，但《闪闪的红星》《地道战》《小兵张嘎》等红色电影润物无声地培养了我们爱憎分明的阶级立场和真挚的爱党情怀。在中国特色社会主义新时代，《建党伟业》《厉害了我的国》《1921》《我和我的祖国》等红色影视亦成为大学生接受党史学习教育的鲜活红色资源。以微电影为载体开展大学生党史学习教育，就是将党史学习教育内容之"水"、经"微电影"之"渠"、"滴灌"进大学生的精神之"田"。引领大学生在创作和观赏微电影中学党史、知党恩、跟党走，这种改革的效果与价值表现在以下三个方面。

（一）实现了党史学习教育政治性和学理性相统一

政治性和学理性相统一是思政课内在属性的本质外化，思政课教师不仅要将党史学习教育的政治性传递给学生，还要通过有效的教学方式将党史学习教育的学理性"灌输"给学生，引导大学生把对党的热爱从情感追求跨越到价值追求与信仰追求。党史学习教育具有特别重大的政治宣传效应，"如果不依靠对中国共产党历史坚强有力的学理论证和充分说明，教学缺乏可信度总是一个大概率现象，'真懂''真信'难题总是无法解决，就无法实现立德树人的目标"。① 因此，思政课教师要通过政治性的引领和学理性的分析，帮助大学生从理论、历史和现实的逻辑高度深刻理解党史基本问题，引导学生将热爱党的情感升华为坚定跟党走的信念，实现党史学习教育的政治性和学理性相统一。以微电影为载体开展大学生党史学习教育，不仅给大学生带来感官与审美的体验，也在潜移默化地渗透着中国共产党百年奋斗的伟大荣光，实现了党史学习教育的政治性内容和学理性话语的有机统一。笔者团队通过设计、指导与运用学生创作的党史学习教育影片，将党史学习教育的政治性和学理性润物无声地"滴灌"进大学生心灵之田。打个比方，党史学习教育微电影之"瓶"装的是教学内容之"酒"，而"酒"的品质由教学内容的政治性和学理性决定，故学生创作微电影的过程就是在"酿酒"和"品酒"，就是在享受党史学习教育"琼浆玉液"的滋养。比如，学生创作的《逐鹿南海》《曙光》《冉庄地道战》《关爱老兵》《无畏的英雄——狼牙山五壮士》《星火》等党史学习教育影片，分别以维护国家主权、缅怀革命先烈、传承红色文化、致敬抗战老兵、歌颂英雄人物以及星星之火可以燎原等党史学习教育内容为主题，一方面，凸显了党史学习教育的政治性，促使大学生在创作微电影的过程中明晰国家主权的神圣、革命烈士的英勇、红色基因的流传等党史学习教育教学目标，通过政治引领将党史学习教育内容的学理性深刻展现。另一方面，学生根据党史学习教育内容的学理性推进微电影创作，与党史学习教育的政治性形成了强烈呼应，充分发挥了党史学习教育影片的育人价值，实现了党史学习教育的政治性和学理性相统一。

（二）实现了党史学习教育价值性和知识性相统一

　　坚持价值性和知识性相统一是开展党史学习教育的根本遵循。党史

---

① 宋学勤：《百年党史是"中国近现代史纲要"课程教学的核心内容》，《思想理论教育导刊》2021 年第 2 期。

学习教育的价值性体现为鲜明的政治导向和强大的引领作用，党史学习教育的知识性体现为通过讲述与宣传使教育对象接收、理解党史的基本内容。坚持党史学习教育的价值性和知识性相统一，就要将价值观引领与党史知识教育融为一体，促使大学生在理解党史基本内容的基础上探索其背后的思想与价值。笔者团队利用微电影开展大学生党史学习教育，一方面，党史学习教育影片根源于思政课的教学内容，与思政课的知识点、教学体系紧密相连；另一方面，价值观引导寓于学生创作微电影和教师运用微电影的全过程，使党史学习教育的价值性和知识性得到有机统一。例如，《穿梭在历史长河中的那一道光——五四精神》根据"中国近现代史纲要"课程中"五四运动"知识点创作，该影片以巧妙的艺术手法再现了"五四运动"的时代背景和主要节点，大学生在创作影片过程中既学习了党史知识，又激发了浓厚的爱党情怀；教师通过运用该影片，使学生在扣人心弦的剧情中得到隐性教育，价值观塑造的目标得以实现。《大山深处》根据"毛泽东思想和中国特色社会主义理论体系概论"课程中"精准扶贫"知识点创作，讲述了决胜全面建成小康社会关键时期，党和国家采取一系列扶贫政策，给原本贫困的山村带来光明与希望。学生通过创作微电影，加深了对党和国家扶贫政策的理解；教师通过运用该影片，引导学生将奋斗的青春奉献给党和国家的扶贫事业，为打赢"精准脱贫攻坚战"贡献青春力量。《曙光》根据"思想道德与法治"课程中"爱国主义教育"知识点创作，影片记录了"全国爱国主义教育基地——晋察冀边区革命纪念馆"的概况，讲述了毛主席率领中共机关从陕北来到晋察冀边区阜平县城南庄，召开中共中央书记处扩大会议，为三大战役的胜利奠定坚实基础的党史故事。学生通过创作微电影，深切体会到中国共产党人的大局意识与长远眼光；教师通过运用该影片，激励学生努力奋斗，投身于中国特色社会主义现代化建设中，实现"远大理想"与"共同理想"相统一。《孤岛蓝鲸》根据"马克思主义基本原理"课程中"联系的普遍性"知识点而创作，影片以动画形式围绕蓝鲸的一系列遭遇展开，旨在警示大学生保护生态环境、珍惜地球家园。学生通过创作影片，对生态文明建设加深了理解；教师通过运用该影片，引导大学生坚定贯彻党中央的路线、方针和政策，不仅实现了对思政课教材知识的强烈呼唤，而且培养了大学生深厚的爱党情怀。总之，无论拍摄影片还是运用影片，既能使学生得到党史学习教育，加深对思政课教材中党史知识的理解，又能将知识传授与价值观引领融为一体，潜移默化地培养大学生的爱党情怀，实现了党史学习教育价值性和知识性相统一。

（三）实现了党史学习教育显性教育和隐性教育相统一

"新时代思想政治教育坚持以润物细无声的方式传播思想政治教育思想的理念，改变了传统的灌输式的传播模式"。[①] 笔者团队以微电影为载体开展大学生党史学习教育，将深刻的党史学习教育内容以微电影的艺术形式展现出来，通过发挥微电影的导向功能、评价功能和激发功能，使大学生在自我教育中陶冶爱党情操、培养爱党情感、升华爱党信念、实践爱党行动，解决了大学生自我教育不足、隐性教育发挥不足的困境，实现了党史学习教育的显性教育和隐性教育相统一。一方面，思政课教师借助微电影使严谨、深刻的党史学习教育内容以通俗、生动的艺术形式表现出来，贴近了大学生的精神需要与接受心理，隐性教育的优势得以发挥，显性教育的劣势得到弱化，把党史学习教育转化为强磁力场。比如，教师在讲述"毛泽东思想和中国特色社会主义理论体系概论"课程中"改革开放"知识点时，借助微电影《穿越四十年的变迁》，将改革开放四十年的历史进程用生动鲜活的电影画面展现出来，既增强了党史学习教育的说服力，又丰富了学生党史、国史、改革开放史的知识背景，间接渗透式地将党史学习教育的隐性优势发挥出来。在讲述"思想道德

---

① 刘爱莲:《新时代思想政治教育思想研究》，江苏人民出版社，2018，第 292 页。

与法治"课程中"服务人民，奉献社会"知识点时，教师借助影片《幸福阳光》讲述了影片主人公窦豆的人生价值观，既让大学生明晰"个人幸福与他人幸福"之间的关系，又引导大学生在实践中将个人价值寓于社会价值，自觉地投入中国特色社会主义建设的新时代征程，不负党和人民的殷切期望，党史学习教育的隐性优势得以发挥。另一方面，创作党史学习教育影片是寓教于乐的实践活动：学生在编写剧本时，通过查阅大量资料，能够从艺术的审美视角感受党史人物的价值与魅力；在拍摄、制作党史学习教育题材的微电影时，"学生们不仅从作品中接受了精神洗礼，而且在活动中学会了合理分工与密切配合，磨砺了意志"[1]，体验着创造者的幸福。促使大学生不仅从宏观上接受党史学习教育，更是于细微处见成效，引导学生在"做"中实践爱党行动，于"无痕"中得到精神洗礼，实现了党史学习教育的显性教育和隐性教育相统一。

总之，"党史带有的直接现实指向性使党史学习教育关乎党的形象，关乎党的生命"[2]。在通往第二个百年奋斗目标的历史新起点，加强大学生党史学习教育尤为重要。微电影作为一种创新形式，为党史学习教育插上了艺术翅膀，凸显了党史学习教育的思想性、政治性与艺术性相统一，对于提升党史学习教育的亲和力与实效性有重大意义，故能够成为开展大学生党史学习教育的创新载体。

---

[1] 柴素芳、姜旭：《微电影：引导大学生践行"奋斗幸福观"的有效载体》，《思想理论教育导刊》2020 年第 2 期。

[2] 丁俊萍、赵翀：《中国共产党百年党史学习教育的历程和经验》，《思想理论教育》2021 年第 5 期。

第九章

高校思政课微电影教学
研讨会综述

为深入贯彻落实习近平总书记系列重要讲话精神，以先进的教育理念和科学的教学方法推进信息时代思政课教学改革，及时总结河北大学思政课微电影实践教学改革的经验与不足，并将这种教学改革方法向省内外高校推广、应用，11 年来，河北大学组织召开了四次全国性的教学研讨会。

全国高校思想政治理论课教学改革暨微电影教学研讨会

为进一步提升高校思想政治理论课教育教学质量，探索新形势下思想政治理论课教学改革新路径、新方法，由高校思想政治理论课程研究中心、《思想理论教育导刊》编辑部与河北大学共同主办的"全国高校思想政治理论课教学改革暨微电影教学研讨会"于 2016 年 5 月 7 日在河北大学召开。河北省教育厅党组副书记、副厅长韩俊兰，河北大学党委常委杨立海，高等教育出版社社政出版事业部副主任、高校思想政治理论课程研究中心常务副主任范军，河北德育研究中心主任刘凤清，教育部社科司干部范丹卉莅临会议。高等教育出版社社政出版事业部的编辑、河北大学相关职能部门负责人、32 所高校思政课教学单位的负责人和骨干教师以及河北大学马克思主义学院全体教师、获奖学生代表等150多人参加了会议。会议议程由开幕式、河北大学"思政课"微电影教学改革汇报、兄弟院校经验交流与自由研讨三部分内容组成，分别由马克思主义学院党总支书记张露红、院长黄云明、副院长柴素芳主持。

开幕式上，杨立海常委致开幕词。他指出，河北大学微电影教学作为新媒体时代教学方法的探索，不仅为传统"思政课"教学提供了新的方法和思路，而且在学生素质、能力培养，课堂内外教学效能的提升，校园网络文明创建等方面也产生了明显的效果，发挥了积极的作用。韩俊兰副书记在讲话中从责任、创新和分享三个方面强调了高校思想政治理论课的意义、教学方法的探索和新教学方法的共享，认为这次大会是一次很有趣、很重要的分享会。范军副主任在讲话中重点介绍了高校思想政治理论课程研究中心的基本情况，指出其主要任务是开展研发高校思想政治理论课立体化教材系列、推动高校思想政治理论课信息化、数字化建设、配合做好教师队伍培养培训、教学方法改革等一系列工作，并介绍了最近正在进行的一系列助推项目。

河北大学"思政课"微电影教学改革汇报有四项内容。第一，播放了纪录片《丹心铸魂——河北大学"思政课"微电影教学改革纪实》（以下简称《丹心铸魂》）。该片全面展示了河北大学"思政课"微电影教学改革的理念、设计方案、探索历程和取得的成果。第二，柴素芳副院长以《微电影：高校"思政课"教学新载体》为题发言，详细介绍了马克思主义学院"思政课"微电影教学的艰辛探索过程，使与会同人感受到了微电影作为高校"思政课"教学的文化载体、活动载体和传媒载体的现实意义和发展空间。第三，马克思主义学院教师代表刘长亮、学生代表赵斯琦、王梓瑄分别汇报了指导和参与微电影拍摄的心得体会，展示了微电影教学的魅力与价值。第四，与会领导为52部作品、260名大学生及22名获奖教师代表颁发了证书。

　　在兄弟院校的经验交流与自由研讨环节，高等教育出版社社政出版事业部首席编辑侯良健、沈阳航空航天大学马克思主义学院副院长曲洪波、宁夏医科大学马克思主义学院副院长任天波、山东商业职业技术学院思政部部长王岳喜、常州工学院人文社科学院讲师丁枫分别介绍了微电影教学探索之路与成果。上海大学马克思主义学院副院长李梁、南京师范大学马克思主义学院副院长王刚分别以《关于思政课教学媒体、课程内容与教学目的的若干思考》和《高校思政课微课教学与话语构建》为题做了有高度、有深度、有温度的报告。李梁副院长认为"思政课"教学是一个系统过程，教学媒体是教学内容的传递介质，因此也是教学内容，教学目的要从效率、效果、效益三个方面考量。王刚副院长提出"1+5"微课教学模式，并就微课教学的话语类型、教学设计及应注意的几个问题作了详细而深入的阐述。在自由交流阶段，与会各方就微电影教学的目标、如何通过微电影教学实现两大课堂互动互融互补、微电影教学如何让更多学生受益、如何实现可持续发展等问题展开热烈交流。

　　最后，河北大学马克思主义学院院长黄云明致闭幕词。他指出，借助教育部对"思政课"大力支持的政策和平台，以"思政人"特有的热情和坚持，探索"思政课"教学改革的方法，尤其是在新媒体时代，运用新媒体进行教学方法的创新，是我们必须遵循的一条道路。他激励青年教师在探索教学方法改革中多思考。

　　与会代表纷纷表示这是一次创新、务实的盛会，是一次分享、协同发展的盛会，此次研讨会将会对"思政课"教学方式方法的改革产生一定影响。河北大学马克思主义学院全体教师将以此次研讨会为契机，借鉴其他兄弟院校微电影教学改革的成果和形式，在微电影教学如何实行两大课堂的互动互融互补、如何实现可持续发展、如何将理论和实践、教学和科研有机融合等方面进一步探索。

京津冀高校提升思政课亲和力论坛

2017 年 5 月 20 至 21 日，河北大学、北京高校中国特色社会主义理论研究协同创新中心（中国政法大学）、河北大学思政课微电影教学改革研究中心联合举办了"京津冀高校提升思政课亲和力论坛"，30 多所京津冀地区高校的专家学者莅临会议。论坛分为两个板块：一是举办"繁星奖"河北大学思政课微电影大赛颁奖典礼，二是举办"提升思政课亲和力研讨会"。

5 月 20 日下午，"繁星奖"河北大学思政课微电影大赛颁奖典礼之前，获奖师生着盛装参加走红毯仪式，现场洋溢着丰收的喜悦气氛，师生体验了教学改革带来的仪式感、价值感和幸福感。颁奖典礼异彩纷呈：纪录片《丹心铸魂》呈现了河北大学微电影教学的历程与成效；"河北大学思政课微电影教学改革研究中心"揭牌；获奖师生代表作精彩发言；师生同唱河北大学校歌。

在 5 月 21 日的"提升思政课亲和力研讨会"上，中国人民公安大学刘颖教授、北京工商大学王鲁娜教授、中国政法大学张文灿副教授、北京农学院张子睿副教授、河北大学沙占华副教授介绍了他们结合各自学校特点，通过开展忠诚教育、创新实践教学模式、探索微电影教学法等提升思政课亲和力的有效举措。天津科技大学李军松教授认为，河北大学微电影教学让"高大上"的思政课"接地气"，为提升思政课亲和力做了有益探索和典型示范。他还指出，思政课既要有深度，更要有温度，思政课教师要扑下身子抓落实，在不断尝试、实践摸索中取得进步。天津科技大学滕翠华老师认为，河北大学微电影教学改革做到了"三心二意"：握住初心、别具匠心、重在育心；立意高远，情意深厚。针对与会代表的发言，两名点评专家各抒高见：南开大学马克思主义学院党委书记付洪认为，各学校教师们在提升思政课亲和力方面做了大量创新工作，并达成共识：若使思政课入脑入心，就要做到四个结合，即将党和国家的要求和大学生的实际相结合；将内容的精深与方法多样相结合；将思政课与学生专业特点相结合；将知与行相结合。河北农业大学马克思主义学院贾立平院长认为，河北大学思政课微电影大赛的举办对于提升思政课的亲和力和教学实效性具有非常重要的现实意义。各位专家学者结合本校学科特点，本着将教材体系转化为教学体系的目标，从不同角度开展教学教改活动，为搞好思政课教学，完成习近平总书记重托提供了思路，奠定了基础，收到良好效果。河海大学马克思主义学院戴锐教授认为，河北大学微电影教学以其"实效""广效""长效"特点成为一种全方位的实践教学创新模式。河北工程技术学院马克思主义学院副院长乔芬教授认为，微电影教学法符合学生思想特点，促进理论知识和实践能力的双向转化。保定职业技术学院张春荣副教授认为，自己参会得到有益启示——做好思政人，要有激情、有温度、有特色、有魅力，更要有使命感和责任感。

全国高校思政课微电影教学研讨会 ①

2018 年 12 月 22 至 23 日，河北省教育厅主办，河北大学马克思主义学院、北京高校中国特色社会主义理论研究协同创新中心（中国政法大学）、柴素芳全国高校思想政治理论课名师工作室承办的"庆祝改革开放 40 周年"——第二届"我心中的思政课"河北省高校大学生微电影展示颁奖晚会暨全国高校思政课微电影教学研讨会在河北大学成功举行，来自全国 40 所高校的专家学者、获奖师生代表等 500 多人参加了活动。

12 月 22 日晚，河北省教育厅副厅长王廷山、河北大学党委常委杨立海等领导出席颁奖典礼并致辞。颁奖现场播放了获奖影片《旗士的天空》

---

①　本文原刊于《潍坊工程职业学院学报》2019 年第 4 期，与张婉陶合作。

《幸福阳光 2》。与会领导为获奖学生代表颁奖。河北大学思政课微电影教学改革创始人、马克思主义学院副院长柴素芳，河北大学思政课微电影教学改革研究中心实践研究部部长王华玲及获奖学生代表先后发言。新闻传播学院教师们表演的诗朗诵《中国红》将晚会气氛推向高潮。

12 月 23 日上午，"全国高校思政课微电影教学研讨会"在保定举行。河北大学党委常委杨立海、河北省教育厅思政体卫艺处副处长蔡杭州、北京高校中国特色社会主义理论研究协同创新中心（中国政法大学）执行主任邰丽华出席研讨会，来自全国 8 所高校的马克思主义学院院长（主任）和教师代表发言。河北大学马克思主义学院院长黄云明做大会总结。本次研讨会的主要议题和成果如下。

一　关于高校思政课微电影教学改革的经验分享

柴素芳以《仰望星空，触摸大地——以微电影为载体提升思政课实践教学的亲和力与实效性》为题发言，重点介绍了河北大学思政课微电影教学改革的特色。

一部影片点燃星星之火。2013 年，柴素芳率领师生团队根据开展幸福观教育挽救轻生学生真实经历创作了首部微电影《幸福阳光》，该片在被引入十多所高校教学后，得到学生的普遍认可，激发了柴素芳带领教师们全面推进微电影教学改革的积极性，也点燃了微电影教学改革的星星之火，从此，微电影教学成为河北大学思政课实践教学的鲜明特色。

一份初心明确改革定位。河北大学思政课微电影实践教学改革的初心，不是为了艺术和票房，而是以微电影为载体，创新实践教学形式，促使大学生在实践中理解理论、践行理论，培养大学生的实践能力、创新意识及社会责任感和爱国主义、集体主义精神，使他们切实体验"幸福都是奋斗出来的"这句话的含义，用微电影记录自己大学期间最青春亮丽的风景，让插上艺术翅膀的思政课展现润物无声的育人价值。

最后，柴素芳教授重点介绍了 2013~2018 年，学院教师开展思政课微电影教学改革的诸多成果，凸显了思政课微电影教学改革"投资小、见效快、可复制、易推广"的育人特色和广泛的社会影响力，使与会代表对河北大学思政课微电影进学校改革有了比较全面的了解，为兄弟院校思政课教师开展思政课教学改革提供了有益借鉴。

二　关于高校思政课微电影教学改革的功能界定

湖南农业大学马克思主义学院院长刘新春分析了河北大学微电影教学体现的四种功能。

初级功能，把微电影作为创新思政课实践教学的新形式。目前，很多高校的实践教学 2 学分与理论教学的 14 学分是融合在一起的。而河北大学的实践教学是从 2006 年开始，由教师在完成理论学时之后开设的一门独立的社会实践课程，占 2 学分，共 34 学时。2012 年之前，该校实践教学的成果形式是学生完成调研报告。自 2013 年至今增加了微电影形式。所以，微电影教学是河北大学创新运用的一种实践教学形式。

中级功能，把微电影作为"教学材料"来运用。河北大学思政课教师不仅是组织学生拍摄了数千部微电影，而且把优秀影片反哺到本校教师的课堂教学和各种考核中，这种改革实现了理论教学与实践教学的知识传授、思想启迪与实践能力提升的有效融合，有利于实现育人目标。

高级功能，把微电影作为"校本思政资源"开发。目前，河北大学的百余部优秀影片已成为全国思政课教师的教学资源，《幸福微影》栏目设置了微电影（剧情片、纪录片和动漫动画）、精彩花絮、实践感悟三个板块，每部影片下面标注了"适用课程"和"影片简介"内容，便于教师们教学参考借鉴。

顶级功能，在遵循教学规律和强有力科研的支撑下，河北大学思政课微电影形成了大学生真心喜爱、终身受益的微电影教材，把有意义的事情讲得有意思，实现由接受教育向享受教育的突破性转变。目前，河北大学已经形成系列微电影研究成果，包括课题和论文，未来还规划出版系列丛书，对前期微电影教学改革进行系统总结与经验提升，为其他高校思政课教师开展微电影教学改革贡献理论与实践结合的研究成果。

三　关于高校思政课微电影教学改革的情与理

保定学院思政部主任赵云耕教授以《情理交融——论河北大学思政课微电影实践教学模式》为题发言。他从"情""思""理"以及"体和用""个人和团队""教学和科研"三个统一角度，高度评价了河北大学微电影实践教学模式是以我党"人民幸福观"为引领，牢牢把握思政课课程定位，紧密结合高校思政课实践教学，成功破解了困扰全国思政课同人的实践教学模式这一艰难课题，为新时代全国思政课教师教育教学创新提供了崭新的方法论，提供了崭新的思路和借鉴。他指出，一部成功的微电影，必须体现出思想性，必须渗透着科学的"三观"，必须体现社会主义核心价值观。在此基础上，还要贴近学生实际，学生生活，学生的时代性。每一部微电影的出品，都会让学生对他们所选择的思政课有了更为深刻的认识。作为指导教师，也就完成了从教材体系向课堂教学体系的转化，然后通过课堂主阵地主渠道，延伸到第二课堂，真正使思政课教学内容进入大学生的耳、脑、心。这个过程正好体现了马克思主义认识论的过程，这就是高校思政课微电影教学模式的独有魅力所在，也生动体现了理论和实践的统一。

四　关于微电影教学在各门思政课的运用问题

杭州师范大学张坤老师以《微电影教学与中国近现代纲要课教学质量提升》为题发言。他认为，微电影教学是适合"纲要"课教学的一种创新性教学方法，微电影教学有利于提升"纲要"课的教学水平，"纲要"课程也为微电影提供了丰富的素材资源。在微电影教学中，要处理好教师主导与学生主体、微电影教学与其他教学形式、微电影政治性与娱乐性、历史与文学影视作品、付出与收获五对重要关系，同时抓好任务布置、剧本研讨、学生拍摄、成果展示四个环节。微电影教学中也存在一些问题，需要在今后的教学实践中逐步加以解决。

江西财经职业学院的刘洋利老师以《微电影教学在高职院校思想政治理论课教学中的运用探索——以江西财经职业学院"基础"课为例》为题发言。她认为，微电影与"基础"课的结合问题在于"内容"与"形式"如何统一。她用微电影教学方法，按"章"设定微电影拍摄任务，组织学生观看影片并围绕影片进行讨论，最后对这一章内容进行深化总结，把理论运用到生活中，使理论更好地联系实际。

河北中医学院社会科学教学部张学茹老师以《以微电影为载体的思想政治理论课生命在场》为题发言，他认为，师生生命在场是高校思政课取得实效性的出发点和落脚点。以微电影为载体的思政课教学方法创新，有助于拓展课程的生命空间，实现教育主体、教学内容、教学过程和教学评价的生命在场，为有效打造思政课师生共同体、牢牢吸引同学们回到教学现场，从而为提高教学实效性提供有益借鉴。

黑龙江省大庆师范学院马克思主义学院马吉芬院长以《以传承红色文化为灵魂的微电影教学研究》为题发言。她提出了如何结合学校特色将微电影教学融入课程的问题。该校的做法是以微电影的形式，开展大庆精神、铁人精神教育，这种改革增强了学生的获得感，更好地实现了立德树人目标。

五　关于"我心中的思政课"全国（省）高校大学生微电影展示活动的建议

河北师范大学安巧珍老师认为，"我心中的思政课"全国（省）高校大学生微电影展示活动的主体是高校大学生，客体（内容）是大学生心中的思政课，故此次评奖的一个重要标准应该是与大学生的思政课直接相关，而不是间接或隐性相关。针对存在问题及解决对策，安老师提出，第一，"我心中的思政课"微电影活动要与高校思想政治理论课相结合，既要结合教学内容，以解决教学中某个问题为核心，又要为教学服务，拍摄的微电影应该服务于课堂教学。第二，"我心中的思政课"微电影活动要与大学生实际相结合，既要与大学生思想实际相结合，又要与大学生生活实际相结合。第三，"我心中的思政课"微电影活动要与教师对大学生的价值引领相结合。安巧珍老师还提出，要避免过度看中比赛的结果和成绩。过度投入人、财、物和过度重视艺术性的背后动因是过度看中比赛的结果，为了得到大奖而去拍摄。

北方民族大学杨红星老师认为，"我心中的思政课"微电影活动需要注意"点"与"面"的问题。首先，微电影教学应该在广大思想政治理论课教师和大学生中广泛推进，形成一定的覆盖面，让更多的大学生受益。其次，在积累一定"面"的基础上聚焦成"点"，打造精品影片，但不能集全院、全校甚至整合社会资源，不能在没有"面"的铺陈状态下而全力攻"点"，打造精品参加全国大赛。这种做法虽然可以获得全国大赛奖励，但因参与学生少、受益面窄、耗资较多而有悖微电影教学改革的初心。

六 关于高校思政课微视频（微电影）的运用

南京师范大学马克思主义学院院长王刚认为，使用微视频（微电影）需要注意话语选择、话语构建和设计问题。提出了导入型、叙述型、说理型和说明型四种话语类型，具体分析了使用微电影（微视频）话语的四种方式：将抽象概念转化为具体话语、把逻辑命题转化为情境话语、历史事件的回放话语、复杂过程的简明化话语。河北中医学院的张学茹老师提出，思政课微电影教学模式应尽快完成"两转化、一结合、一统一"，即微电影制作从业余走向专业的转化、微电影语言由思政话语体系到电影话语体系的转化，碎片化的微电影与系统化的知识理论有机结合，微电影思想性与艺术性的统一。

综上所述，第二届"我心中的思政课"河北省高校大学生微电影展示颁奖典礼暨全国高校思政课微电影教学研讨会的召开，成为高校思政课微电影教学改革新的里程碑，必将进一步促进高校思政课教育教学质量的提升。2019 年 3 月 18 日，习近平总书记在"学校思想政治理论课教师座谈会"上发表了重要讲话，充分表明党中央对思想政治理论课重视程度达到了前所未有的高度。今后，思政课教师立德树人的责任更加重大，思政课微电影教学改革将拥有更加美好的发展前景！

以微电影为载体创新"大思政课"建设 ①

2021 年 3 月，习近平总书记提出，"'大思政课'，我们要善用之"②，习近平总书记关于"大思政课"的讲话精神蕴含着新时代思政课建设的实践之基、思想之源、创新之本，为高校思政课教师上好"大思政课"指明了方向，提供了根本遵循。2022 年 5 月 15 日，为深入贯彻落实习近平总书记关于"大思政课"的重要指示、批示和在中国人民大学考察时的重要讲话精神，深入研究以微电影为载体的"大思政课"建设规律与经验，进一步提升"大思政课"建设成效，河北大学、北京高校思想政治理论课高精尖创新中心（中国人民大学）、中国政法大学联合主办了"学习贯彻习近平总书记关于'大思政课'重要指示批示精神暨全国高校思想政治理论课微电影教学研讨会"，会议由"柴素芳全国高校思想政治理论课名师工作室""河北大学新时代马克思主义研究中心"承办，采取线上方式进行。河北大学党委常委、党委副书记杨立海，中国政法大学党委副书记、马克思主义学院院长高浣月，中国人民大学马克思主义学院副院长、北京高校思想政治理论课高精尖创新中心（中国人民大

---

① 本文原刊于《思想教育研究》2022 年第 12 期，与姜旭合作。
② 杜尚泽：《"大思政课"我们要善用之（微镜头·习近平总书记两会"下团组"·两会现场观察）》，《人民日报》，2021 年 3 月 7 日。

学）副主任宋学勤出席开幕式并致辞。来自清华大学、中国人民大学、武汉大学、同济大学、东北大学、广西大学等全国200余所高校的专家学者、师生代表9000余人云端参会。与会专家、学者围绕会议主题展开了深入探讨和交流。

一 传达、解读习近平总书记在中国人民大学考察时的重要讲话精神

2022年4月25日，习近平总书记到中国人民大学考察调研。在开幕式致辞中，宋学勤介绍了习近平总书记观摩思政课智慧教室现场教学、并对思政课建设提出明确要求的相关情况。习近平总书记到中国人民大学考察，对学校立足自身优势，不断推进思政课教学改革创新，打造高精尖思政课的做法表示肯定，并"希望人民大学绵绵用力，久久为功，止于至善，为全国大中小学思政课教学提供更多'金课'"。此次会议，是对习近平总书记在考察中国人民大学时的重要讲话精神的有效落实。在教育部、北京市委教育工委的指导下，中国人民大学举全校之力，依托马克思主义理论学科"集群"优势和北京高校人才、资源、技术优势，先后承担高精尖创新中心、全国高校思想政治理论课教师网络集体备课平台等建设任务，成为立足北京、辐射全国，服务大中小学全体思政课教师和学生的"金字招牌"，为全国思政课教师提供了全方位、立体化、多层次服务。

肖贵清教授（中央实施马克思主义理论研究和建设工程首席专家、清华大学习近平新时代中国特色社会主义思想研究院常务副院长）解读了党的十八大以来，习近平总书记在各大高校，尤其是在中国人民大学视察的讲话精神，对习近平总书记提出的"为谁培养人、培养什么人、怎样培养人"这一教育的根本问题进行深刻解读，他围绕新时代高校的根本任务、高校思政课建设情况和队伍建设情况等进行分析，对思政课如何发展、怎样发展、谁来发展等问题提出了许多宝贵见解。他指出，

在中国人民大学考察期间，习近平总书记对"培养什么人"提出新要求，习近平总书记讲到立足新时代新征程，中国青年的奋斗目标和前行方向归结到一点，就是坚定不移听党话、跟党走，努力成长为堪当民族复兴重任的时代新人。希望广大青年用脚步丈量祖国大地，用眼睛发现中国精神，用耳朵倾听人民呼声，用内心感应时代脉搏，这就是习近平总书记对"培养什么人"提出的新要求。

田鹏颖教授（教育部"长江学者"特聘教授、东北大学马克思主义学院院长）对习近平总书记在中国人民大学考察时提出的"三个关键"深有感触。他认为，"重视不重视"最为关键，值得思考。这个关键问题解决不好，后面的两个关键就无从谈起。他强调，习近平总书记很重视思政课，各高校不遗余力，绞尽脑汁，倾其所有，竭尽所能地推进高校思政课的教学改革，全国几千个马克思主义学院在思政课改革方面所做的文章很大、很长，也足够有成效，其中河北大学的微电影实践教学是个比较成功的例子，正在逐渐为大家所熟悉、所认知、所理解，呈现出较好的社会舆论势头和微电影教学实践发展势头，这是一个非常有价值的探索。

二　思政课程、课程思政与大思政课的若干问题研究

新时代高校思政课是一项复杂的系统工程，涉及多学科、多领域，要素繁多，从"思政课程"到"课程思政"再到"大思政课"，从"三全育人"到"十大育人体系"，这些举措"打破思政课教师'单兵作战'、大学思政课'孤岛化'窘境，让每门课程都育人、每位教师都承担育人责任。"与会专家学者围绕思政课程、课程思政与大思政课的若干问题进行理论研讨和经验交流。

刘建军教授（中央实施马克思主义理论研究和建设工程首席专家、教育部"长江学者"特聘教授）重点阐释了"课程思政"的四个问题："课程思政"概念的提出和内涵演化、"课程思政"的必要性和可能性、

"课程思政"的优势以及"课程思政"的原则路径，提出要认真总结教学经验，探索"课程思政"教学规律，起到育人效果。他认为，"课程思政"概念是在党的十八大以来全面加强高校思想政治工作的大背景下，在加强和改进高校思政课教育教学的过程中，特别是在强调其他课程与思政课程协同发力的形势下提出来的。它在广义上泛指通过高校所有课程尤其是思政课程的教学而开展的思政工作，在狭义上特指通过思政课之外的其他课程所开展的思政工作，当前在约定俗成的意义上通常指后者。在高校思政课教育教学得到普遍加强和不断改善的基础上，面向其他课程强调开展"课程思政"，既是必要的又是可能的。"课程思政"具有广泛性、隐教性、多样性等特点，发挥着不可替代的重要作用。开展"课程思政"，要坚持深入挖掘与有机融入相结合、专业教学与思政教育相统一、课程思政与思政课程相呼应的原则，并通过多种路径发挥其他课程特别是专业课程的思政功能。

徐秦法教授（广西高校思想政治教育"领军人物"、广西大学马克思主义学院院长）重点介绍了该校"思政课程"与"大思政课"融合改革的典型做法：通过开发思政课教学 App，解决了学生课上低头玩手机的问题，实现了在线答题、课程评价、互动交流、成绩管理、考勤等功能；采取专题式教学，设研究生助理负责管理班级；每个教研部打造 3位金牌教师；学校校长和书记任"形策"课教研部主任，打造有高度、有温度的课堂；创新实践教学方式：学生回家乡收集整理党史资料；创建马恩书屋、毛泽东书屋、习近平书屋、中华传统文化书屋、中国特色社会主义理论体系书屋，每周举办两次读书活动，每周安排学生听一次读书会，做一次分享积 0.5 学分；开发了脑电、眼动实验室，根据实验数据设计符合不同学段学生认知水平和思维能力的教学方式方法，有力推动了习近平新时代中国特色社会主义思想"进头脑"；开发教师教学质量评价系统，提升了教学质量。该校的典型经验充分体现了"大思政课"所具有的"教育主体之大、教育内容之大和实践课堂之大"的特点。

郑洁教授（重庆邮电大学）介绍了该校善用红色资源，上好"大思政课"的典型经验。包括三个方面：第一，在理论主课堂中用好红色资源，坚定理想信念。用好红色资源，优化教学内容、创新教学模式、丰富教学语言，将"大思政课"讲得有意义、有意思、有深度、有温度；第二，在网络新课堂中传承红色基因，赓续精神血脉。借助新媒体新技术拓宽革命精神传播的载体和渠道，使传播更加形象化、生动化；第三，在实践大课堂中讲好红色故事，汇聚复兴伟力。通过开展好红色研学活动、校园文化活动、社会宣讲活动，把"大思政课"讲活、讲生动、讲出彩。

权麟春教授（贵州师范大学）从院校同构、学校、学院三个方面研究"三全育人"视域下高校思政课实践教学的理论形态和现实路径。他认为在"三全育人"体系中，"育"是重点，"全"是关键，因此要聚合校内外各种育人资源，实现育人主体、育人时空的有效协同，形成人人、时时、处处育人的体制机制和育人合力；高校思政课实践教学在学校层面、马克思主义学院层面的"三全育人"子系统中，发挥着十分重要的育人功能。

唐建兵教授（淮北师范大学）提出了"思政课程"与"课程思政"协同育人的生成逻辑与模式构建问题。他从"思政课程"与"课程思政"协同育人之源、"课程思政"与"思政课程"协同育人的生成逻辑、"思政课程"与"课程思政"协同育人的模式构建三个方面展开分析，认为"思政课程"与"课程思政"优势互补、逻辑互通，同向同行、协同育人既是实现人的全面发展的内在要求，又是对新中国成立70年来高校思政工作经验的凝练升华，也是破解高校思想政治教育"独木难支"困境的客观需要；构建"思政课程"与"课程思政"协同育人模式，要梳理借鉴"十大育人"体系有益经验，并在准确把握课程育人特点和规律的基础上，持续完善顶层设计，创新协同育人体制机制，切实抓好关键环节，优化课程协同育人路径策略，促进课程育人质量持续稳步提升。

三 高校思政课微电影实践教学的理论研讨与实践探索

高校思政课分为理论教学与实践教学两部分。《中共中央国务院关于进一步加强和改进大学生思想政治教育的意见》（中发〔2004〕16号）和《中共中央宣传部 教育部关于进一步加强和改进高等学校思想政治理论课的意见》（教社政〔2005〕5号）均提出加强思政课实践教学"制定大纲，规定学时，提供必要经费"的要求。《中共中央宣传部教育部关于进一步加强高等学校思想政治理论课教师队伍建设的意见》（教社科〔2008〕5号）首次提出"从本科思想政治理论课现有学分中划出2个学分开展思想政治理论课实践教学"。此后，教育部陆续颁发文件，均强调了高校本科要开设2学分的思政课实践教学。思政课实践教学是引导大学生将所学理论内化于心、外化于行，促进大学生在实践中全面发展的有效途径。然而，与理论教学相比，实践教学还存在地位有待提高、视域有待扩展、方法有待创新、效果有待提升等现实困境。"大思政课"的本质属性就是实践性，提升实践教学实效是提升"大思政课"实效的必然要求。随着新媒体技术的发展，微电影因具有"微时长、微投资、微制作"的优势而逐渐成为思政课教师开展实践教学的新载体。微电影教学成为连接思政小课堂和社会大课堂的重要途径，是推进"大思政课"建设的有力抓手。为此，与会专家学者就高校思政课微电影实践教学的价值依据、推进路径、经验交流等进行了深入探讨。

（一）高校思政课微电影实践教学的价值依据

肖贵清教授指出，微电影实践教学是河北大学马克思主义学院柴素芳教授在全国率先创新的一种思政课实践教学形式，已经坚持了多年，而且拍出了几千部影片，在燕赵大地、河北高校、全国高校当中都产生了重要的影响。我一直关注河北大学思政课的教学以及河北大学马克思主义理论学科建设，尤其关注他们的微电影实践教学，其形式活泼、内容深刻给广大师生留下了深刻印象。非常高兴应邀参加此次会议，尽管在疫情期间相聚云端，研讨新时代高校思政课微电影实践教学这样一种形式，我感觉非常有意义。

田鹏颖教授从四个方面进行概括。首先，微电影实践教学是思政课实践教学改革的一种大胆探索。这种教学方式不是用微电影代替课堂理论教学，而是课堂理论教学的重要延伸，实现了理论教学的升华，使大学生在拍摄微电影的过程中成为真正受益者。其次，微电影实践教学是当代大学生走进 21 世纪马克思主义的一个绿色通道。大学生通过微电影主题的选择、素材的运用、台词的打磨、对白的设计，为大学生确立马克思主义信仰和共产主义信念奠定了坚实基础。再次，微电影实践教学是"讲活"思政课的一种有益方式。"讲活"是高校思政课教学中的最高境界。微电影以一种感性直观的方式来讲理，在讲深、讲透、讲准的基础上，采用了大学生最喜欢、最接受的方式把当代中国马克思主义"讲活"，实现了思政课教学方式的生动活泼与"润物无声"。最后，微电影实践教学是大学生开展自我教育的一种有效途径。微电影实践教学使大学生将马克思主义理论在现实生活中进行模拟应用，充分发挥了大学生的主体性作用，是大学生选择的适合自己心理实际和知识结构的自我教育的有效方式。

（二）高校思政课微电影实践教学的推进路径

李瑾教授（西安电子科技大学）认为思政课微电影实践教学是以学生为主体、以教师为主导的指向真实生活的主动学习过程，她从双重目标体系、主体良性互动、学生激励升级三个方面提出了推进高校思政课微电影实践教学的目标模式、实现路径和保障措施。申坤副教授（中国艺术研究院）认为，推进高校思政课微电影实践教学要注重"教"与

"学"的双向互动，充分发挥教师主导与学生主体作用；要强调"道"与"器"的相互配合，实现思政课微电影的思想性与艺术性精妙融合；要重视"知"与"行"的有机统一，充分挖掘思政课微电影的实践育人价值。刘咏燕副教授（三峡大学）从内容为王、技术支撑、条件保障三个方面介绍了该校推进思政课微电影实践教学的路径，提出顺应大数据发展潮流是实现微电影创作与思政课教学高度耦合的关键所在。

（三）高校思政课微电影实践教学的经验交流

2017年以来，教育部连续举办了多届"我心中的思政课"全国高校大学生微电影展示活动（以下简称为"展示活动"），共有百余所高校报送一千多部影片参赛，思政课微电影实践教学已在全国形成星火燎原之势，成为推进"大思政课"建设的有力抓手。陈训威教授（武汉大学课程思政教学研究中心执行主任、"展示活动"总策划）从流程与规则、台前与幕后、感悟与思考三个方面，介绍了"展示活动"相关情况。他指出，思政课微电影是以学生为主体、具有隐形教育价值的小成本艺术表现形式，大学生理应从思政课微电影的思想蕴含、艺术表达和技术呈现等方面思考创作。

本次会议遴选了7位在"展示活动"中获得特等奖、一、二、三等奖作品的指导教师，分享了他们指导学生创作微电影的过程、困难及措施、育人成效及实践经验，他们是：同济大学陈城、天津大学林颐、陕西师范大学朱尉、天津职业大学叶浩林、广西建设职业技术学院赵胜营、广西机电职业技术学院王杰、乐山职业技术学院石红英。他们的主要观点如下。

一是关于思政课微电影的创作过程。他们认为，创作思政课微电影要以小见大，贴近思政课教学内容、大学生的生活实际和接受心理；要注重过程育人，充分体现思政课微电影的实践育人价值；要强化剧情设计，提升思政课微电影的思想意涵。

二是关于创作思政课微电影的困难及措施。他们认为，拍摄微电影的大学生大多没有实践经验，故将思政课微电影的思想性、艺术性与技术性完整呈现存在一定难度，将影片剧情和艺术化表现手法相结合具有挑战。他们建议通过回归思政课教材、深刻把握理论意蕴以及打破专业壁垒、发挥团队优势的方式来解决创作困难。

三是关于思政课微电影教学的育人成效及实践经验。他们认为，思政课微电影实践教学能够引发共鸣，涵养大学生家国情怀；能够价值引领，培育大学生文化自信；能够创新实践，提升思政课实践教学亲和力与实效性。今后，要贯彻落实对习近平总书记关于"大思政课"建设重要指示批示精神，充分发挥思政课微电影实践教学的育人成效，实现"大思政课"守正创新与开花结果。

河北大学思政课微电影教学改革研究中心主任柴素芳教授以《微影小切口，创新大思政》为题，介绍了2013~2022年该校思政课教师指导3万多名大学生拍摄6200多部微影的艰辛历程、丰厚成果及立德树人经验。2022年8月，教育部等十部门颁布的《全面推进"大思政课"建设的工作方案》指出，要"落实思政课实践教学学时学分""组织开展多样化的实践教学""建好用好实践教学基地""鼓励师生围绕思政课内容创作微电影"，为全面推进"大思政课"建设提出了改革要求、指明了发展方向。柴素芳表示，以习近平总书记关于"大思政课"重要指示批示精神为指引，深入推进思政课微电影实践教学改革，任务艰巨，使命光荣，前景美好！

四　结语

本次会议是为深入学习贯彻落实习近平总书记关于"大思政课"的重要指示批示精神和在中国人民大学考察时的重要讲话精神而召开的一次高水平研讨会。会后7天，即2022年5月22日，《人民日报》刊发署名文章《大思政课，总书记心中的一件大事》，强调"打造更多高水平思政'金课'，讲好用好新时代的'大思政课'，激活社会'大课堂'、汇聚全社会育人'大能量'，进而激发广大青少年立志民族复兴的信心和决心，培养更多担当民族复兴大任的时代新人，这是总书记心中的一件大事"。可以预见的是，善用"大思政课"，充分发挥"大思政课"的育人功能，必然会呈现理论探究与实践探索的崭新局面！

国家级媒体报道情况

1. 新华社:《总书记关心的这堂课,我们这样上》,2021.12.01

2. 中央电视台《新闻联播》:《让学生当主角,让思政课激发活力》,2018.01.15

3. 中央电视台《新闻直播间》:《创新教学平台,让思政课"活"起来》,2018.01.18

4.《光明日报》:《用"仰望天空"和"触摸大地"的收获改进教学》,2014.08.04

5.《光明日报》:《在通向真理的道路上阔步前行》,2016.05.20

6.《中国教育报》:《精准"滴灌"开创"三全育人"新格局》,2021.10.12

7.《中国教育报》:《盘点 2015 高等教育十大关键词》,2015.12.28

8.《中国教育报》:《一场微电影与思政课的幸福相遇》,2015.01.05

9. 中国教育电视台《河北大学:微电影教学法让思政课"活"起来》,2018.01.13

10.《中国教育报》:《思政微电影勾起学生求知欲》,2017.06.12

11.《中国教育报》:《全国高校思想政治理论课微电影教学研讨会线上举办》,2022.05.21

12.《中国青年报》:《全国高校思想政治理论课微电影教学研讨会举

办》，2022.05.21

　　13.《中国青年报》:《河北大学超九成学生选择拍摄微电影完成这门必修课》，2024.03.31

在全国推广思政课微电影教学经验

序号	推广时间	推广部门/高校类型	会议推广/高校推广
1	2018.03.13	教育部社科司	2018年第1、2期（总第85、86期）全国高校思想政治理论课骨干教师研修班 国家教育行政学院
2	2018.09.21	教育部社科司	2018年全国高校思政课骨干教师研修班（总第93、94期） 兰州大学
3	2017.09.21	教育部社科司	全国高校"形势与政策"课教学论坛 宁夏大学
4	2014.05.25	教育部思政司	全国高校思想政治教育实践育人研讨会 中国计量学院《思想教育研究》编辑部
5	2022.03.19	985高校	第二届高校思想政治理论课教学论坛 武汉大学
6	2023.05.26	985高校	武汉大学
7	2020.11.03	985高校	厦门大学
8	2017.09.08	985高校	武汉大学陈训威主任来校交流
9	2024.03.02	985高校	数字时代高校思政课创新发展全国学术研讨会 厦门大学
10	2014.11.17	985高校	全国高校培育大学生社会主义核心价值观与思政课教学方法改革研讨会；北京航空航天大学
11	2021.07.24	985高校	北京高校思想政治理论课高精尖创新中心（中国人民大学）举办的思政课青椒论坛25期 山东师范大学

续表

序号	推广时间	推广部门/高校类型	会议推广/高校推广
12	2020.10.31	985 高校	全国高校思政课实践教学联盟研讨会 浙江大学、北京科技大学
13	2021.04.12	985 高校	西安交通大学
14	2020.09.23	985 高校	湖南大学
15	2023.11.07	985 高校	天津大学
16	2018.08.19	985 高校	东北大学马克思主义学院院长 田鹏颖教授一行来河北大学指导工作
17	2022.11.12	985 高校	华南理工大学
18	2022.07.16	985 高校	全国高校思政课名师工作室"高校思想政治理论课创优行动" 西安交通大学等
19	2016.12.25	211 高校	全国高校思想政治理论课重点难点问题教学研讨暨"择优推广计划"经验交流会 中央财经大学
20	2016.12.28	211 高校	全国高校思想政治理论课实践教学研讨会 北京科技大学
21	2018.12.01	211 高校	新时代高校思想政治理论课实践教学创新发展论坛 北京科技大学
22	2018.06.08	211 高校	苏州大学
23	2018.12.01	211 高校	新时代高校思想政治理论课实践教学创新发展论坛 北京科技大学、北方工业大学
24	2019.07.04	211 高校	内蒙古大学
25	2019.09.21	211 高校	天津医科大学
26	2020.08.12	211 高校	广西大学
27	2021.04.13	211 高校	西安电子科技大学
28	2022.04.23	211 高校	广西大学
29	2022.06.24	211 高校	上海大学
30	2023.05.10	211 高校	广西大学
31	2022.07.14	211 高校	青海大学
32	2023.02.21	211 高校	华北电力大学（保定）

续表

序号	推广时间	推广部门/高校类型	会议推广/高校推广
33	2023.05.18	211高校	太原理工大学
34	2023.06.11	211高校	高校思政课信息化创新发展论坛暨"数字马克思主义学院"2023年年会 北京科技大学、北京邮电大学
35	2023.07.18	211高校	高校思政课国家一流本科课程建设学术研讨会 青海大学
36	2023.09.09	211高校	智慧思政研讨暨"慧思政"平台发布会 华北电力大学（保定）
37	2022.12.10	211高校	北京化工大学
38	2018.10.23	211高校	北京体育大学思政课教师来河北大学交流
39	2016.05.06	普通本科院校	全国高校思想政治理论课教学改革暨微电影教学研讨会 河北大学、教育部社科司高校思想政治理论课程研究中心、《思想理论教育导刊》编辑部
40	2017.05.20	普通本科院校	京津冀高校提升思政课亲和力论坛 河北大学、北京高校中国特色社会主义理论研究协同创新中心（中国政法大学）
41	2018.12.22	普通本科院校	"我心中的思政课"第二届河北省高校大学生微电影展示颁奖晚会暨全国高校思政课微电影教学研讨会 河北省教育厅、河北大学、北京高校中国特色社会主义理论协同创新中心（中国政法大学）
42	2022.05.15	普通本科院校	学习贯彻习近平总书记关于"大思政课"重要指示批示精神暨高校思想政治理论课微电影教学研讨会 河北大学、北京高校思想政治理论课高精尖创新中心（中国人民大学）、中国政法大学
43	2024.07.05	普通本科院校	新时代高校"大思政课"建设与高校思想政治理论课创新发展研讨会 河北大学、国家级"思想政治理论课社会实践虚拟教研室"
44	2017.07.12	普通本科院校	呼伦贝尔学院思政课教师来河北大学交流

续表

序号	推广时间	推广部门／高校类型	会议推广／高校推广
45	2018.01.05	普通本科院校	山西医科大学思政课教师来河北大学交流
46	2018.05.18	普通本科院校	安徽中医药大学思政课教师来河北大学交流
47	2018.05.25	普通本科院校	西安理工大学思政课教师来河北大学交流
48	2018.01.05	普通本科院校	山西医科大学思政课教师来河北大学交流
49	2018.05.18	普通本科院校	安徽中医药大学思政课教师来河北大学交流
50	2018.05.25	普通本科院校	西安理工大学思政课教师来河北大学交流
51	2018.10.16	普通本科院校	邯郸学院思政课教师来河北大学交流
52	2018.10.23	普通本科院校	天津商业大学思政课教师来河北大学交流
53	2019.11.08	高职高专院校	河北司法警察职业学院来河北大学交流
54	2018.11.09	普通本科院校	湖北师范大学思政课教师来河北大学交流
55	2018.12.03	普通本科院校	湖南农业大学思政课教师来河北大学交流
56	2019.12.06	高职高专院校	石家庄工商职院思政课教师来河北大学交流
57	2019.12.06	普通本科院校	湖北中医药大学思政课教师来河北大学交流
58	2019.12.15	普通本科院校	黄淮学院思政课教师来河北大学交流
59	2023.02.26	高职高专院校	沧州幼专思政课教师来河北大学交流
60	2014.11.01	普通本科院校	河北工程大学思政课教师来河北大学交流
61	2015.11.27	普通本科院校	宁夏医科大学
62	2017.04.25	高职高专院校	天津艺术职业学院
63	2017.04.26	普通本科院校	天津师范大学
64	2017.12.25	普通本科院校	全国高校"形势与政策课程创新建设"研讨会 中原工学院
65	2018.01.21	普通本科院校	习近平新时代中国特色社会主义思想"进教材、进课堂、进头脑"教研会 河北科技大学
66	2018.06.22	普通本科院校	新时代高校马克思主义学院信息化建设高峰论坛暨新媒体新技术推动思政课教学改革研讨会 呼伦贝尔学院
67	2018.06.30	普通本科院校	京津冀高校思政课教师实践教学能力提升培训会 天津科技大学

续表

序号	推广时间	推广部门/高校类型	会议推广/高校推广
68	2018.09.28	普通本科院校	兰州理工大学
69	2018.11.07	普通本科院校	保定学院
70	2018.11.15	普通本科院校	广东白云学院
71	2018.11.15	普通本科院校	广东技术师范学院
72	2018.11.16	普通本科院校	仲恺农业工程学院
73	2018.11.17	普通本科院校	广东石油化工学院
74	2018.11.24	普通本科院校	湖南省普通高校"基础"教学研究会 2018 年年会 长沙理工大学、湖南文理学院
75	2019.04.11	普通本科院校	新余学院
76	2019.04.11	普通本科院校	宜春学院
77	2019.04.12	普通本科院校	萍乡学院
78	2019.06.17	普通本科院校	华北科技学院
79	2019.07.04	普通本科院校	内蒙古师范大学
80	2019.07.05	普通本科院校	内蒙古师大鸿德学院
81	2019.07.13	普通本科院校	西华师范大学
82	2019.09.27	普通本科院校	庆祝新中国成立 70 周年暨思政课一体化创新实践理论研讨会 鞍山师范学院
83	2019.11.16	普通本科院校	庆祝新中国成立 70 周年暨第九届全国高校思政课实践教学研讨会 天津财经大学、辽宁世纪教育研究院
84	2019.12.26	普通本科院校	保定学院
85	2020.09.22	普通本科院校	湖南农业大学
86	2020.09.22	普通本科院校	湖南工商大学
87	2020.09.23	普通本科院校	湖南第一师范学院
88	2020.09.24	普通本科院校	北部湾大学
89	2020.11.02	普通本科院校	厦门医学院
90	2020.11.04	普通本科院校	集美大学
91	2020.11.04	普通本科院校	集美大学诚毅学院
92	2020.11.18	普通本科院校	唐山学院

续表

序号	推广时间	推广部门/高校类型	会议推广/高校推广
93	2020.11.18	普通本科院校	唐山师范学院
94	2020.11.17	高职高专院校	唐山职业技术学院
95	2020.11.24	普通本科院校	河北民族师范学院
96	2020.12.04	普通本科院校	艺术院校第一期"思政＋音乐"教学工作坊 武汉音乐学院
97	2021.04.10	普通本科院校	桂林理工大学
98	2021.04.14	普通本科院校	西安音乐学院
99	2021.04.14	普通本科院校	西安电子科技大学
100	2021.06.02	普通本科院校	太原学院
101	2021.06.03	普通本科院校	长治学院
102	2021.06.16	高职高专院校	广西农业职业技术学院
103	2021.09.26	普通本科院校	桂林电子科技大学
104	2022.04.14	普通本科院校	河北北方学院
105	2022.04.20	普通本科院校	北京信息科技大学
106	2022.05.26	高职高专院校	广东机电职业技术学院
107	2022.06.01	普通本科院校	上海师范大学
108	2022.06.20	普通本科院校	嘉兴学院
109	2022.06.27	普通本科院校	青岛大学
110	2022.06.27	普通本科院校	青岛科技大学
111	2022.06.29	普通本科院校	山东科技大学
112	2022.07.19	高职高专院校	白城医学高等专科学校
113	2022.08.19	普通本科院校	广东技术师范学院
114	2022.08.20	普通本科院校	宜春学院
115	2022.08.28	普通本科院校	承德医学院
116	2022.10.12	普通本科院校	辽宁科技学院
117	2022.10.30	普通本科院校	贵州民族大学
118	2022.11.02	普通本科院校	广东药科大学
119	2022.11.27	高职高专院校	北京社会管理职业学院

续表

序号	推广时间	推广部门/高校类型	会议推广/高校推广
120	2022.12.03	普通本科院校	武汉传媒学院
121	2022.12.14	普通本科院校	燕京理工学院
122	2022.12.28	普通本科院校	贵州师范大学
123	2023.03.18	普通本科院校	华北水利水电大学
124	2023.03.28	普通本科院校	河北民族师范学院
125	2023.03.29	高职高专院校	河北旅游职业学院
126	2023.03.29	普通本科院校	河北石油职业技术大学
127	2023.03.30	高职高专院校	承德护理职业学院
128	2023.04.17	高职高专院校	河北水利电力学院
129	2023.04.19	高职高专院校	沧州医学高等专科学校
130	2023.04.18	高职高专院校	沧州职业技术学院
131	2023.04.20	普通本科院校	沧州师范学院
132	2023.05.07	普通本科院校	北海艺术设计学院
133	2023.05.08	普通本科院校	南宁学院
134	2023.05.09	普通本科院校	南宁师范大学
135	2023.05.10	普通本科院校	南宁理工学院
136	2023.05.11	普通本科院校	桂林学院
137	2023.05.13	普通本科院校	桂林电子科技大学
138	2023.05.15	高职高专院校	桂林师范高等专科学校
139	2023.05.17	普通本科院校	山西工商学院
140	2023.05.18	普通本科院校	太原师范学院
141	2023.05.29	普通本科院校	新时代大中小学思政课一体化建设研究交流会 天津科技大学
142	2023.06.03	普通本科院校	新时代"大思政课"建设与思想政治工作队伍发展研究学术研讨会 山东理工大学
143	2023.06.20	高职高专院校	沧州幼儿师范高等专科学校
144	2023.06.25	高职高专院校	山东商业职业技术学院
145	2023.07.17	普通本科院校	青海民族大学

续表

序号	推广时间	推广部门／高校类型	会议推广／高校推广
146	2023.08.18	普通本科院校	广西师范大学
147	2023.08.21	普通本科院校	重庆交通大学
148	2023.08.20	普通本科院校	湖北经济学院
149	2023.09.04	普通本科院校	北华航天工业学院
150	2023.10.19	普通本科院校	山东青年政治学院
151	2023.10.21	普通本科院校	齐鲁工业大学
152	2023.11.07	高职高专院校	广西工业职业技术学院
153	2023.11.08	高职高专院校	广西国际商务职院
154	2023.11.08	高职高专院校	广西建设职业技术学院
155	2023.11.10	普通本科院校	滇西应用技术大学
156	2023.11.07	普通本科院校	天津财经大学
157	2023.11.21	高职高专院校	秦皇岛职业技术学院
158	2024.03.19	普通本科院校	外交学院
159	2024.04.20	普通本科院校	思想政治教育研究热点 2023 年度发布会暨第五届思想政治教育学术前沿论坛 中国教育发展战略学会思想道德建设专委、重庆交通大学

后 记

习近平总书记指出，"幸福都是奋斗出来的""奋斗本身就是一种幸福""新时代是奋斗者的时代"。奋斗与幸福是辩证统一的。奋斗是幸福的源泉动力，没有奋斗，幸福就流于一般性的快乐体验，失去劳动过程的崇高性，成无源之水；幸福是奋斗的目标追求，没有幸福感，奋斗于主体而言就失去了快乐体验，便会迷失方向、缺乏动力。我们团队开展幸福理论研究和幸福观教育17年，开展高校思政课微电影实践教学（以下简称为"微电影教学"）改革11年，并将二者有机融合，创造了"幸福微影"品牌。这个过程既充满挑战与艰辛，又伴随着成长与幸福，我真切体悟到了习近平总书记奋斗幸福观的理论魅力与实践价值。

"幸福都是奋斗出来的"。"幸福微影"品牌的形成，离不开校党委有关领导，马克思主义学院领导班子及全体思政课教师，以及教务处、宣传部、团委、学工部、大学生创新创业指导中心等部门的大力支持，这是集体智慧与共同奋斗的幸福果实。感谢2013年对我有重要影响的三位领导：校团委书记单耀军（现为河北大学副校长）对我的点拨，使我在寻找思政课实践教学改革的迷茫中，找到了以微电影为"小切口"彰显立德树人"大立意"的方向；河北大学副校长王凤鸣（此后为河北地质大学校长）、校党委宣传部部长刘焱（现为沧州幼儿师范高等专科学校校长）大力支持我组建团队拍摄首部微电影《幸福阳光》，点燃了我校思政课微电影教学改革的星星之火。尤其是要感谢 2019 年担任河北大学大学生创新创业指导中心主任的刘焱教授，他克服重重困难给我们筹措 120 万元经费，创建了"融媒体与新时代高校思政课微电影实践教学基地"，使我们实现了用 VR 技术赋能思政课微电影实践教学的条件。感谢 2013~2019 年马克思主义学院黄云明院长、张露红书记的全力支持，使河北大学"微电影教学"改革从起步走向成熟并在全国产生广泛的影响力。感谢近年来马克思主义学院王瑞书记、王海院长、郑艳菊书记和许宁副院长的接续支持，使"微电影教学"得以向深度改革方向发展。感谢学院全体教师在"思想政治理论课社会实践"课中指导 4 万多名大学生拍摄 7000 多部微电影，尤其感谢"河北大学思政课微电影教学改革研究中心" 陈海英 、王华玲、李慧娟、沙占华、张洁、沈艳华等 20 多位老师不计报酬的深度支持，使河北大学"微电影教学"改革的成果由零散化向系统化转变、由数量化向品牌化转变、由单一化向多样化转变。感谢 2019 年以来"幸福微影社"姜旭、朱璐、郭宏达、肖敬寒四位社长带领百余名本、硕、博学生精心运营"幸福微影"微信公众号、"幸福微影"抖音账号和"思想政治理论课社会实践虚拟教研室"网络平台，并创新开展"幸福微影"实践活动，为我校"微电影教学"在全国广泛传播与推广做出重要贡献。总而言之，我们团队开展"微电影教学"的过程以及所取得的丰厚成果，充分证明了"幸福都是奋斗出来的"。

"奋斗本身就是一种幸福"。"幸福微影"品牌的形成，离不开团队所有人的艰苦奋斗与精诚合作。经过奋斗换来的幸福，是劳动创造生成的幸福，是自我价值实现的幸福，是凝心聚力促发展的幸福。"幸福微影"品牌是我们团队十几年来从理论研究到实践探索，再将实践成果升华为理论成果的过程，现将这些理论与实践相融合的研究成果以《幸福微影：高校思政课改革创新研究》为名正式出版，既是对过去十几年奋斗经历的全面总结，也是让我们充分体验"奋斗本身就是一种幸福"的过程，期盼能够对广大思政课教师有些许参考意义。本书包括三个部分：

第一编为"幸福微影"概述，重点梳理了我们"让思政课与微电影幸福相遇"的缘起、发展与成果，尤其是记录了"幸福微影"典型学生的成长足迹，以此证明我们开展幸福观教育与"微电影教学"的价值与魅力。这十几年来，我们不仅获批了一些标志性的教学科研项目，比如国家社科基金高校思想政治理论课研究专项"运用红色电影资源提升大学生党史学习教育实效性研究"、国家级一流本科课程"思想政治理论课社会实践"、国家级虚拟教研室建设试点项目"思想政治理论课社会实践虚拟教研室"，以及教育部示范马克思主义学院和优秀教学科研团队建设项目（重点选题）"柴素芳全国高校思想政治理论课名师工作室建设"、全国高校思想政治工作精品项目"以微电影为载体提升思政课实践教学亲和力研究"等，而且在《中国高等教育》《思想理论教育导刊》《思想教育研究》以及《光明日报》《中国教育报》等报刊发表与"幸福微影"相关的论文 30 多篇，在此向相关报刊编辑部表示真诚敬意和谢意！根据本书主题，我精选了 23 篇论文纳入第二编和第三编。其中，我的博士生姜旭重点撰写了《新时代"奋斗幸福观"的逻辑溯源、思想意涵与时代价值》《微电影：引导大学生践行"奋斗幸福观"的有效载体》《微电影：加强大学生党史学习教育的有效载体》《以微电影为载体创新"大思政课"建设》等文章，并参与了书稿第一编较多内容的撰写，在此基础上对书稿进行了全面整合与修改；邵艳、刘恒、沙占华、石秀杰、李颖、辛熙恒、蔡亚楠、程雪敏、张婉陶等师生参与了相关论文的撰写与校对；肖敬寒、范福敏、刘仕茂同学参与了书稿第一编部分内容的撰写。在此，一并向各位老师和同学表示感谢！

"新时代是奋斗者的时代"。很庆幸，我们赶上了中国特色社会主义新时代。"幸福微影"品牌的形成，离不开党和国家为我们提供了大好发展机遇和教学创新平台。站在"两个一百年"的历史交汇点，我们理应教育和引导大学生以奋斗创造幸福，使之争做新时代的开拓者、贡献者，在以中国式现代化全面推进中华民族伟大复兴的道路上，艰苦奋斗，接续奋斗，团结奋斗。未来，我们将继续发扬奋斗精神，让"幸福微影"助推更多大学生因奋斗而收获精彩人生，因拼搏而绽放青春活力，用奋斗书写辉煌灿烂的新时代答卷。

目前，我已进入"花甲之年"，虽青春不再，但奋斗精神未减，因为研究幸福、创造幸福、传递幸福是我毕生的追求。感恩育我成长的良师、与我同行的战友、助我创新的学生以及暖我心房的家人。

由于水平有限，因此本书论证难免有纰漏，错讹之处敬请读者不吝批评指正。

柴素芳

2024 年 4 月

图书在版编目（CIP）数据

幸福微影：高校思政课改革创新研究 / 柴素芳，姜旭著 . -- 北京：社会科学文献出版社，2024. 7.

ISBN 978-7-5228-3826-7

Ⅰ . G641

中国国家版本馆 CIP 数据核字第 20244YB659 号

幸福微影：高校思政课改革创新研究

著　　者 / 柴素芳　姜　旭

出 版 人 / 冀祥德
组稿编辑 / 张丽丽
责任编辑 / 徐崇阳
责任印制 / 王京美

出　　版 / 社会科学文献出版社·生态文明分社（010）59367143
　　　　　 地址：北京市北三环中路甲29号院华龙大厦　邮编：100029
　　　　　 网址：www.ssap.com.cn
发　　行 / 社会科学文献出版社（010）59367028
印　　装 / 三河市龙林印务有限公司

规　　格 / 开本：787mm × 1092mm　1/16
　　　　　 印张：20.25　字数：280 千字
版　　次 / 2024年7月第1版　2024年7月第1次印刷
书　　号 / ISBN 978-7-5228-3826-7
定　　价 / 88.00元

读者服务电话：4008918866